家計消費状況調査年報

令和3年

ANNUAL REPORT ON THE
SURVEY OF HOUSEHOLD ECONOMY
2021

総務省統計局
STATISTICS BUREAU
MINISTRY OF INTERNAL AFFAIRS AND COMMUNICATIONS
JAPAN

ま　え　が　き

　家計消費状況調査は、家計調査を補完し、購入頻度が少ない高額商品・サービスの消費等の実態を安定的に捉えるとともに、インターネットを利用した購入状況を把握することを目的として実施している統計調査です。

　本書は、2021年（令和３年）の家計消費状況調査の結果を取りまとめたものであり、結果の概況に加え、統計表や家計消費状況調査の概要等の参考資料で構成しています。統計表は、毎月インターネットにより既に公表していますが、データが利用しやすいように本書では時系列表も併せて掲載しています。

　本書が関係各方面に広く利用され、大いに活用されることを期待しています。

　本書を刊行するに当たり、調査に御回答いただいた世帯及び調査関係者の方々に深く感謝いたします。

2022 年７月

総務省統計局長

井上　卓

PREFACE

The Survey of Household Economy, a statistical survey which aims to complement the Family Income and Expenditure Survey, and to grasp conditions surrounding consumption of expensive products and services with low frequency of consumption.

This annual report contains the results of the Survey of Household Economy for 2021.

This report also contains supplementary time series tables, in addition to the statistical tables which are released every month.

I hope that this report will be useful for various users.

Taking this opportunity, I would also like to express my sincere gratitude to those who offered their enduring cooperation for the successful implementation of this survey.

July 2022

INOUE Takashi
Director-General
Statistics Bureau
Ministry of Internal Affairs and Communications
Japan

目　　次

※第1-1表～第1-8表とは異なり，調査1か月目の世帯のみ回答する調査票Aから集計した結果表

家計消費状況調査の概要

(注) ページ番号が（web）となっている統計表及び単身世帯結果については、本報告書への掲載はなく、インターネットでのみ掲載している。

https://www.stat.go.jp/data/joukyou/12.html

CONTENTS

Outline of the Survey of Household Economy

Notes:

For the tables whose page numbers are "web", please refer to the following URL.

　https://www.stat.go.jp/english/data/joukyou/12.html

2021年　家計消費状況調査　結果の概況

目　　次

＜参考＞ 2021年の家計をめぐる主な動き

所得・消費関係

- 携帯電話会社各社が、オンライン手続を前提とした低価格なプランの提供を開始（３月）
- ゴールデンウィークの旅客数は、鉄道・航空共に昨年と比較して大幅に回復するも、2019年と比較すると６割から７割の減少（４月及び５月）
- 経団連がまとめた、大企業が支給するボーナスの平均妥結額は、82万6647円（夏）、82万955円（冬）と、それぞれ8.27％の減少、5.16％の減少（８月及び12月）
- 日経平均株価は、新型コロナウイルスのワクチン接種の進展などにより経済正常化への期待が高まったことで、９月14日に３万670円の終値となり、1990年８月以来31年ぶりの高値を更新（９月）
- 東南アジアにおける新型コロナウイルス感染拡大による部品供給の遅れなどの影響により、国内新車販売台数（軽自動車含む）が53年ぶりの低水準（９月及び10月）
- たばこ税の税率が１本当たり１円引き上げられ、各銘柄が値上がり（10月）
- 日本フードサービス協会によると、外食産業の年間の全体売上げは、前年比1.4％、一昨年比で16.8％の減少
- エネルギー価格の上昇などにより、消費者物価指数（総合、前年同月比）は９月にプラスとなり、12月には0.8％の上昇に
- 家計消費状況調査によると、ネットショッピング支出金額、電子マネー利用世帯の割合共に過去最高に

直接税・社会保険料関係

- 自動車やバイクの所有者に加入が義務づけられている自賠責保険の保険料が平均で6.7％引下げ（４月）
- 国民年金保険料の引上げ（４月）

その他

- アメリカ合衆国第46代大統領にジョー・バイデン氏が就任（１月）
- １回目の大学入学共通テストを実施（１月）
- 松山英樹選手がマスターズ・トーナメントで優勝。男子ゴルフの４大メジャー大会で日本人が優勝するのは初めて（４月）
- 上野動物園で双子のジャイアントパンダが誕生（６月）
- 梅雨前線の影響により記録的な大雨が降り、静岡県熱海市で土石流が発生（７月）
- 多くの固有種が生息する「奄美大島、徳之島、沖縄島北部及び西表島」（鹿児島県、沖縄県）が世界自然遺産に、「北海道・北東北の縄文遺跡群」（北海道、青森県、岩手県、秋田県）が世界文化遺産に登録決定（７月）
- 延期となっていた東京オリンピック・パラリンピックを原則無観客で開催。日本は、オリンピックでは夏冬通じて最多となる58個、パラリンピックでは史上２番目となる51個のメダルを獲得（７月～９月）
- 2020年と同様にスポーツの日を７月に移動するなどして、７月は４連休（オリンピック開会式）、８月は３連休（閉会式）に（７月及び８月）
- 前線の停滞により東・西日本の各地で長期間にわたり大雨（８月）
- デジタル庁が発足（９月）
- 第100代内閣総理大臣として自民党岸田文雄総裁が選出され、岸田内閣が発足（10月）
- 衆議院を解散、総選挙（10月）
- 将棋のプロ棋士である藤井聡太三冠が竜王を獲得し史上最年少の19歳で四冠に（11月）
- 大谷翔平選手が満票を獲得し、日本人で２人目の大リーグＭＶＰに選出（11月）
- 学校基本調査の結果によると、大学の在学者のうち学部生の人数が262万６千人となり、前年度から２千人増加し過去最高を更新（12月）
- 12月に公開した「劇場版　呪術廻戦０」が公開３日間の興行収入・観客動員数で歴代２位を記録（12月）
- 年平均気温が2020年と並び1898年以降最も高い値に

2021年　家計消費状況調査　結果の概況

Ⅰ　ネットショッピング※1の状況
　1　ネットショッピング利用世帯の割合は初めて 50%超に
　　　2021年の二人以上の世帯におけるネットショッピングを利用した世帯の割合は52.7%と、2002年の調査開始以来、初めて 50%を超えた（図Ⅰ－1）。

図Ⅰ－1　ネットショッピング利用世帯の割合の推移（二人以上の世帯）

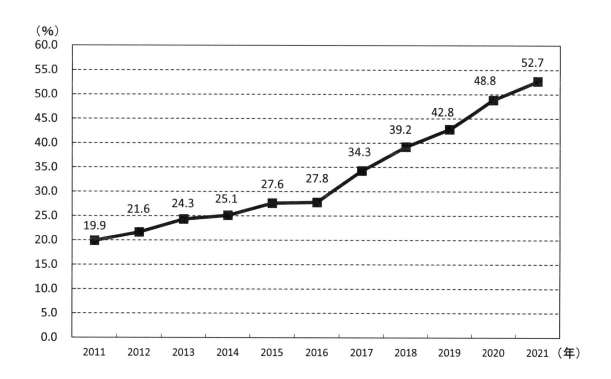

※1　ネットショッピングとは、世帯におけるインターネットを通じた財（商品）やサービスの購入をいう。

2　ネットショッピング支出金額は「食料」などで増加、「旅行関係費」などで減少

　2021年の二人以上の世帯におけるネットショッピングの支出金額は、1か月平均18,727円と、前年に比べ14.6％の増加、ネットショッピング利用世帯当たりの支出金額は、1か月平均35,470円で、前年に比べ6.3％の増加となった。

　項目別に前年と比べてみると、前年から新型コロナウイルス感染症による外出自粛などの影響を受けている「旅行関係費」が6.4％の減少と2年連続で減少した。寄与度でみると、最も増加寄与が大きかったのは、「食料」で6.89％であった（表Ⅰ－2－1）。

　世帯主の年齢階級別に前年と比べてみると、全ての年齢階級で増加となり、特に70歳以上は27.6％の増加と最も増加率が高くなった（表Ⅰ－2－2、図Ⅰ－2－1）。

表Ⅰ－2－1　ネットショッピング支出金額
（二人以上の世帯）

年次	合計	チケット	食料	贈答品	衣類・履物	保険	保健・医療	チケット以外の教養関係費 注1	家電・家具 注2	旅行関係費 注3	その他 注4	（参考）教養関係費 注5	利用世帯当たりの支出金額
月平均額（円）													
2020年	16,339	313	3,097	800	1,944	782	856	1,158	1,950	1,647	3,793	1,471	33,353
2021年	18,727	455	4,223	951	2,218	891	971	1,300	1,924	1,542	4,253	1,755	35,470
対前年名目増減率(%)													
2020年	14.0	-54.2	55.9	39.4	24.7	34.6	27.8	40.7	55.9	-51.7	35.8	-2.4	-0.3
2021年	14.6	45.4	36.4	18.9	14.1	13.9	13.4	12.3	-1.3	-6.4	12.1	19.3	6.3
対前年名目増減率に対する寄与度(%)													
2021年	－	0.87	6.89	0.92	1.68	0.67	0.70	0.87	-0.16	-0.64	2.82	1.74	－

表Ⅰ－2－2　世帯主の年齢階級別ネットショッピング支出金額
（二人以上の世帯）

年次	平均	40歳未満	40～49歳	50～59歳	60～69歳	70歳以上
月平均額（円）						
2020年	16,339	24,279	23,606	22,187	15,098	7,583
2021年	18,727	27,471	25,793	24,369	17,401	9,674
対前年名目増減率(%)						
2021年	14.6	13.1	9.3	9.8	15.3	27.6

図Ⅰ－2－1　世帯主の年齢階級別ネットショッピング支出金額の対前年名目増減率
（二人以上の世帯）－2021年

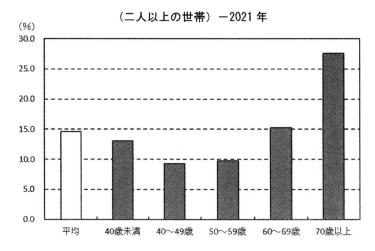

　　また、新型コロナウイルス感染症の影響がない 2019 年と項目別に比べてみると、「食料」は 112.6％の増加と最も増加率が高く、次いで「贈答品」が 65.7％の増加などとなった。一方で、「旅行関係費」は 54.7％の減少、「チケット」は 33.5％の減少となった（図Ⅰ－2－2）。

図Ⅰ－2－2　ネットショッピング支出金額の対 2019 年名目増減率
（二人以上の世帯）

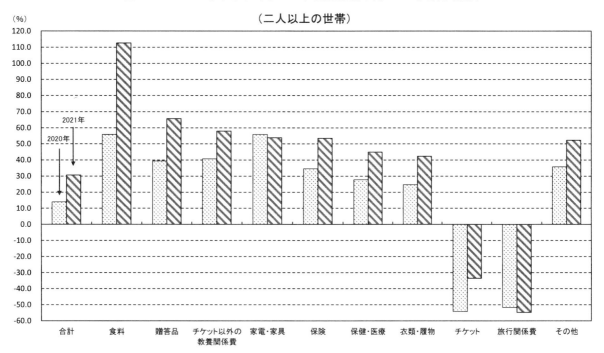

注1　保健・医療：「医薬品」及び「健康食品」の合計

注2　チケット以外の教養関係費：「書籍」、「音楽・映像ソフト、パソコン用ソフト、ゲームソフト」及び「デジタルコンテンツ（「電子書籍」及び「ダウンロード版の音楽・映像、アプリなど」を含む）」の合計

注3　旅行関係費：「宿泊料」、「運賃」及び「パック旅行費」の合計

注4　その他：「化粧品」、「自動車等関係用品」及び「上記に当てはまらない商品・サービス」の合計

注5　教養関係費：「チケット以外の教養関係費」及び「チケット」の合計

3 「食料」の支出金額は、世帯主が 70 歳以上の世帯で最も増加率が高い

2021 年の二人以上の世帯におけるネットショッピングによる支出のうち、最も増加寄与が大きかった「食料」について、内訳ごとに前年と比べてみると、新型コロナウイルス感染症の流行の継続により、食料の宅配サービスなどの需要が更に増えたことなどから、いずれも増加となった。ネット注文により飲食店から提供される宅配に加え、ネット予約で外食した場合も含む「出前」が 47.8％の増加と最も増加率が高く、次いで「飲料」は 37.0％の増加となった（表Ⅰ－3－1）。

また、世帯主の年齢階級別に前年と比べてみると、70 歳以上が 71.0％の増加と最も増加率が高く、次いで 60～69 歳が 34.4％の増加となるなど、全ての年齢階級で増加となった（表Ⅰ－3－2、図Ⅰ－3－1）。

さらに、「食料」の支出金額の増加に最も寄与した「食料品」について、月別に前年と比べてみると、2021 年は全ての月において前年を上回っており、新型コロナウイルス感染症の流行に伴う外出自粛の継続により、ネットショッピングを利用して食料品を買う傾向が更に強まったことなどが要因と考えられる。また、例年支出金額が 1 年のうちで最も多くなる傾向にある 12 月には、4,199 円と最も多くなった（図Ⅰ－3－2）。

表Ⅰ－3－1　ネットショッピング支出金額　－食料－
（二人以上の世帯）

年次	合計	出前	飲料	食料品
月平均額（円）				
2020年	3,097	356	560	2,181
2021年	4,223	526	767	2,929
対前年名目増減率(%)				
2020年	55.9	97.8	41.8	54.6
2021年	36.4	47.8	37.0	34.3
対前年名目増減率に対する寄与度(%)注				
2021年	6.89	1.04	1.27	4.58

注　寄与度はネットショッピング支出金額合計の名目増減率に対するもの

表Ⅰ－3－2　世帯主の年齢階級別ネットショッピング支出金額　－食料－
（二人以上の世帯）

年次	平均	40歳未満	40～49歳	50～59歳	60～69歳	70歳以上
月平均額（円）						
2020年	3,097	4,489	4,496	3,949	2,881	1,601
2021年	4,223	5,928	5,679	4,943	3,873	2,737
対前年名目増減率(%)						
2021年	36.4	32.1	26.3	25.2	34.4	71.0

図Ⅰ－3－1　世帯主の年齢階級別ネットショッピング支出金額の対前年名目増減率 －食料－
（二人以上の世帯）－2021年

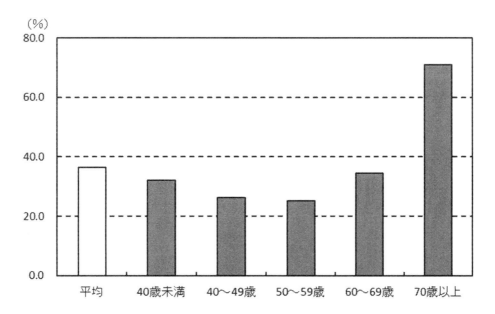

図Ⅰ－3－2　食料品の月別支出金額の推移（二人以上の世帯）

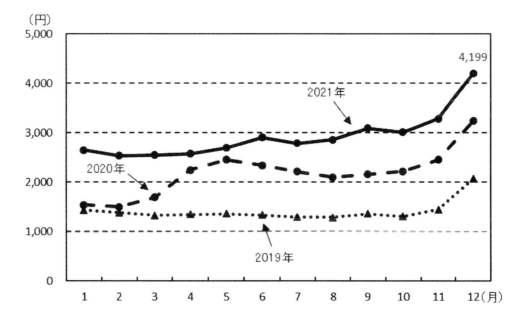

4 「教養関係費」の支出金額は、全ての項目で増加

2021 年の二人以上の世帯におけるネットショッピングによる支出のうち、「教養関係費」について、内訳ごとに前年と比べてみると、「チケット」が 45.4％の増加、次いで「ダウンロード版の音楽・映像、アプリなど」が 32.8％の増加となるなど、全ての項目で増加となった（表Ⅰ－4－1）。

また、世帯主の年齢階級別に前年と比べてみると、70 歳以上が 38.4％の増加、次いで40 歳未満が 19.4％の増加となるなど、全ての年齢階級で増加となった（表Ⅰ－4－2、図Ⅰ－4－1）。

さらに、 増加率が最も高かった「チケット」の支出金額について、月別に 2019 年と比べてみると、2021 年は 1 月から 9 月までにかけて 2019 年同月を下回っている。一方で、2021 年 9 月末をもって緊急事態宣言が解除され、10 月及び 11 月には 2019 年同月を上回っている（図Ⅰ－4－2）。

表Ⅰ－4－1　ネットショッピング支出金額 －教養関係費－

（二人以上の世帯）

年次	合計	チケット	ダウンロード版の音楽・映像、アプリなど	電子書籍	書籍	音楽・映像ソフト、パソコン用ソフト、ゲームソフト
月平均額（円）						
2020年	1,471	313	180	143	406	429
2021年	1,755	455	239	184	438	439
対前年名目増減率（％）						
2020年	-2.4	-54.2	52.5	57.1	43.0	29.6
2021年	19.3	45.4	32.8	28.7	7.9	2.3
対前年名目増減率に対する寄与度（％）注						
2021年	1.74	0.87	0.36	0.25	0.20	0.06

注　寄与度はネットショッピング支出金額合計の名目増減率に対するもの

表Ⅰ－4－2　世帯主の年齢階級別ネットショッピング支出金額 －教養関係費－

（二人以上の世帯）

年次	平均	40歳未満	40～49歳	50～59歳	60～69歳	70歳以上
月平均額（円）						
2020年	1,471	2,121	2,273	2,170	1,285	567
2021年	1,755	2,532	2,537	2,559	1,487	785
対前年名目増減率（％）						
2021年	19.3	19.4	11.6	17.9	15.7	38.4

図Ⅰ－4－1　世帯主の年齢階級別ネットショッピング支出金額の対前年名目増減率 －教養関係費－

（二人以上の世帯）－2021年

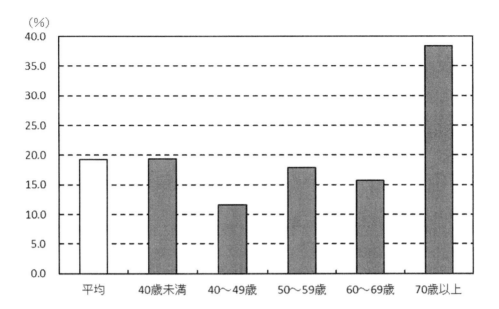

図Ⅰ－4－2　チケットの月別支出金額の推移（二人以上の世帯）

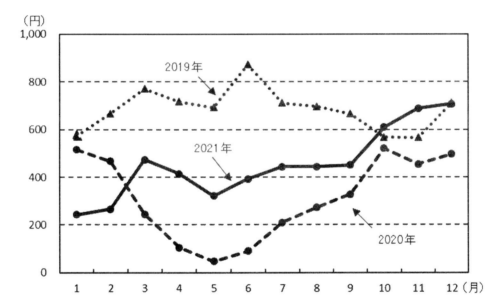

5　ネットショッピング支出割合が最も高いのは「食料」

2021年の二人以上の世帯におけるネットショッピングによる支出金額について、その内訳の構成比をみると、「食料」の支出が22.6%と最も高く、次いで「衣類・履物」が11.8%、「家電・家具」が10.3%、「旅行関係費」が8.2%、「チケット以外の教養関係費」が6.9%、「保健・医療」が5.2%などとなっている（図Ⅰ－5）。

図Ⅰ－5　ネットショッピング支出割合

（二人以上の世帯）－2021年

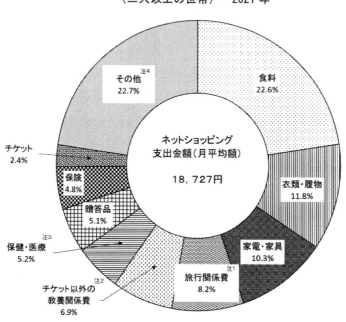

注1　旅行関係費：「宿泊料」、「運賃」及び「パック旅行費」の合計
注2　チケット以外の教養関係費：「書籍」、「音楽・映像ソフト、パソコン用ソフト、ゲームソフト」及び「デジタルコンテンツ（「電子書籍」及び「ダウンロード版の音楽・映像、アプリなど」を含む)」の合計
注3　保健・医療：「医薬品」及び「健康食品」の合計
注4　その他：「化粧品」、「自動車等関係用品」及び「上記に当てはまらない商品・サービス」の合計

Ⅱ　電子マネーの保有・利用状況

1　電子マネー※2利用世帯の割合は引き続き上昇

　2021年の二人以上の世帯における電子マネーを保有している世帯員がいる世帯（以下「電子マネー保有世帯」という。）の割合は69.1%で、前年に比べ0.1ポイントの低下となった。

　また、電子マネーを利用した世帯員がいる世帯（以下「電子マネー利用世帯」という。）の割合は58.0%で、前年に比べ0.5ポイントの上昇となった（表Ⅱ－1、図Ⅱ－1）。

表Ⅱ－1　電子マネー保有・利用世帯の割合の推移（二人以上の世帯）

年次	電子マネー保有世帯(%)	電子マネー利用世帯(%)
2011年	37.4	30.6
2012	41.1	34.4
2013	45.8	39.1
2014	49.9	43.2
2015	49.6	41.5
2016	51.9	43.9
2017	54.3	45.5
2018	59.2	50.4
2019	62.4	53.2
2020	69.2	57.5
2021	69.1	58.0

図Ⅱ－1　電子マネー保有・利用世帯の割合の推移（二人以上の世帯）

※2　この調査での「電子マネー」とは、事前に現金と引換えに金銭的価値が発行されたICカードやプリペイドカード等（次の例を参照）をいう。
　　例）Suica、ICOCA、PASMO、nanaco、WAON、楽天Edy、WebMoney、BitCash、クオカードなど
　　なお、デビットカードや、クレジットカードのような後払い方式の決済サービスは含まない。
　　また、図書カードなどのように特定の商品・サービスしか購入できないプリペイドカード等も含まない。

2 電子マネー利用世帯の割合は、世帯主が40歳代の世帯で最も高い

　2021年の二人以上の世帯における電子マネー利用世帯の割合を世帯主の年齢階級別にみると、40～49歳が70.9%と最も高く、次いで50～59歳（69.6%）、40歳未満（68.2%）などとなった。

　前年と比べてみると、40歳未満が2.3ポイントの上昇、次いで60～69歳が1.4ポイントの上昇となるなど、50～59歳を除く各年齢階級で上昇となった（表Ⅱ－2、図Ⅱ－2）。

表Ⅱ－2　世帯主の年齢階級別電子マネー利用世帯の割合（二人以上の世帯）

年次	平均	40歳未満	40～49歳	50～59歳	60～69歳	70歳以上
割合（%）						
2020年	57.5	65.9	70.3	70.9	57.4	37.9
2021年	58.0	68.2	70.9	69.6	58.8	38.8
対前年増減（ポイント）						
2021年	0.5	2.3	0.6	-1.3	1.4	0.9

図Ⅱ－2　世帯主の年齢階級別電子マネー利用世帯の割合（二人以上の世帯）

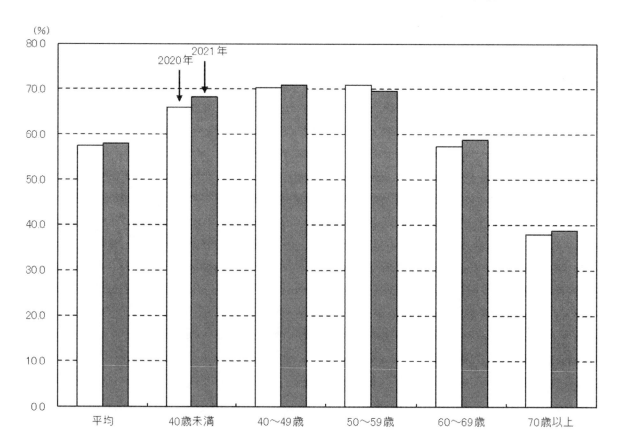

3　電子マネー利用金額は、交通機関以外での利用が増加

　2021年の電子マネー利用世帯（二人以上の世帯）における電子マネーの利用金額は、1か月平均26,568円で、前年に比べ7.2％の増加となった。

　また、電子マネーの平均利用金額に占める鉄道及びバスの利用金額の割合は11.6％で、前年に比べ0.9ポイントの低下となった。電子マネーを交通機関以外でも使用する機会が年々増えていることに加えて、前年に引き続き新型コロナウイルス感染症による外出自粛の影響も受けたと考えられる（表Ⅱ－3、図Ⅱ－3）。

表Ⅱ－3　電子マネー利用世帯の1か月間の平均利用金額の推移（二人以上の世帯）※3

年次	平均利用金額（円）	鉄道及びバスの利用金額（円）	平均利用金額に占める鉄道及びバスの利用金額割合(%)
2011年	11,116	－	－
2012	11,269	－	－
2013	12,044	－	－
2014	12,480	－	－
2015	16,382	4,468	27.3
2016	17,318	4,553	26.3
2017	17,644	4,603	26.1
2018	18,256	4,746	26.0
2019	20,567	4,487	21.8
2020	24,790	3,098	12.5
2021	26,568	3,088	11.6
2021年の対前年名目増減率（%）及び対前年増減（ポイント）	7.2	-0.3	-0.9

図Ⅱ－3　電子マネー利用世帯の1か月間の平均利用金額の推移（二人以上の世帯）

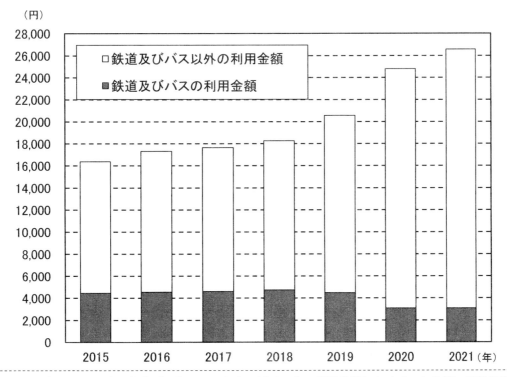

※3　2015年1月に調査票を変更した。このため、電子マネー利用世帯における1か月間の平均利用金額については2014年12月以前の結果と時系列で比較する際は注意が必要である。

4 電子マネー利用金額は、世帯主が40歳未満の世帯で最も増加率が高い

2021年の電子マネー利用世帯（二人以上の世帯）における電子マネーの利用金額を世帯主の年齢階級別にみると、60～69歳が1か月平均27,873円で最も多く、次いで50～59歳（27,522円）、40～49歳（26,737円）などとなった。

前年と比べてみると、40歳未満が13.9%の増加、次いで40～49歳が10.4%の増加となるなど、全ての年齢階級で増加となった（表Ⅱ－4、図Ⅱ－4）。

表Ⅱ－4　世帯主の年齢階級別電子マネー利用世帯の平均利用金額（二人以上の世帯）

年次	平均	40歳未満	40～49歳	50～59歳	60～69歳	70歳以上
月平均額（円）						
2020年	24,790	21,242	24,213	25,792	26,426	23,976
2021年	26,568	24,192	26,737	27,522	27,873	25,328
対前年名目増減率（%）						
2021年	7.2	13.9	10.4	6.7	5.5	5.6

図Ⅱ－4　世帯主の年齢階級別電子マネー利用世帯の平均利用金額（二人以上の世帯）

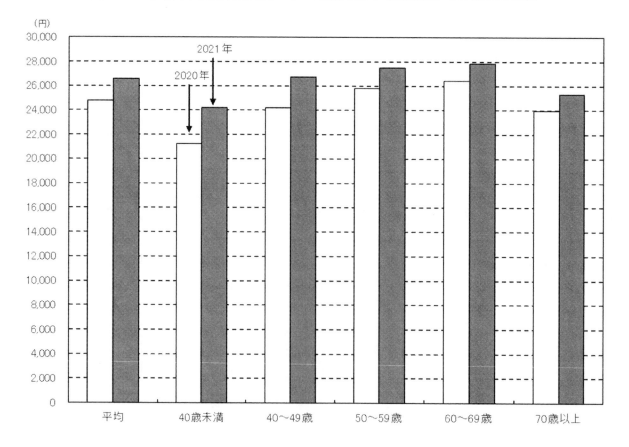

Summary Results of the 2021 Survey of Household Economy

I   Expenditure on Goods and Services Ordered over the Internet (Two-or-more-person households)

1   The proportion of households that ordered over the internet to all Two-or-more-person households reached 52.7% in 2021. It had increased 32.8 percentage points for 10 years from 2011 (19.9%).

2   Average expenditure on goods and services ordered over the internet per household was 18,727 yen a month in 2021. It increased by 14.6% in 2021 in nominal terms from the previous year.

Looking at this by item, Travel-related costs decreased by 6.4% in 2021 from the previous year.

Food contributed most to the increase in expenditure on goods and services ordered over the internet (6.89%).

Looking at this by age group of the head of household, the 70 years old or more group increased by 27.6% in 2021 from the previous year. All of the age groups showed increases.

Average expenditure on goods and services ordered over the internet per household who paid such expenditure was 35,470 yen a month in 2021. It increased by 6.3% in 2021 in nominal terms from the previous year.

3   Looking at Food by item, Deliveries increased by 47.8% in 2021 and Beverages increased by 37.0% in 2021 from the previous year. All items showed increases.

Looking at this by age group of the head of household, the 70 years old or more group increased by 71.0% in 2021 and the 60-69 years old group increased by 34.4% in 2021 from the previous year.

Looking at Foods by month, monthly expenditure increased in 2021 from the same month of the previous year.

4   Looking at Culture-related*[1] by item, Tickets increased by 45.4% in 2021 and Download music, video, applications increased by 32.8% in 2021 from the previous year. All items showed increases.

>   *[1] Total expenditure on books and other reading materials, software (music, video, personal computer, TV game), ebooks, downloaded music, video, applications and tickets.

5   With regard to the breakdown of annual expenditure on goods and services ordered over the internet per household, Food was the highest at 22.6% of the total, followed by Clothing & footwear at 11.8%, Home electronics & furniture at 10.3%, Travel-related at 8.2% in 2021.

II   Ownership and Utilization of Electronic Money (Two-or-more-person households)

1   The proportion of households with members who owned electronic money was 69.1% in 2021. It decreased by 0.1 percentage points in 2021 from the previous year.

The proportion of households with members who used electronic money was 58.0% in 2021. It increased by 0.5 percentage points in 2021 from the previous year.

2 Looking at the proportion of households with members who used electronic money by age group of the head of household, it was the highest in the 40-49 years old group at 70.9%, followed by the 50-59 years old group at 69.6% and the under-40 group at 68.2% in 2021.

The under-40 group increased by 2.3 percentage points in 2021 and the 60-69 years old group increased by 1.4 percentage points in 2021 from the previous year. All of the age groups showed increases except for the 50-59 years old group.

3 Average expenditure per household using electronic money was 26,568 yen a month in 2021. It increased by 7.2% in 2021 in nominal terms from the previous year.

The proportion of expenditure on railway and bus in the average amount of money per household using electronic money was 11.6% in 2021. It decreased by 0.9 percentage points in 2021 from the previous year.

4 Looking at average expenditure per household using electronic money by age group of the head of household, it was the highest in the 60-69 years old group at 27,873 yen, followed by the 50-59 years old group at 27,522 yen and the 40-49 years old group at 26,737 yen a month in 2021.

The under 40 group increased by 13.9% in 2021 and the 40-49 years old group increased by 10.4% in 2021 from the previous year. All of the age groups showed increases.

統　計　表
Statistical Tables

統計表利用上の注意

(1)　本資料の数値は、農林漁家世帯を含む結果である。

(2)　各項目の内容に不詳があるため、内訳の合算は必ずしも総数に一致しない。

(3)　統計表中の「－」は、該当数字がないものである。

(4)　統計表中の「…」は、調査又は集計していないものである。

Notes on the statistical tables

(1) The data of this report includes agricultural, forestry and fisheries households.

(2) Because there are unknowns in some items, figures given in the tables may not necessarily add up to total.

(3) "－"　: not applicable

(4) "…"　: data not available

時系列表　インターネットを利用した1世帯当たり
Time Series Table　Monthly Expenditure on Goods and Services Ordered over

2019年

項　　目	年平均 2019 Average	1月 Jan.	2月 Feb.	3月 Mar.	4月 Apr.	5月 May	6月 Jun.
世帯数分布（抽出率調整）	10,000	10,000	10,000	10,000	10,000	10,000	10,000
集計世帯数	19,369	19,859	19,852	19,554	19,436	19,472	19,397
世帯人員（人）	2.98	2.99	2.98	2.98	2.98	2.98	2.98
有業人員（人）	1.49	1.49	1.49	1.49	1.49	1.49	1.49
世帯主の年齢（歳）	60.5	60.5	60.5	60.3	60.3	60.4	60.4
インターネットを利用した支出総額（22品目計）	14,332	13,164	12,974	14,060	13,810	13,625	14,345
贈答用							
51　贈答品	574	387	318	407	409	390	688
自宅用							
自宅用計	13,758	12,777	12,656	13,652	13,400	13,235	13,657
52〜54計（食料）	1,986	1,944	1,891	1,849	1,900	1,921	1,918
52　食料品	1,411	1,430	1,378	1,325	1,348	1,362	1,331
53　飲料	395	351	362	365	371	394	418
54　出前	180	162	152	159	181	165	169
55　家電	934	899	692	998	780	693	824
56　家具	317	282	270	328	297	233	244
57〜59計（衣類・履物）	1,559	1,735	1,439	1,482	1,501	1,525	1,533
57　紳士用衣類	377	435	326	339	351	355	368
58　婦人用衣類	780	899	756	766	736	749	739
59　履物・その他の衣類	402	401	357	378	414	421	427
60〜61計（保健・医療）	670	666	668	678	659	700	663
60　医薬品	128	130	120	129	130	118	131
61　健康食品	542	536	547	549	529	582	533
62　化粧品	547	514	550	536	548	525	552
63　自動車等関係用品	322	274	284	263	300	285	365
64　書籍	284	296	280	292	292	265	256
65　音楽・映像ソフト、パソコン用ソフト、ゲームソフト	331	340	348	335	278	276	338
66〜67計（デジタルコンテンツ）	208	194	182	204	243	208	182
66　電子書籍	91	87	83	98	109	81	86
67　ダウンロード版の音楽・映像、アプリなど	118	107	99	106	134	127	96
68　保険	581	500	526	661	580	615	625
69〜70計（旅行関係費）	3,407	2,686	3,134	3,418	3,537	3,523	3,406
69　宿泊料、運賃、パック旅行費（インターネット上での決済）	2,428	1,924	2,355	2,393	2,385	2,447	2,646
70　宿泊料、運賃、パック旅行費（上記以外の決済）	979	762	780	1,025	1,152	1,076	760
71　チケット	684	573	667	771	717	692	873
72　上記に当てはまらない商品・サービス	1,925	1,874	1,724	1,837	1,768	1,772	1,878
（参考）							
インターネットを通じて注文をした世帯数	7,976	7,901	7,957	8,013	7,906	7,927	8,091
インターネットを通じて注文をした世帯（1万分比）	4,278	4,151	4,168	4,252	4,219	4,232	4,340
インターネットを通じて注文をした世帯当たりの支出総額	33,461	31,714	31,127	33,065	32,732	32,198	33,051

（注）世帯数分布（抽出率調整）：各月とも全国を10,000とした割合

1か月間の支出（二人以上の世帯）

the Internet per Household (Two-or-more-person Households)

単位　円　In Yen

7月 Jul.	8月 Aug.	9月 Sep.	10月 Oct.	11月 Nov.	12月 Dec.	Item
10,000	10,000	10,000	10,000	10,000	10,000	Distribution of households
19,139	19,368	19,154	19,061	19,179	18,959	Number of tabulated households
2.98	2.97	2.97	2.97	2.97	2.97	Number of persons per household (persons)
1.49	1.49	1.50	1.50	1.50	1.50	Number of earners per household (persons)
60.5	60.4	60.6	60.7	60.7	60.8	Age of household head (years old)
14,523	15,143	15,581	12,967	14,335	17,459	Total expenditure on goods and services ordered over the Internet(22 items)
						For gift
842	588	338	309	766	1,443	51 gift items
						For home
13,681	14,555	15,243	12,658	13,569	16,016	Total expenditure for home
1,864	1,908	1,978	1,831	2,015	2,811	52-54 Total (Food)
1,296	1,285	1,359	1,304	1,445	2,066	52 Foods
403	421	449	370	384	456	53 Beverages
165	203	169	158	185	289	54 Deliveries
899	864	1,496	760	964	1,344	55 Home electronics
281	322	492	346	317	394	56 Furniture
1,502	1,255	1,430	1,481	1,841	1,980	57-59 Total (Clothing,footwear)
364	298	315	342	468	562	57 Men's clothing
762	615	710	753	924	956	58 Women's clothing
377	343	405	386	449	463	59 Footwear and other clothing
644	632	713	645	668	708	60-61 Total (Medical care)
112	126	162	113	130	138	60 Medicines
532	506	551	531	538	570	61 Health foods
498	527	673	507	518	619	62 Cosmetics
289	304	429	344	353	379	63 Private transportation
275	262	299	272	273	351	64 Books and other reading materials
293	308	328	342	330	455	65 Software (music, video, personal computer, TV game)
209	213	219	206	215	224	66-67 Total (Digital contents)
90	92	90	88	91	92	66 Digital books
119	121	128	119	125	132	67 Download music, video, applications
567	662	526	582	529	602	68 Insurance
3,773	4,771	3,520	3,005	3,033	3,083	69-70 Total (Travel-related costs)
2,755	3,126	2,584	2,163	2,138	2,224	69 Accommodation services, fares, package tours(payment on the Internet)
1,019	1,645	936	843	894	859	70 Accommodation services, fares, package tours(payment on-site)
712	696	666	568	566	711	71 Tickets
1,875	1,830	2,476	1,768	1,947	2,355	72 Other goods and services
						(Reference)
7,917	7,999	7,948	7,737	7,965	8,356	Number of households ordering over the Internet
4,305	4,282	4,304	4,208	4,307	4,565	(a)
33,739	35,362	36,204	30,819	33,282	38,243	(b)

Notes: Distribution of households : Percentage of households in each month as 10,000 for those of whole Japan
　　　 (a) Distribution of households ordering over the Internet(rate to the Whole = 10,000)
　　　 (b) Total expenditure per household by on goods and services ordered over the Internet

時系列表　インターネットを利用した1世帯当たり

Time Series Table　Monthly Expenditure on Goods and Services Ordered over

2020年

項　　目	年平均 2020 Average	1月 Jan.	2月 Feb.	3月 Mar.	4月 Apr.	5月 May	6月 Jun.
世帯数分布（抽出率調整）	10,000	10,000	10,000	10,000	10,000	10,000	10,000
集計世帯数	19,457	19,410	19,668	19,398	18,904	18,342	19,043
世帯人員（人）	2.96	2.97	2.96	2.97	2.97	2.96	2.96
有業人員（人）	1.51	1.50	1.50	1.50	1.50	1.50	1.51
世帯主の年齢（歳）	60.4	60.8	60.8	60.8	60.8	60.5	60.2
インターネットを利用した支出総額（22品目計）	16,339	14,336	12,847	13,412	14,622	15,873	17,252
贈答用							
51　贈答品	800	444	349	419	548	704	1,003
自宅用							
自宅用計	15,539	13,892	12,498	12,992	14,074	15,169	16,249
52～54計（食料）	3,097	2,154	2,113	2,359	3,163	3,486	3,334
52　食料品	2,181	1,543	1,503	1,694	2,248	2,453	2,339
53　飲料	560	394	407	432	556	591	631
54　出前	356	217	203	233	359	443	365
55　家電	1,453	1,112	955	1,260	1,454	1,629	1,807
56　家具	497	293	254	516	425	579	589
57～59計（衣類・履物）	1,944	1,706	1,422	1,534	1,653	2,050	2,271
57　紳士用衣類	477	429	335	346	343	475	587
58　婦人用衣類	954	844	686	767	835	1,032	1,074
59　履物・その他の衣類	513	434	401	421	475	544	610
60～61計（保健・医療）	856	706	729	732	932	939	918
60　医薬品	209	154	189	186	319	258	234
61　健康食品	647	552	540	545	613	682	684
62　化粧品	687	542	554	600	657	731	728
63　自動車等関係用品	402	282	234	393	334	372	419
64　書籍	406	306	288	327	461	509	424
65　音楽・映像ソフト、パソコン用ソフト、ゲームソフト	429	353	318	403	434	408	401
66～67計（デジタルコンテンツ）	323	237	229	254	284	328	309
66　電子書籍	143	103	110	113	125	150	138
67　ダウンロード版の音楽・映像、アプリなど	180	134	120	141	160	178	171
68　保険	782	601	705	837	960	920	835
69～70計（旅行関係費）	1,647	2,947	2,338	1,181	381	289	1,078
69　宿泊料、運賃、パック旅行費（インターネット上での決済）	1,122	2,142	1,782	834	276	216	789
70　宿泊料、運賃、パック旅行費（上記以外の決済）	525	806	556	347	105	74	289
71　チケット	313	515	467	245	105	47	91
72　上記に当てはまらない商品・サービス	2,704	2,137	1,893	2,351	2,831	2,880	3,044
（参考）							
インターネットを通じて注文をした世帯数	9,192	7,989	8,059	8,171	8,612	8,941	9,405
インターネットを通じて注文をした世帯（1万分比）	4,879	4,275	4,246	4,381	4,730	5,045	5,083
インターネットを通じて注文をした世帯当たりの支出総額	33,353	33,536	30,255	30,611	30,914	31,465	33,937

1か月間の支出（二人以上の世帯）（続き）
the Internet per Household (Two-or-more-person Households) — Continued

単位　円　In Yen

7月 Jul.	8月 Aug.	9月 Sep.	10月 Oct.	11月 Nov.	12月 Dec.	Item
10,000	10,000	10,000	10,000	10,000	10,000	Distribution of households
19,418	19,732	19,937	19,965	19,928	19,735	Number of tabulated households
2.96	2.96	2.96	2.96	2.95	2.95	Number of persons per household (persons)
1.51	1.51	1.51	1.51	1.51	1.50	Number of earners per household (persons)
60.3	60.2	60.1	60.2	60.2	60.2	Age of household head (years old)
16,722	16,483	15,981	17,876	19,090	21,579	Total expenditure on goods and services ordered over the Internet(22 items)
						For gift
1,174	757	510	474	1,065	2,153	51 gift items
						For home
15,548	15,726	15,471	17,402	18,025	19,426	Total expenditure for home
3,156	3,107	3,103	3,153	3,494	4,544	52-54 Total (Food)
2,215	2,102	2,158	2,223	2,456	3,238	52 Foods
583	626	611	551	612	727	53 Beverages
359	379	334	379	426	579	54 Deliveries
1,566	1,408	1,380	1,350	1,645	1,867	55 Home electronics
576	497	506	557	593	577	56 Furniture
1,967	1,663	1,789	2,195	2,452	2,622	57-59 Total (Clothing,footwear)
492	406	409	540	635	730	57 Men's clothing
984	814	859	1,088	1,221	1,245	58 Women's clothing
491	444	521	566	596	647	59 Footwear and other clothing
904	899	850	886	856	925	60-61 Total (Medical care)
208	200	179	193	187	202	60 Medicines
696	700	670	693	669	723	61 Health foods
710	695	713	713	786	809	62 Cosmetics
367	394	350	633	578	464	63 Private transportation
398	408	423	408	421	498	64 Books and other reading materials
422	482	441	441	454	590	65 Software (music, video, personal computer, TV game)
334	338	359	373	391	442	66-67 Total (Digital contents)
135	150	156	163	185	192	66 Digital books
199	188	204	210	205	250	67 Download music, video, applications
749	784	615	738	769	872	68 Insurance
1,439	1,901	1,848	2,780	2,178	1,404	69-70 Total (Travel-related costs)
872	1,027	1,239	1,885	1,478	924	69 Accommodation services, fares, package tours(payment on the Internet)
567	874	608	895	700	480	70 Accommodation services, fares, package tours(payment on-site)
210	273	329	521	455	496	71 Tickets
2,750	2,878	2,764	2,654	2,952	3,315	72 Other goods and services
						(Reference)
9,539	9,552	9,644	9,877	10,038	10,474	Number of households ordering over the Internet
5,064	4,997	4,990	5,094	5,184	5,455	(a)
33,023	32,988	32,029	35,092	36,823	39,558	(b)

(a) Distribution of households ordering over the Internet(rate to the Whole = 10,000)
(b) Total expenditure per household by on goods and services ordered over the Internet

時系列表　インターネットを利用した1世帯当たり

Time Series Table　Monthly Expenditure on Goods and Services Ordered over

2021年

項　目	年平均 2021 Average	1月 Jan.	2月 Feb.	3月 Mar.	4月 Apr.	5月 May	6月 Jun.
世帯数分布（抽出率調整）	10,000	10,000	10,000	10,000	10,000	10,000	10,000
集計世帯数	19,770	19,761	19,632	19,895	19,975	20,017	19,860
世帯人員（人）	2.94	2.95	2.95	2.95	2.94	2.94	2.94
有業人員（人）	1.51	1.50	1.51	1.51	1.51	1.51	1.51
世帯主の年齢（歳）	60.2	60.1	60.0	60.1	60.1	60.2	60.3
インターネットを利用した支出総額（２２品目計）	18,727	16,914	15,781	18,651	17,876	17,275	18,121
贈答用							
51　贈答品	951	702	538	657	688	705	1,094
自宅用							
自宅用計	17,776	16,213	15,244	17,994	17,188	16,570	17,026
52～54計（食料）	4,223	3,748	3,617	3,719	3,740	3,963	4,222
52　食料品	2,929	2,646	2,537	2,545	2,574	2,697	2,908
53　飲料	767	642	642	729	695	757	825
54　出前	526	460	438	445	472	508	489
55　家電	1,413	1,613	1,330	1,683	1,443	1,391	1,403
56　家具	511	518	486	559	549	508	446
57～59計（衣類・履物）	2,218	2,273	1,891	2,150	2,257	2,143	2,212
57　紳士用衣類	541	581	415	511	520	496	506
58　婦人用衣類	1,104	1,147	969	1,054	1,129	1,070	1,108
59　履物・その他の衣類	573	545	507	585	607	576	599
60～61計（保健・医療）	971	941	926	983	955	957	980
60　医薬品	234	228	217	244	221	227	217
61　健康食品	738	714	710	740	734	730	764
62　化粧品	768	752	770	811	752	737	775
63　自動車等関係用品	456	359	358	510	461	454	376
64　書籍	438	458	421	435	478	421	412
65　音楽・映像ソフト、パソコン用ソフト、ゲームソフト	439	442	427	450	465	404	446
66～67計（デジタルコンテンツ）	423	422	418	412	450	408	390
66　電子書籍	184	179	196	191	222	177	165
67　ダウンロード版の音楽・映像、アプリなど	239	243	222	221	228	231	225
68　保険	891	810	831	1,016	1,005	911	852
69～70計（旅行関係費）	1,542	717	820	1,569	1,171	984	1,091
69　宿泊料、運賃、パック旅行費（インターネット上での決済）	1,040	419	528	1,097	747	599	755
70　宿泊料、運賃、パック旅行費（上記以外の決済）	501	298	292	472	424	385	336
71　チケット	455	244	266	474	414	322	393
72　上記に当てはまらない商品・サービス	3,029	2,916	2,683	3,223	3,049	2,967	3,027
（参考）							
インターネットを通じて注文をした世帯数	10,129	9,990	9,823	10,161	10,167	10,156	10,183
インターネットを通じて注文をした世帯（1万分比）	5,267	5,190	5,147	5,246	5,235	5,212	5,268
インターネットを通じて注文をした世帯当たりの支出総額	35,470	32,588	30,662	35,551	34,146	33,144	34,396

1か月間の支出（二人以上の世帯）（続き）

the Internet per Household (Two-or-more-person Households) — Continued

単位　円　In Yen

7月 Jul.	8月 Aug.	9月 Sep.	10月 Oct.	11月 Nov.	12月 Dec.	Item
10,000	10,000	10,000	10,000	10,000	10,000	Distribution of households
19,840	19,853	19,705	19,693	19,537	19,474	Number of tabulated households
2.94	2.94	2.94	2.93	2.93	2.93	Number of persons per household (persons)
1.51	1.52	1.52	1.51	1.51	1.51	Number of earners per household (persons)
60.3	60.4	60.3	60.2	60.2	60.2	Age of household head (years old)
18,223	17,353	17,919	19,247	21,858	25,507	Total expenditure on goods and services ordered over the Internet (22 items)
						For gift
1,347	907	637	592	1,241	2,301	51 gift items
						For home
16,876	16,446	17,282	18,655	20,617	23,205	Total expenditure for home
4,120	4,188	4,426	4,309	4,730	5,888	52-54 Total (Food)
2,787	2,861	3,096	3,013	3,290	4,199	52 Foods
822	776	809	757	830	922	53 Beverages
511	552	521	538	610	766	54 Deliveries
1,275	1,222	1,284	1,249	1,350	1,714	55 Home electronics
493	395	501	541	560	570	56 Furniture
2,031	1,761	1,896	2,274	2,698	3,028	57-59 Total (Clothing, footwear)
455	417	413	553	736	890	57 Men's clothing
1,060	867	947	1,115	1,316	1,463	58 Women's clothing
516	477	536	605	646	675	59 Footwear and other clothing
961	976	1,019	955	999	1,004	60-61 Total (Medical care)
224	227	253	246	250	248	60 Medicines
736	750	766	709	749	755	61 Health foods
699	704	786	745	829	857	62 Cosmetics
425	341	469	611	506	604	63 Private transportation
380	417	457	433	436	510	64 Books and other reading materials
427	443	415	383	439	530	65 Software (music, video, personal computer, TV game)
399	404	412	443	419	496	66-67 Total (Digital contents)
165	176	169	184	175	211	66 Digital books
234	228	244	259	244	285	67 Download music, video, applications
782	855	916	875	887	950	68 Insurance
1,530	1,574	1,251	2,255	2,826	2,710	69-70 Total (Travel-related costs)
1,013	982	922	1,533	1,945	1,944	69 Accommodation services, fares, package tours (payment on the Internet)
517	593	329	722	881	767	70 Accommodation services, fares, package tours (payment on-site)
444	444	450	609	689	708	71 Tickets
2,910	2,720	2,999	2,972	3,248	3,636	72 Other goods and services
						(Reference)
9,968	9,945	10,056	10,141	10,345	10,609	Number of households ordering over the Internet
5,176	5,148	5,245	5,291	5,444	5,600	(a)
35,206	33,707	34,165	36,378	40,151	45,550	(b)

(a) Distribution of households ordering over the Internet (rate to the Whole = 10,000)
(b) Total expenditure per household by on goods and services ordered over the Internet

時系列表　電子マネーの
Time Series Table　Use State Related to Electronic

項　目	2019年				2020年			
	1～3月期 Jan.～Mar.	4～6月期 Apr.～Jun.	7～9月期 Jul.～Sep.	10～12月期 Oct.～Dec.	1～3月期 Jan.～Mar.	4～6月期 Apr.～Jun.	7～9月期 Jul.～Sep.	10～12月期 Oct.～Dec.
世帯数分布（抽出率調整）	10,000	10,000	10,000	10,000	10,000	10,000	10,000	10,000
集計世帯数	1,891	1,890	1,913	1,883	1,824	1,689	1,919	1,843
世帯人員（人）	3.04	3.05	3.05	3.00	3.02	2.97	2.97	3.02
有業人員（人）	1.54	1.53	1.58	1.52	1.54	1.55	1.53	1.53
世帯主の年齢（歳）	59.3	59.8	59.8	60.4	59.8	58.7	60.0	59.8
（電子マネーについて）								
電子マネーを持っている世帯員がいる	62.0	61.3	62.3	64.1	67.1	73.1	68.2	68.4
1人	15.0	15.8	15.5	15.6	15.9	17.1	16.6	16.3
2人	30.5	28.7	29.7	31.2	32.5	38.1	34.0	34.3
3人以上	16.3	16.6	16.9	17.0	18.5	17.7	17.4	17.8
電子マネーを持っている世帯員がいない	38.0	38.7	37.7	35.9	32.9	26.7	31.8	31.6
電子マネーを利用した世帯員がいる	52.5	52.5	52.8	55.1	57.7	59.4	55.9	57.1
電子マネーを利用した1世帯当たり平均利用金額（円）	18,640	19,333	19,967	24,330	23,678	24,166	24,933	26,384
1,000円未満	1.2	1.3	1.5	1.3	1.8	2.1	1.7	1.2
1,000円以上 3,000円未満	6.0	6.5	6.9	5.3	5.9	6.6	5.4	5.2
3,000 ～ 5,000	5.9	5.6	5.2	5.2	4.8	4.9	4.4	4.5
5,000 ～ 10,000	8.8	10.1	9.0	8.4	8.8	8.1	7.6	8.6
10,000 ～ 30,000	19.0	17.3	17.8	18.1	19.2	18.8	18.2	18.2
30,000 ～ 50,000	6.3	6.2	6.6	8.4	8.4	9.3	9.2	9.4
50,000円以上	5.3	5.5	5.8	8.5	8.7	9.5	9.4	10.1
電子マネーを利用した世帯員がいない	9.3	8.7	9.4	8.8	9.2	13.5	12.2	11.2
電子マネーの利用金額のうち鉄道及びバスでの1世帯当たり平均利用金額（円）	4,509	4,502	4,674	4,264	3,805	2,246	3,021	3,319
1,000円未満	3.0	3.1	3.4	3.4	3.9	4.9	3.8	3.6
1,000円以上 3,000円未満	9.2	10.0	9.8	9.8	9.6	8.3	9.1	9.0
3,000 ～ 5,000	6.9	6.8	6.6	6.4	6.4	3.9	4.7	5.7
5,000 ～ 10,000	8.1	8.6	8.2	7.0	7.8	4.9	5.7	6.3
10,000円以上	8.0	7.7	8.1	8.4	7.4	4.5	5.8	6.6

利用状況（二人以上の世帯）
Money（Two-or-more-person Households）

(%)

2021年 1～3月期 Jan.～Mar.	4～6月期 Apr.～Jun.	7～9月期 Jul.～Sep.	10～12月期 Oct.～Dec.	2019年	2020年	2021年	Item
10,000	10,000	10,000	10,000	10,000	10,000	10,000	Distribution of households
1,726	1,831	1,772	1,842	1,894	1,819	1,793	Number of tabulated households
3.00	2.99	2.96	2.96	3.04	2.99	2.98	Number of persons per household (persons)
1.55	1.54	1.54	1.50	1.54	1.54	1.53	Number of earners per household (persons)
59.2	59.7	60.0	59.9	59.8	59.6	59.7	Age of household head (years old)
							(Electronic money)
70.7	69.9	67.5	68.4	62.4	69.2	69.1	Households some members of which own electronic money
16.9	17.1	16.4	15.6	15.5	16.5	16.5	One-person
37.3	34.8	35.2	36.6	30.0	34.7	36.0	Two-persons
16.5	17.8	15.8	16.1	16.7	17.9	16.6	Three-or-more-persons
29.3	30.1	32.5	31.6	37.6	30.8	30.9	Households any members of which don't own electronic money
59.3	58.3	56.6	57.9	53.2	57.5	58.0	Households some members of which used electronic money
25,389	27,329	26,276	27,278	20,567	24,790	26,568	Average amount of money per household using electronic money (yen)
2.0	1.2	1.7	1.3	1.3	1.7	1.6	－　　999 yen
6.2	5.7	5.6	5.2	6.2	5.8	5.7	1,000－　2,999
3.9	4.6	4.6	4.1	5.5	4.7	4.3	3,000－　4,999
8.3	7.9	8.0	7.6	9.1	8.3	8.0	5,000－　9,999
19.9	18.7	18.2	19.3	18.0	18.6	19.0	10,000－ 29,999
8.9	9.6	8.6	9.6	6.9	9.1	9.2	30,000－ 49,999
10.2	10.6	9.8	10.7	6.3	9.4	10.3	50,000－
11.4	11.6	10.8	10.3	9.1	11.5	11.0	Households any members of which didn't use electronic money
2,782	3,058	2,961	3,549	4,487	3,098	3,088	Average amount of money per household using electronic money by railway and bus (yen)
4.5	3.9	3.7	3.6	3.2	4.1	3.9	－　　999 yen
8.3	8.1	8.5	8.4	9.7	9.0	8.3	1,000－　2,999
4.9	4.6	5.2	5.0	6.7	5.2	4.9	3,000－　4,999
5.8	5.5	5.0	7.8	7.9	6.2	6.1	5,000－　9,999
5.9	6.2	5.8	7.1	8.1	6.1	6.2	10,000－

時系列表　特定の財（商品）・サービスの1世帯当たり

Time Series Table　　Monthly Expenditure per Household

2019年

項　　目	年平均 2019 Average	1月 Jan.	2月 Feb.	3月 Mar.	4月 Apr.	5月 May	6月 Jun.
世帯数分布（抽出率調整）	10,000	10,000	10,000	10,000	10,000	10,000	10,000
集計世帯数	19,369	19,859	19,852	19,554	19,436	19,472	19,397
世帯人員（人）	2.98	2.99	2.98	2.98	2.98	2.98	2.98
有業人員（人）	1.49	1.49	1.49	1.49	1.49	1.49	1.49
世帯主の年齢（歳）	60.5	60.5	60.5	60.3	60.3	60.4	60.4
通信							
01　スマートフォンなどの通信・通話使用料（携帯電話・PHSなどを含む）	13,243	13,359	13,290	13,211	13,283	13,393	13,358
02　インターネット接続料	4,038	3,998	3,981	3,991	4,005	4,055	4,036
03　スマートフォン・携帯電話・PHSの本体価格	1,294	1,352	958	1,606	1,026	1,239	1,153
旅行関係							
04　航空運賃	1,307	984	1,269	1,437	1,312	1,270	1,162
05　宿泊料	2,702	2,226	1,939	2,634	2,991	3,168	2,083
06　パック旅行費（国内）	2,444	1,740	2,191	3,072	2,680	2,881	2,403
07　パック旅行費（外国）	1,925	1,927	2,144	1,907	2,071	2,132	1,785
教育、教養娯楽							
08　国公立授業料等（幼稚園〜大学、専修学校）	2,071	1,299	1,232	2,172	3,582	4,142	1,625
09　私立授業料等（幼稚園〜大学、専修学校）	8,065	4,741	6,073	11,738	23,189	7,699	3,763
10　補習教育費	3,471	3,535	3,215	4,247	3,896	2,854	3,024
11　自動車教習料	574	959	934	812	284	389	413
12　スポーツ施設使用料	1,117	1,096	1,028	1,135	1,141	1,176	1,166
衣類等							
13　背広服	698	896	840	1,307	733	568	618
14　婦人用スーツ・ワンピース	776	852	817	1,239	813	666	704
15　和服（男子用・婦人用）	262	366	234	166	253	221	304
16　腕時計	363	334	332	326	358	312	251
17　装身具（アクセサリー類）	586	442	523	658	621	719	524
医療							
18　出産入院料	153	171	132	158	108	271	135
19　出産以外の入院料	2,111	1,822	2,138	1,951	2,077	2,096	2,324
家具等							
20　たんす	99	89	76	117	120	143	121
21　ベッド	270	204	219	426	271	265	280
22　布団	378	481	306	319	284	320	289
23　机・いす（事務用・学習用）	141	147	171	207	116	168	120
24　食器戸棚	111	97	66	92	97	114	131
25　食卓セット	167	147	110	217	174	106	159
26　応接セット	239	219	157	207	186	230	197
27　楽器（部品を含む）	176	130	97	172	174	303	270
家電等							
28　冷蔵庫	908	652	564	847	803	892	967
29　掃除機	364	395	321	334	263	277	295
30　洗濯機	739	651	628	741	621	658	654
31　エアコン	1,548	811	821	854	990	1,869	2,483
32　パソコン（タブレット型を含む。周辺機器・ソフトは除く）	1,035	1,026	692	1,519	993	772	849
33　テレビ	767	715	488	686	465	607	681
34　ビデオデッキ	181	186	148	222	134	149	153
35　ゲーム機（ソフトは除く）	116	202	82	88	73	62	65
36　カメラ（交換レンズのみを含む。使い捨てのカメラは除く）	165	158	122	231	230	170	144
37　ビデオカメラ	31	11	25	56	23	25	16
住宅関係							
38　家屋に関する設備費・工事費・修理費	7,953	6,147	5,914	7,355	8,418	9,285	9,232
39　給排水関係工事費	2,162	1,775	2,125	1,774	1,963	1,520	2,255
40　庭・植木の手入れ代	521	411	256	290	509	407	460
自動車等関係							
41　自動車（新車）	13,862	11,959	15,923	23,511	13,367	11,296	13,283
42　自動車（中古車）	4,011	2,929	4,069	5,226	4,676	3,758	4,771
43　自動車保険料（自賠責）	855	745	991	1,167	850	1,003	914
44　自動車保険料（任意）	3,162	2,645	3,005	3,559	3,754	4,039	3,384
45　自動車以外の原動機付輸送機器	286	212	284	526	332	157	333
46　自動車整備費	3,522	3,314	3,483	4,329	3,288	3,555	3,690
その他							
47　挙式・披露宴費用	1,053	762	1,122	1,239	1,333	1,754	989
48　葬儀・法事費用	2,974	3,530	3,304	2,311	3,437	2,985	2,574
49　信仰関係費	1,326	1,200	778	1,395	1,351	1,476	1,212
50　仕送り金	2,618	2,874	2,722	2,954	3,093	2,431	2,527

1か月間の支出（二人以上の世帯）
（Two-or-more-person Households）

単位　円　In Yen

7月 Jul.	8月 Aug.	9月 Sep.	10月 Oct.	11月 Nov.	12月 Dec.	Item
10,000	10,000	10,000	10,000	10,000	10,000	Distribution of households
19,139	19,368	19,154	19,061	19,179	18,959	Number of tabulated households
2.98	2.97	2.97	2.97	2.97	2.97	Number of persons per household (persons)
1.49	1.49	1.50	1.50	1.50	1.50	Number of earners per household (persons)
60.5	60.4	60.6	60.7	60.7	60.8	Age of household head (years old)
						Communication
13,253	13,170	13,202	13,229	13,067	13,106	01 Smartphone (cell phone, PHS) charges
4,066	4,033	4,078	4,097	4,041	4,074	02 Internet connection charges
951	1,257	1,945	1,333	1,227	1,482	03 Mobile telephones unit prices (cell phone, PHS)
						Travel-related costs
1,376	2,011	1,337	1,252	1,021	1,249	04 Airplane fares
2,872	4,744	2,463	2,502	2,433	2,365	05 Accommodation services
2,686	2,904	2,484	2,343	2,282	1,664	06 Package tour costs (domestic)
2,375	2,422	1,823	1,794	1,504	1,213	07 Package tour costs (overseas)
						Education, Culture and recreation
1,284	1,046	1,538	3,560	2,327	1,043	08 Tuition (kindergarten-university) (public)
3,193	3,776	12,887	11,874	3,766	4,076	09 Tuition (kindergarten-university) (private)
3,885	3,434	3,351	3,025	3,250	3,930	10 Tutorial fees
507	596	464	300	494	732	11 Lesson fees, driving school
1,114	1,106	1,133	1,133	1,113	1,066	12 Rental fees for sports facilities
						Clothing
438	442	519	523	655	836	13 Men's suits
726	675	702	690	731	698	14 Women's one-piece dresses and suits
215	216	371	232	237	326	15 Japanese clothing (for men and women)
402	399	593	284	386	382	16 Wrist watches
551	423	863	497	510	706	17 Accessories
						Medical care
119	182	162	112	162	121	18 Delivery fees
2,219	2,351	2,057	1,990	2,114	2,188	19 Hospital charges (excluding delivery)
						Furniture, etc.
74	107	87	81	71	101	20 Chests of drawers
201	206	476	224	182	284	21 Beds
389	255	403	403	518	569	22 Quilts
99	117	180	99	102	163	23 Desks and chairs (for work or study)
110	113	259	95	84	77	24 Sideboards
164	170	273	159	109	211	25 Dining tables and chairs
353	299	477	150	161	233	26 Drawing room suites
137	129	264	185	90	160	27 Musical instruments (including parts of instruments)
						Home electric appliances, etc.
1,251	1,409	1,675	647	567	625	28 Refrigerators
363	332	653	324	362	448	29 Vacuum cleaners
780	962	1,350	606	560	654	30 Washing machines
3,265	3,390	1,960	577	737	819	31 Air conditioners
858	859	1,599	661	842	1,749	32 Personal computers (a)
838	970	1,537	558	681	972	33 TV
163	163	330	112	154	258	34 Video recorders (DVD or Blu-ray recorder, player, etc.)
66	78	136	64	129	344	35 Video game hardware (excluding software)
181	126	234	89	164	129	36 Cameras (including lenses only, excluding disposable cameras)
30	36	92	22	17	13	37 Video cameras
						Housing
7,164	7,716	9,722	6,549	8,088	9,847	38 House-related equipping/ construction/ repair costs
2,575	1,979	2,443	2,370	1,784	3,381	39 Water supply and drainage construction costs
546	529	543	667	719	914	40 Gardens, trees and plants tending costs
						Motor cars-related costs
14,148	14,772	16,223	9,245	10,853	11,768	41 Automobiles (new)
5,208	3,649	3,639	3,412	3,608	3,188	42 Automobiles (second-hand)
932	823	862	624	683	664	43 Automotive insurance premium (compulsion)
3,012	2,940	2,845	2,987	2,747	3,024	44 Automotive insurance premium (option)
201	105	563	101	343	276	45 Motorized vehicles other than automobiles
3,660	3,396	3,954	3,177	3,059	3,355	46 Automotive maintenance and repairs
						Others
672	1,033	1,251	1,003	1,056	419	47 Wedding ceremony and reception costs
2,311	2,903	3,638	2,944	2,415	3,334	48 Funeral service costs
1,458	1,377	1,441	1,184	1,007	2,035	49 Religion-related costs
2,395	2,524	2,622	2,567	2,370	2,334	50 Remittance

(a) including tablet devices, excluding peripherals and software

時系列表　特定の財（商品）・サービスの1世帯当たり

Time Series Table　Monthly Expenditure per Household

2020年

項　目	年平均 2020 Average	1月 Jan.	2月 Feb.	3月 Mar.	4月 Apr.	5月 May	6月 Jun.
世帯数分布（抽出率調整）	10,000	10,000	10,000	10,000	10,000	10,000	10,000
集計世帯数	19,457	19,410	19,668	19,398	18,904	18,342	19,043
世帯人員（人）	2.96	2.97	2.96	2.97	2.97	2.96	2.96
有業人員（人）	1.51	1.50	1.50	1.50	1.50	1.50	1.51
世帯主の年齢（歳）	60.4	60.8	60.8	60.8	60.8	60.5	60.2
通信							
01　スマートフォンなどの通信・通話使用料（携帯電話・PHSなどを含む）	13,134	13,243	13,124	13,032	12,828	12,775	13,012
02　インターネット接続料	4,189	4,054	4,018	4,047	4,070	4,145	4,163
03　スマートフォン・携帯電話・PHSの本体価格	1,453	1,347	1,486	1,599	1,158	1,051	1,357
旅行関係							
04　航空運賃	353	1,058	879	297	125	66	306
05　宿泊料	1,493	2,198	1,706	1,075	274	159	726
06　パック旅行費（国内）	926	1,794	1,195	559	121	83	331
07　パック旅行費（外国）	270	1,557	1,070	366	78	11	1
教育、教養娯楽							
08　国公立授業料等（幼稚園〜大学、専修学校）	1,824	991	1,136	1,820	2,800	2,248	1,473
09　私立授業料等（幼稚園〜大学、専修学校）	8,114	3,880	4,972	11,021	23,427	7,335	4,126
10　補習教育費	3,343	3,247	2,702	3,571	3,211	2,426	2,914
11　自動車教習料	658	820	1,037	644	222	165	758
12　スポーツ施設使用料	830	957	1,008	864	545	432	637
衣類等							
13　背広服	486	639	679	813	319	247	375
14　婦人用スーツ・ワンピース	556	668	765	749	353	304	526
15　和服（男子用・婦人用）	262	446	283	226	86	188	214
16　腕時計	295	367	297	410	109	136	303
17　装身具（アクセサリー類）	445	499	589	439	121	180	438
医療							
18　出産入院料	203	106	165	180	50	112	185
19　出産以外の入院料	1,877	1,966	1,921	1,992	1,666	1,665	1,585
家具等							
20　たんす	120	94	109	154	131	100	120
21　ベッド	282	210	235	354	205	270	410
22　布団	398	389	290	360	173	297	397
23　机・いす（事務用・学習用）	196	156	186	180	170	201	256
24　食器戸棚	100	79	69	51	66	79	79
25　食卓セット	172	139	137	164	72	78	242
26　応接セット	236	144	147	176	99	172	327
27　楽器（部品を含む）	225	187	148	152	235	248	361
家電等							
28　冷蔵庫	918	601	725	625	598	872	1,281
29　掃除機	391	294	265	399	304	288	403
30　洗濯機	831	841	769	878	529	618	1,192
31　エアコン	1,662	565	673	652	632	2,359	3,800
32　パソコン（タブレット型を含む。周辺機器・ソフトは除く）	1,383	1,756	1,106	1,552	1,817	1,934	1,286
33　テレビ	927	770	690	748	609	728	1,058
34　ビデオデッキ	193	193	193	205	160	133	187
35　ゲーム機（ソフトは除く）	218	163	60	231	199	205	184
36　カメラ（交換レンズのみを含む。使い捨てのカメラは除く）	140	155	123	130	77	36	112
37　ビデオカメラ	22	27	27	17	10	3	27
住宅関係							
38　家屋に関する設備費・工事費・修理費	6,689	5,424	6,405	5,602	6,243	4,986	7,161
39　給排水関係工事費	2,244	1,977	2,183	2,440	2,058	1,699	1,725
40　庭・植木の手入れ代	498	326	332	305	320	334	436
自動車等関係							
41　自動車（新車）	13,709	11,165	15,875	18,787	13,213	9,535	12,127
42　自動車（中古車）	4,479	3,320	5,247	6,127	3,254	4,103	5,247
43　自動車保険料（自賠責）	780	731	964	1,056	734	830	814
44　自動車保険料（任意）	3,407	2,803	3,189	3,737	4,161	4,217	3,749
45　自動車以外の原動機付輸送機器	312	106	324	338	301	233	407
46　自動車整備費	3,568	3,113	3,716	3,936	3,390	3,375	3,426
その他							
47　挙式・披露宴費用	474	883	424	534	279	242	13
48　葬儀・法事費用	2,538	2,547	2,875	3,469	2,340	1,226	2,532
49　信仰関係費	1,230	1,002	1,059	1,102	1,012	755	881
50　仕送り金	2,174	2,286	2,333	2,408	2,263	2,047	2,132

1か月間の支出（二人以上の世帯）（続き）
(Two-or-more-person Households) — Continued

単位　円　In Yen

7月 Jul.	8月 Aug.	9月 Sep.	10月 Oct.	11月 Nov.	12月 Dec.	Item
10,000	10,000	10,000	10,000	10,000	10,000	Distribution of households
19,418	19,732	19,937	19,965	19,928	19,735	Number of tabulated households
2.96	2.96	2.96	2.96	2.95	2.95	Number of persons per household (persons)
1.51	1.51	1.51	1.51	1.51	1.50	Number of earners per household (persons)
60.3	60.2	60.1	60.2	60.2	60.2	Age of household head (years old)
						Communication
13,081	13,176	13,311	13,356	13,339	13,331	01 Smartphone (cell phone, PHS) charges
4,165	4,231	4,325	4,313	4,367	4,371	02 Internet connection charges
1,411	1,274	1,305	1,616	2,009	1,824	03 Mobile telephones unit prices (cell phone, PHS)
						Travel-related costs
312	279	246	262	247	155	04 Airplane fares
1,566	2,585	1,658	2,248	2,159	1,557	05 Accommodation services
456	664	1,135	2,215	1,802	751	06 Package tour costs (domestic)
152	–	–	–	2	5	07 Package tour costs (overseas)
						Education, Culture and recreation
1,692	1,286	1,514	3,254	2,473	1,205	08 Tuition (kindergarten-university) (public)
2,620	4,191	12,030	13,389	5,461	4,913	09 Tuition (kindergarten-university) (private)
3,685	3,604	3,462	3,559	3,513	4,216	10 Tutorial fees
791	746	498	645	608	963	11 Lesson fees, driving school
799	848	924	961	1,020	965	12 Rental fees for sports facilities
						Clothing
356	250	397	599	602	558	13 Men's suits
555	447	543	618	630	519	14 Women's one-piece dresses and suits
178	337	275	250	253	402	15 Japanese clothing (for men and women)
307	323	309	298	246	438	16 Wrist watches
390	539	469	439	664	578	17 Accessories
						Medical care
392	333	324	199	225	160	18 Delivery fees
1,959	1,791	1,654	2,173	1,959	2,197	19 Hospital charges (excluding delivery)
						Furniture, etc.
104	123	109	110	136	149	20 Chests of drawers
426	268	288	243	248	222	21 Beds
434	273	397	581	651	531	22 Quilts
217	259	140	186	200	198	23 Desks and chairs (for work or study)
113	126	129	123	131	155	24 Sideboards
211	208	175	229	182	232	25 Dining tables and chairs
335	361	260	351	215	248	26 Drawing room suites
266	271	245	250	160	175	27 Musical instruments (including parts of instruments)
						Home electric appliances, etc.
1,377	1,358	1,167	648	781	977	28 Refrigerators
478	512	361	401	418	565	29 Vacuum cleaners
1,077	940	727	767	731	905	30 Washing machines
3,538	3,280	1,669	913	829	1,032	31 Air conditioners
1,293	1,227	1,195	979	1,129	1,319	32 Personal computers (a)
1,181	1,178	929	754	894	1,584	33 TV
235	202	153	157	156	341	34 Video recorders (DVD or Blu-ray recorder, player, etc.)
226	212	200	187	303	443	35 Video game hardware (excluding software)
150	133	163	200	211	192	36 Cameras (including lenses only, excluding disposable cameras)
17	40	30	24	28	18	37 Video cameras
						Housing
6,477	6,044	7,341	8,281	7,541	8,758	38 House-related equipping/ construction/ repair costs
2,031	2,379	2,416	2,372	2,799	2,850	39 Water supply and drainage construction costs
421	560	446	713	872	907	40 Gardens, trees and plants tending costs
						Motor cars-related costs
10,104	12,063	14,210	18,041	14,952	14,440	41 Automobiles (new)
4,067	5,006	3,986	4,786	3,842	4,764	42 Automobiles (second-hand)
662	669	735	792	716	658	43 Automotive insurance premium (compulsion)
3,324	3,099	3,154	3,043	3,187	3,226	44 Automotive insurance premium (option)
441	430	317	342	314	186	45 Motorized vehicles other than automobiles
3,516	3,473	3,805	3,712	3,721	3,631	46 Automotive maintenance and repairs
						Others
375	263	483	600	767	827	47 Wedding ceremony and reception costs
2,482	1,937	2,765	2,960	2,554	2,765	48 Funeral service costs
1,263	1,361	1,217	1,518	1,597	1,997	49 Religion-related costs
2,006	1,959	1,995	2,100	2,044	2,516	50 Remittance

(a) including tablet devices, excluding peripherals and software

32

時系列表　特定の財（商品）・サービスの1世帯当たり
Time Series Table　Monthly Expenditure per Household

2021年

項　　目	年平均 2021 Average	1月 Jan.	2月 Feb.	3月 Mar.	4月 Apr.	5月 May	6月 Jun.
世帯数分布（抽出率調整）	10,000	10,000	10,000	10,000	10,000	10,000	10,000
集計世帯数	19,770	19,761	19,632	19,895	19,975	20,017	19,860
世帯人員（人）	2.94	2.95	2.95	2.95	2.94	2.94	2.94
有業人員（人）	1.51	1.50	1.51	1.51	1.51	1.51	1.51
世帯主の年齢（歳）	60.2	60.1	60.0	60.1	60.1	60.2	60.3
通信							
01　スマートフォン・携帯電話などの通信、通話使用料	12,748	13,252	13,127	13,080	13,157	12,998	12,771
02　インターネット接続料	4,417	4,400	4,390	4,455	4,434	4,451	4,400
03　スマートフォン・携帯電話の本体価格	1,609	1,728	1,586	2,131	1,728	1,418	1,334
旅行関係							
04　航空運賃	324	110	224	381	270	213	276
05　宿泊料	1,512	822	788	1,543	1,153	900	756
06　パック旅行費（国内）	603	224	246	634	292	240	384
07　パック旅行費（外国）	4	-	-	-	0	-	15
教育、教養娯楽							
08　国公立授業料等（幼稚園〜大学、専修学校）	1,895	962	955	2,337	3,325	3,639	1,543
09　私立授業料等（幼稚園〜大学、専修学校）	8,112	4,175	5,255	12,053	23,891	6,992	2,968
10　補習教育費	3,721	3,616	3,193	4,328	3,865	3,133	3,390
11　自動車教習料	662	794	733	832	536	661	490
12　スポーツ施設使用料	1,021	924	909	1,021	1,087	990	1,026
衣類等							
13　背広服	494	475	530	1,109	569	356	359
14　婦人用スーツ・ワンピース	525	493	595	937	588	392	483
15　和服	201	151	161	147	157	198	229
16　腕時計	308	248	243	409	228	231	257
17　装身具（アクセサリー類）	507	582	422	684	452	396	435
医療							
18　出産入院料	257	182	335	232	210	267	83
19　出産以外の入院料	1,810	1,846	1,654	1,873	1,801	1,799	1,668
家具等							
20　たんす	116	113	123	160	151	119	87
21　ベッド	273	260	308	337	279	269	265
22　布団	394	382	439	299	332	302	308
23　机・いす（事務用・学習用）	194	244	229	285	273	208	156
24　食器戸棚	111	106	112	128	122	123	102
25　食卓セット	168	161	197	180	132	183	149
26　応接セット	232	199	104	240	192	193	251
27　楽器（部品を含む）	166	124	181	226	129	235	245
家電等							
28　冷蔵庫	819	799	597	882	566	740	1,087
29　掃除機	386	460	388	396	327	340	319
30　洗濯機	786	1,021	790	1,045	633	648	756
31　エアコン	1,430	605	642	1,068	1,167	2,187	2,624
32　パソコン（タブレット型を含む。周辺機器・ソフトは除く）	1,196	1,333	1,268	2,184	1,778	878	1,074
33　テレビ	885	996	752	882	713	814	1,000
34　ビデオデッキ	180	265	136	203	157	203	214
35　ゲーム機（ソフトは除く）	155	173	151	195	209	154	111
36　カメラ（交換レンズのみを含む。使い捨てのカメラは除く）	143	131	148	184	133	155	127
37　ビデオカメラ	22	30	11	23	12	16	16
住宅関係							
38　家屋に関する設備費・工事費・修理費	7,249	4,906	5,539	7,716	9,120	6,854	7,124
39　給排水関係工事費	2,262	1,947	1,901	2,680	2,004	2,141	2,278
40　庭・植木の手入れ代	537	453	385	326	345	471	562
自動車等関係							
41　自動車（新車）	13,494	14,819	14,523	18,851	14,087	11,679	12,400
42　自動車（中古車）	4,383	4,388	4,912	6,510	4,090	4,825	3,432
43　自動車保険料（自賠責）	724	765	840	1,037	698	794	740
44　自動車保険料（任意）	3,495	3,198	3,378	4,136	4,099	4,131	3,537
45　自動車以外の原動機付輸送機器	354	114	470	428	519	471	294
46　自動車整備費	3,691	3,775	3,970	4,678	3,540	3,620	3,738
その他							
47　挙式・披露宴費用	699	297	310	449	442	438	505
48　葬儀・法事費用	2,328	2,037	2,288	2,912	2,147	2,066	1,688
49　信仰関係費	1,293	725	1,063	1,377	1,067	1,111	1,098
50　仕送り金	2,448	2,385	2,321	2,475	2,528	2,394	2,461

（注）2021年1月調査分から調査項目を変更している。

1か月間の支出（二人以上の世帯）（続き）

（Two-or-more-person Households） — Continued

単位　円　In Yen

7月 Jul.	8月 Aug.	9月 Sep.	10月 Oct	11月 Nov	12月 Dec.	Item
10,000	10,000	10,000	10,000	10,000	10,000	Distribution of households
19,840	19,853	19,705	19,693	19,537	19,474	Number of tabulated households
2.94	2.94	2.94	2.93	2.93	2.93	Number of persons per household (persons)
1.51	1.52	1.52	1.51	1.51	1.51	Number of earners per household (persons)
60.3	60.4	60.3	60.2	60.2	60.2	Age of household head (years old)
						Communication
12,510	12,600	12,455	12,304	12,390	12,336	01 Mobile telephones charges
4,394	4,372	4,455	4,385	4,436	4,429	02 Internet connection charges
1,278	1,321	1,730	1,801	1,572	1,677	03 Mobile telephones unit prices
						Travel-related costs
243	320	288	437	547	583	04 Airplane fares
1,654	2,058	1,078	2,189	2,652	2,545	05 Accommodation services
678	502	501	1,104	1,341	1,089	06 Package tour costs (domestic)
-	-	15	-	-	13	07 Package tour costs (overseas)
						Education, Culture and recreation
1,240	938	1,217	2,915	2,511	1,159	08 Tuition (kindergarten-university) (public)
2,689	3,557	12,287	13,690	4,394	5,389	09 Tuition (kindergarten-university) (private)
3,990	3,925	3,445	3,586	3,804	4,378	10 Tutorial fees
621	570	600	502	593	1,017	11 Lesson fees, driving school
991	986	1,038	1,080	1,132	1,067	12 Rental fees for sports facilities
						Clothing
247	196	308	503	581	693	13 Men's suits
393	339	412	506	539	617	14 Women's one-piece dresses and suits
169	251	190	195	251	311	15 Japanese clothing
319	217	281	427	382	451	16 Wrist watches
449	385	487	500	605	691	17 Accessories
						Medical care
288	379	271	286	328	223	18 Delivery fees
1,872	1,774	1,693	1,788	2,147	1,808	19 Hospital charges (excluding delivery)
						Furniture, etc.
84	94	132	78	117	138	20 Chests of drawers
158	268	274	333	291	239	21 Beds
361	324	302	505	604	569	22 Quilts
123	140	137	197	132	198	23 Desks and chairs (for work or study)
100	85	72	135	105	145	24 Sideboards
215	162	177	166	153	142	25 Dining tables and chairs
220	182	314	193	288	409	26 Drawing room suites
210	120	116	153	94	158	27 Musical instruments (including parts of instruments)
						Home electric appliances, etc.
1,267	914	835	666	622	849	28 Refrigerators
402	387	347	378	377	510	29 Vacuum cleaners
842	768	719	662	698	855	30 Washing machines
3,173	2,297	948	692	743	1,018	31 Air conditioners
802	841	943	1,037	864	1,350	32 Personal computers (a)
1,104	889	927	745	740	1,060	33 TV
183	131	116	171	166	210	34 Video recorders (DVD or Blu-ray recorder, player, etc.)
110	86	83	147	135	300	35 Video game hardware (excluding software)
172	102	126	153	121	165	36 Cameras (including lenses only, excluding disposable cameras)
13	17	25	46	25	30	37 Video cameras
						Housing
6,833	7,226	7,314	7,506	8,501	8,348	38 House-related equipping/ construction/ repair costs
2,538	1,912	2,144	2,208	2,005	3,383	39 Water supply and drainage construction costs
585	474	497	754	751	838	40 Gardens, trees and plants tending costs
						Motor cars-related costs
13,543	11,607	14,138	11,829	11,044	13,406	41 Automobiles (new)
5,068	3,599	3,604	3,646	4,975	3,543	42 Automobiles (second-hand)
695	613	623	629	647	607	43 Automotive insurance premium (compulsion)
3,113	3,188	3,369	3,316	3,174	3,304	44 Automotive insurance premium (option)
206	313	384	503	165	377	45 Motorized vehicles other than automobiles
3,668	3,263	3,637	3,472	3,550	3,375	46 Automotive maintenance and repairs
						Others
675	536	2,037	1,392	895	406	47 Wedding ceremony and reception costs
2,214	2,140	2,457	1,966	3,195	2,826	48 Funeral service costs
1,654	1,601	1,304	1,171	1,301	2,045	49 Religion-related costs
2,542	2,430	2,418	2,451	2,339	2,631	50 Remittance

Notes: Questionnaires are modified by the change of survey items in January 2021.
  　(a) including tablet devices, excluding peripherals and software

2021年平均
2021 Average

項　　目	全国	地方						
		北海道	東北	関東	北陸	東海	近畿	中国
	All Japan	Hokkaido	Tohoku	Kanto	Hokuriku	Tokai	Kinki	Chugoku
世帯数分布（抽出率調整）	10,000	423	752	3,579	400	1,241	1,614	570
集計世帯数	21,829	1,067	1,700	7,199	1,008	2,620	3,575	1,410
世帯人員（人）	2.25	2.12	2.19	2.27	2.36	2.27	2.27	2.27
有業人員（人）	1.19	1.07	1.21	1.21	1.27	1.22	1.13	1.16
世帯主の年齢（歳）	59.2	60.1	57.9	58.5	59.3	58.3	60.3	60.9
インターネットを利用した支出総額（２２品目計）	16,034	14,503	11,289	20,348	12,118	14,987	16,468	11,623
贈答用								
５１　贈答品	819	645	872	1,025	468	546	852	628
自宅用								
自宅用計	15,215	13,858	10,417	19,322	11,651	14,441	15,616	10,995
５２～５４計（食料）	3,443	2,180	2,029	4,852	2,140	3,144	3,593	1,991
５２　食料品	2,302	1,489	1,393	3,240	1,528	2,007	2,461	1,382
５３　飲料	644	402	387	904	449	572	654	371
５４　出前	497	290	250	708	164	565	477	238
５５　家電	1,209	1,399	792	1,588	889	1,085	1,193	738
５６　家具	431	528	322	515	576	401	423	330
５７～５９計（衣類・履物）	1,841	1,360	1,530	2,109	1,627	1,950	2,004	1,472
５７　紳士用衣類	491	464	361	589	589	584	477	312
５８　婦人用衣類	902	602	842	1,006	644	914	1,019	771
５９　履物・その他の衣類	448	295	328	514	395	452	508	388
６０～６１計（保健・医療）	835	650	600	1,012	598	764	909	697
６０　医薬品	197	112	153	258	117	179	220	140
６１　健康食品	638	538	447	754	482	585	690	557
６２　化粧品	616	536	477	647	457	670	684	630
６３　自動車等関係用品	372	411	355	414	402	439	343	324
６４　書籍	395	286	262	555	261	360	348	326
６５　音楽・映像ソフト、パソコン用ソフト、ゲームソフト	473	565	337	596	370	485	383	357
６６～６７計（デジタルコンテンツ）	576	484	268	727	311	569	523	335
６６　電子書籍	246	234	113	337	182	207	159	175
６７　ダウンロード版の音楽・映像、アプリなど	331	251	154	390	129	362	363	160
６８　保険	704	547	458	849	449	750	721	591
６９～７０計（旅行関係費）	1,266	1,836	771	1,623	781	1,136	1,386	631
６９　宿泊料、運賃、パック旅行費（インターネット上での決済）	853	1,276	487	1,104	377	653	972	440
７０　宿泊料、運賃、パック旅行費（上記以外の決済）	413	560	283	519	404	483	414	190
７１　チケット	401	308	249	576	175	324	443	186
７２　上記に当てはまらない商品・サービス	2,652	2,768	1,968	3,260	2,613	2,362	2,662	2,389
（参考）								
インターネットを通じて注文をした世帯数	10,692	465	689	3,985	455	1,256	1,853	654
インターネットを通じて注文をした世帯（１万分比）	4,781	180	306	1,950	165	580	795	246
インターネットを通じて注文をした世帯当たりの支出総額	33,469	34,065	27,685	37,257	29,249	32,005	33,432	26,912

（注）
1　地方
・北海道
・東北（青森県，岩手県，宮城県，秋田県，山形県，福島県）
・関東（茨城県，栃木県，群馬県，埼玉県，千葉県，東京都，神奈川県，山梨県，長野県）
・北陸（新潟県，富山県，石川県，福井県）
・東海（岐阜県，静岡県，愛知県，三重県）
・近畿（滋賀県，京都府，大阪府，兵庫県，奈良県，和歌山県）
・中国（鳥取県，島根県，岡山県，広島県，山口県）
・四国（徳島県，香川県，愛媛県，高知県）
・九州・沖縄（福岡県，佐賀県，長崎県，熊本県，大分県，宮崎県，鹿児島県，沖縄県）
2　都市階級
・大都市（政令指定都市及び東京都区部）
・中都市（大都市を除く人口15万以上の市）
・小都市Ａ（人口５万以上15万未満の市）
・小都市Ｂ（人口５万未満の市）
・町村

利用した1世帯当たり1か月間の支出（総世帯）
per Household by All Japan, Districts and City Groups (Total Households)

単位　円　　In Yen

Districts		都市階級　City Groups				Item
四国	九州・沖縄	大都市	中都市	小都市A	小都市B・町村	
Shikoku	Kyushu & Okinawa	Major cities	Middle cities	Small cities A	Small cities B, Towns & villages	
302	1,121	3,002	3,152	2,335	1,511	Distribution of households
705	2,545	5,784	6,949	5,393	3,703	Number of tabulated households
2.19	2.25	2.26	2.24	2.26	2.26	Number of persons per household (persons)
1.13	1.16	1.22	1.15	1.18	1.18	Number of earners per household (persons)
59.8	60.4	57.4	59.3	59.7	61.8	Age of household head (years old)
11,271	11,450	21,252	15,351	13,567	10,901	Total expenditure on goods and services ordered over the Internet(22 items)
						For gift
518	744	1,117	723	710	600	51 gift items
						For home
10,753	10,705	20,135	14,628	12,857	10,301	Total expenditure for home
1,903	2,106	4,904	3,241	2,777	1,992	52-54 Total (Food)
1,265	1,347	3,132	2,225	1,934	1,383	52 Foods
409	419	958	588	480	392	53 Beverages
229	341	813	428	363	218	54 Deliveries
702	855	1,502	1,227	1,057	822	55 Home electronics
339	272	568	442	346	270	56 Furniture
1,768	1,309	2,518	1,674	1,559	1,284	57-59 Total (Clothing,footwear)
322	295	683	446	398	346	57 Men's clothing
1,030	670	1,260	793	782	607	58 Women's clothing
416	344	575	435	379	330	59 Footwear and other clothing
687	663	1,054	793	745	627	60-61 Total (Medical care)
139	128	268	185	168	130	60 Medicines
547	535	786	609	577	497	61 Health foods
604	533	765	605	536	468	62 Cosmetics
382	214	371	385	380	336	63 Private transportation
277	236	533	373	302	308	64 Books and other reading materials
355	376	579	478	391	376	65 Software (music, video, personal computer, TV game)
700	600	783	549	535	283	66-67 Total (Digital contents)
121	304	340	241	227	94	66 Digital books
579	296	443	308	308	189	67 Download music, video, applications
505	587	833	698	648	545	68 Insurance
521	901	1,948	1,128	903	757	69-70 Total (Travel-related costs)
372	684	1,320	733	630	516	69 Accommodation services, fares, package tours(payment on the Internet)
150	217	627	395	273	240	70 Accommodation services, fares, package tours(payment on-site)
202	249	647	344	273	232	71 Tickets
1,808	1,804	3,131	2,691	2,405	2,002	72 Other goods and services
						(Reference)
307	1,028	3,295	3,452	2,474	1,471	Number of households ordering over the Internet
120	439	1,698	1,491	1,030	562	(a)
28,311	29,145	37,513	32,374	30,706	29,204	(b)

Notes:
1. Districts
 ・ Hokkaido
 ・ Tohoku (Aomori-ken, Iwate-ken, Miyagi-ken, Akita-ken, Yamagata-ken, Fukushima-ken)
 ・ Kanto (Ibaraki-ken, Tochigi-ken, Gumma-ken, Saitama-ken, Chiba-ken, Tokyo-to, Kanagawa-ken, Yamanashi-ken, Nagano-ken)
 ・ Hokuriku (Niigata-ken, Toyama-ken, Ishikawa-ken, Fukui-ken)
 ・ Tokai (Gifu-ken, Shizuoka-ken, Aichi-ken, Mie-ken)
 ・ Kinki (Shiga-ken, Kyoto-fu, Osaka-fu, Hyogo-ken, Nara-ken, Wakayama-ken)
 ・ Chugoku (Tottori-ken, Shimane-ken, Okayama-ken, Hiroshima-ken, Yamaguchi-ken)
 ・ Shikoku (Tokushima-ken, Kagawa-ken, Ehime-ken, Kochi-ken)
 ・ Kyushu&Okinawa (Fukuoka-ken, Saga-ken, Nagasaki-ken, Kumamoto-ken, Oita-ken, Miyazaki-ken, Kagoshima-ken, Okinawa-ken)
2. City groups
 ・ Major cities (Designated cities under article 252-19 of the Local Autonomy Law and Ku-area of Tokyo)
 ・ Middle cities (Population of 150,000 or more, excluding Major cities)
 ・ Small cities A (Population of 50,000 or more but less than 150,000)
 ・ Small cities B (Population of less than 50,000)
 ・ Towns and villages

(a) Distribution of households ordering over the Internet(rate to the Whole = 10,000)
(b) Total expenditure per household by on goods and services ordered over the Internet

2021年平均
2021 Average

項　　目	全国	地方							
		北海道	東北	関東	北陸	東海	近畿	中国
	All Japan	Hokkaido	Tohoku	Kanto	Hokuriku	Tokai	Kinki	Chugoku
世帯数分布（抽出率調整）	10,000	416	668	3,695	396	1,201	1,645	575
集計世帯数	19,770	965	1,527	6,550	921	2,366	3,238	1,276
世帯人員（人）	2.94	2.76	3.08	2.90	3.12	3.03	2.92	2.94
有業人員（人）	1.51	1.37	1.62	1.50	1.69	1.57	1.45	1.52
世帯主の年齢（歳）	60.2	59.7	60.9	59.9	59.8	59.8	60.6	60.3
インターネットを利用した支出総額（２２品目計）	18,727	14,614	13,309	23,553	14,230	16,312	19,867	14,758
贈答用								
５１　贈答品	951	721	703	1,174	621	746	993	815
自宅用								
自宅用計	17,776	13,893	12,605	22,379	13,609	15,566	18,874	13,943
５２～５４計（食料）	4,223	2,655	2,590	5,916	2,599	3,315	4,445	2,674
５２　食料品	2,929	1,781	1,807	4,132	1,823	2,342	3,057	1,867
５３　飲料	767	520	510	1,054	542	589	785	502
５４　出前	526	354	273	730	234	384	603	306
５５　家電	1,413	1,246	1,040	1,773	1,137	1,252	1,482	1,041
５６　家具	511	376	359	642	414	457	525	454
５７～５９計（衣類・履物）	2,218	1,613	1,734	2,592	1,959	1,969	2,460	2,014
５７　紳士用衣類	541	477	469	633	587	468	591	424
５８　婦人用衣類	1,104	747	849	1,299	862	990	1,228	1,024
５９　履物・その他の衣類	573	389	416	660	510	511	642	566
６０～６１計（保健・医療）	971	760	745	1,134	776	910	1,030	840
６０　医薬品	234	146	179	287	168	207	261	180
６１　健康食品	738	614	567	848	608	702	768	659
６２　化粧品	768	622	583	823	596	822	824	733
６３　自動車等関係用品	456	473	568	509	558	454	438	329
６４　書籍	438	321	292	578	324	367	436	355
６５　音楽・映像ソフト、パソコン用ソフト、ゲームソフト	439	491	294	498	436	451	442	423
６６～６７計（デジタルコンテンツ）	423	329	316	581	264	351	385	349
６６　電子書籍	184	130	104	272	115	131	163	159
６７　ダウンロード版の音楽・映像、アプリなど	239	199	211	308	150	220	222	191
６８　保険	891	567	651	1,059	563	894	969	703
６９～７０計（旅行関係費）	1,542	1,387	866	2,060	1,174	1,214	1,687	811
６９　宿泊料、運賃、パック旅行費（インターネット上での決済）	1,040	936	581	1,402	553	823	1,102	554
７０　宿泊料、運賃、パック旅行費（上記以外の決済）	501	451	285	658	621	391	585	258
７１　チケット	455	345	243	624	223	371	557	230
７２　上記に当てはまらない商品・サービス	3,029	2,707	2,324	3,589	2,585	2,740	3,193	2,988
（参考）								
インターネットを通じて注文をした世帯数	10,129	437	648	3,768	439	1,188	1,756	626
インターネットを通じて注文をした世帯（１万分比）	5,267	190	291	2,164	190	611	912	287
インターネットを通じて注文をした世帯当たりの支出総額	35,470	31,866	30,531	40,126	29,491	32,016	35,748	29,566

単位　円　In Yen

Districts		都市階級　City Groups				
四国	九州・沖縄	大都市	中都市	小都市A	小都市B・町村	Item
	Kyushu &	Major	Middle	Small	Small cities B,	
Shikoku	Okinawa	cities	cities	cities A	Towns & villages	
299	1,106	3,079	3,154	2,290	1,477	Distribution of households
638	2,290	5,251	6,297	4,885	3,337	Number of tabulated households
2.86	2.96	2.90	2.93	2.98	3.00	Number of persons per household (persons)
1.48	1.51	1.52	1.48	1.52	1.56	Number of earners per household (persons)
60.9	60.9	59.0	60.2	60.7	61.8	Age of household head (years old)
13,257	13,505	24,332	17,866	16,157	12,873	Total expenditure on goods and services ordered over the Internet(22 items)
						For gift
679	863	1,242	902	819	655	51 gift items
						For home
12,578	12,643	23,090	16,965	15,338	12,218	Total expenditure for home
2,304	2,698	5,960	3,876	3,478	2,497	52-54 Total (Food)
1,507	1,803	3,988	2,751	2,494	1,782	52 Foods
492	514	1,128	661	610	484	53 Beverages
305	381	844	464	375	231	54 Deliveries
1,017	971	1,692	1,408	1,305	1,009	55 Home electronics
368	352	665	486	441	348	56 Furniture
1,978	1,663	2,842	2,079	1,937	1,651	57-59 Total (Clothing,footwear)
429	381	681	501	496	406	57 Men's clothing
1,011	835	1,448	1,016	951	811	58 Women's clothing
539	447	712	562	490	433	59 Footwear and other clothing
864	792	1,190	905	887	788	60-61 Total (Medical care)
190	171	296	217	219	161	60 Medicines
674	622	895	688	668	627	61 Health foods
768	689	905	750	691	641	62 Cosmetics
356	293	410	485	500	423	63 Private transportation
349	292	597	409	347	311	64 Books and other reading materials
449	299	555	419	393	314	65 Software (music, video, personal computer, TV game)
367	240	617	374	342	248	66-67 Total (Digital contents)
151	94	286	155	137	106	66 Digital books
216	147	331	219	205	141	67 Download music, video, applications
636	762	1,052	883	813	693	68 Insurance
741	1,142	2,304	1,432	1,158	782	69-70 Total (Travel-related costs)
530	857	1,567	977	777	487	69 Accommodation services, fares, package tours(payment on the Internet)
211	284	738	455	381	295	70 Accommodation services, fares, package tours(payment on-site)
181	270	705	421	341	182	71 Tickets
2,202	2,179	3,596	3,038	2,706	2,331	72 Other goods and services
						(Reference)
292	975	3,112	3,271	2,349	1,397	Number of households ordering over the Internet
137	486	1,857	1,662	1,120	628	(a)
28,818	30,675	40,270	33,798	32,964	30,197	(b)

(a) Distribution of households ordering over the Internet(rate to the Whole = 10,000)
(b) Total expenditure per household by on goods and services ordered over the Internet

2021年平均
2021 Average

項　目	平均 Average	～29歳 years old	30～39歳 years old	40～49歳 years old	50～59歳 years old	60～69歳 years old
世帯数分布（抽出率調整）	10,000	434	893	1,381	1,902	2,252
集計世帯数	21,829	187	1,492	3,358	4,157	5,492
世帯人員（人）	2.25	1.23	2.44	3.14	2.49	2.16
有業人員（人）	1.19	1.00	1.35	1.65	1.68	1.29
世帯主の年齢（歳）	59.2	25.7	34.4	45.0	54.6	64.9
インターネットを利用した支出総額（22品目計）	16,034	21,646	24,121	24,342	21,199	14,335
贈答用						
51　贈答品	819	1,107	1,179	975	892	839
自宅用						
自宅用計	15,215	20,540	22,942	23,367	20,307	13,496
52～54計（食料）	3,443	3,069	4,928	5,032	4,184	3,180
52　食料品	2,302	1,440	2,839	3,316	2,760	2,260
53　飲料	644	519	866	946	885	628
54　出前	497	1,110	1,224	770	539	291
55　家電	1,209	1,979	1,711	1,774	1,704	1,073
56　家具	431	770	903	638	518	362
57～59計（衣類・履物）	1,841	2,656	3,081	3,519	2,484	1,352
57　紳士用衣類	491	773	893	916	716	324
58　婦人用衣類	902	1,508	1,158	1,615	1,258	745
59　履物・その他の衣類	448	375	1,031	988	511	282
60～61計（保健・医療）	835	430	692	982	1,078	1,003
60　医薬品	197	121	246	274	262	183
61　健康食品	638	309	446	707	815	821
62　化粧品	616	564	689	938	813	659
63　自動車等関係用品	372	181	577	664	606	302
64　書籍	395	694	537	608	553	308
65　音楽・映像ソフト、パソコン用ソフト、ゲームソフト	473	1,500	806	687	583	375
66～67計（デジタルコンテンツ）	576	2,853	1,632	802	534	256
66　電子書籍	246	771	990	329	209	103
67　ダウンロード版の音楽・映像、アプリなど	331	2,082	642	473	325	154
68　保険	704	244	840	1,056	911	705
69～70計（旅行関係費）	1,266	1,522	1,959	1,708	1,968	1,264
69　宿泊料、運賃、パック旅行費（インターネット上での決済）	853	865	1,600	1,146	1,337	826
70　宿泊料、運賃、パック旅行費（上記以外の決済）	413	657	359	562	631	439
71　チケット	401	687	527	659	628	329
72　上記に当てはまらない商品・サービス	2,652	3,391	4,061	4,300	3,745	2,329
(参考)						
インターネットを通じて注文をした世帯数	10,692	128	1,097	2,398	2,690	2,547
インターネットを通じて注文をした世帯（1万分比）	4,781	310	649	978	1,175	969
インターネットを通じて注文をした世帯当たりの支出総額	33,469	30,403	33,127	34,319	34,252	33,180

を利用した1世帯当たり1か月間の支出（総世帯）
the Internet per Household by Age Group of Household Head (Total Households)

単位　円　In Yen

70～79歳	80歳～	Item
years old	years old	
2,474	665	Distribution of households
5,627	1,516	Number of tabulated households
1.89	1.87	Number of persons per household (persons)
0.64	0.36	Number of earners per household (persons)
73.8	83.3	Age of household head (years old)
7,768	5,909	Total expenditure on goods and services ordered over the Internet (22 items)
		For gift
563	499	51 gift items
		For home
7,205	5,410	Total expenditure for home
2,174	1,837	52-54 Total (Food)
1,618	1,385	52 Foods
348	265	53 Beverages
208	188	54 Deliveries
546	304	55 Home electronics
165	115	56 Furniture
649	411	57-59 Total (Clothing, footwear)
147	88	57 Men's clothing
357	233	58 Women's clothing
146	90	59 Footwear and other clothing
624	503	60-61 Total (Medical care)
130	137	60 Medicines
494	366	61 Health foods
327	249	62 Cosmetics
129	106	63 Private transportation
187	193	64 Books and other reading materials
157	95	65 Software (music, video, personal computer, TV game)
113	99	66-67 Total (Digital contents)
47	56	66 Digital books
66	43	67 Download music, video, applications
477	338	68 Insurance
455	327	69-70 Total (Travel-related costs)
256	203	69 Accommodation services, fares, package tours (payment on the Internet)
199	124	70 Accommodation services, fares, package tours (payment on-site)
139	107	71 Tickets
1,064	727	72 Other goods and services
		(Reference)
1,532	300	Number of households ordering over the Internet
586	113	Distribution of households ordering over the Internet (rate to the Whole = 10,000)
32,648	34,663	Total expenditure per household by on goods and services ordered over the Internet

2021年平均
2021 Average

項　　目	平均 Average	～29歳 years old	30～39歳 years old	40～49歳 years old	50～59歳 years old	60～69歳 years old
世帯数分布（抽出率調整）	10,000	77	752	1,705	2,005	2,439
集計世帯数	19,770	148	1,423	3,240	3,889	4,928
世帯人員（人）	2.94	3.00	3.63	3.68	3.18	2.66
有業人員（人）	1.51	1.75	1.71	1.84	2.08	1.61
世帯主の年齢（歳）	60.2	27.5	35.5	45.0	54.5	64.8
インターネットを利用した支出総額（２２品目計）	18,727	25,373	27,686	25,793	24,369	17,401
贈答用						
５１　贈答品	951	2,027	1,385	1,063	1,018	985
自宅用						
自宅用計	17,776	23,346	26,301	24,730	23,351	16,416
５２～５４計（食料）	4,223	4,964	6,027	5,679	4,943	3,873
５２　食料品	2,929	3,181	3,901	3,850	3,314	2,763
５３　飲料	767	629	982	974	1,018	756
５４　出前	526	1,154	1,144	856	611	354
５５　家電	1,413	2,107	1,868	1,915	1,965	1,330
５６　家具	511	1,004	1,083	741	609	446
５７～５９計（衣類・履物）	2,218	2,885	4,042	3,721	2,997	1,687
５７　紳士用衣類	541	598	853	898	805	413
５８　婦人用衣類	1,104	1,366	1,616	1,723	1,576	932
５９　履物・その他の衣類	573	921	1,574	1,101	616	342
６０～６１計（保健・医療）	971	659	713	976	1,214	1,154
６０　医薬品	234	213	257	265	308	225
６１　健康食品	738	447	456	712	906	929
６２　化粧品	768	1,007	941	1,068	1,008	769
６３　自動車等関係用品	456	508	681	690	704	378
６４　書籍	438	421	523	630	606	373
６５　音楽・映像ソフト、パソコン用ソフト、ゲームソフト	439	673	591	619	608	414
６６～６７計（デジタルコンテンツ）	423	1,165	826	650	586	305
６６　電子書籍	184	519	428	307	233	115
６７　ダウンロード版の音楽・映像、アプリなど	239	647	399	343	353	190
６８　保険	891	1,467	1,328	1,198	1,026	834
６９～７０計（旅行関係費）	1,542	1,876	2,218	1,916	2,320	1,628
６９　宿泊料、運賃、パック旅行費（インターネット上での決済）	1,040	1,523	1,733	1,250	1,629	1,053
７０　宿泊料、運賃、パック旅行費（上記以外の決済）	501	353	484	667	691	575
７１　チケット	455	492	569	638	759	395
７２　上記に当てはまらない商品・サービス	3,029	4,119	4,890	4,288	4,006	2,830
(参考)						
インターネットを通じて注文をした世帯数	10,129	100	1,048	2,322	2,551	2,389
インターネットを通じて注文をした世帯（1万分比）	5,267	53	560	1,239	1,335	1,208
インターネットを通じて注文をした世帯当たりの支出総額	35,470	36,823	37,129	35,444	36,525	35,009

を利用した1世帯当たり1か月間の支出（二人以上の世帯）
the Internet per Household by Age Group of Household Head (Two-or-more-person Households)

単位　円　In Yen

70～79歳	80歳～	Item
years old	years old	
2,374	640	Distribution of households
4,835	1,308	Number of tabulated households
2.43	2.38	Number of persons per household (persons)
0.89	0.54	Number of earners per household (persons)
73.8	83.4	Age of household head (years old)
10,178	7,832	Total expenditure on goods and services ordered over the Internet(22 items)
		For gift
691	635	51 gift items
		For home
9,487	7,196	Total expenditure for home
2,818	2,440	52-54 Total (Food)
2,089	1,863	52 Foods
470	349	53 Beverages
260	228	54 Deliveries
774	431	55 Home electronics
225	160	56 Furniture
887	531	57-59 Total (Clothing, footwear)
211	111	57 Men's clothing
484	304	58 Women's clothing
192	116	59 Footwear and other clothing
762	626	60-61 Total (Medical care)
169	162	60 Medicines
592	464	61 Health foods
411	312	62 Cosmetics
172	143	63 Private transportation
249	256	64 Books and other reading materials
218	146	65 Software (music, video, personal computer, TV game)
167	147	66-67 Total (Digital contents)
66	82	66 Digital books
101	66	67 Download music, video, applications
579	448	68 Insurance
602	464	69-70 Total (Travel-related costs)
353	296	69 Accommodation services, fares, package tours(payment on the Internet)
250	168	70 Accommodation services, fares, package tours(payment on-site)
174	150	71 Tickets
1,449	943	72 Other goods and services
		(Reference)
1,434	284	Number of households ordering over the Internet
727	146	Distribution of households ordering over the Internet(rate to the Whole = 10,000)
33,115	34,757	Total expenditure per household by on goods and services ordered over the Internet

第1－3表　世帯主の勤めか自営かの別インターネット

Table 1-3　Monthly Expenditure on Goods and Services Ordered over the Internet

2021年平均
2021Average

項　　目	平均 Average	就業　Occupation			非就業 （無職） No- occupation
		雇用されて いる人 （勤労者） Employee	会社などの 役員 Corporative administrators	自営業主 ・その他 (a)	
世帯数分布（抽出率調整）	10,000	5,283	418	954	3,346
集計世帯数	21,829	11,368	1,067	2,323	7,071
世帯人員（人）	2.25	2.47	2.63	2.47	1.80
有業人員（人）	1.19	1.61	1.81	1.78	0.27
世帯主の年齢（歳）	59.2	50.8	58.3	61.9	71.8
インターネットを利用した支出総額（２２品目計）	16,034	20,438	25,424	15,494	8,061
贈答用					
５１　贈答品	819	925	1,209	1,123	517
自宅用					
自宅用計	15,215	19,513	24,215	14,371	7,544
５２～５４計（食料）	3,443	4,133	5,757	3,385	2,081
５２　食料品	2,302	2,704	3,736	2,137	1,535
５３　飲料	644	769	1,366	700	342
５４　出前	497	660	656	548	204
５５　家電	1,209	1,595	1,720	985	599
５６　家具	431	577	618	400	186
５７～５９計（衣類・履物）	1,841	2,478	3,354	1,850	646
５７　紳士用衣類	491	674	1,033	392	163
５８　婦人用衣類	902	1,182	1,624	1,035	333
５９　履物・その他の衣類	448	622	698	423	150
６０～６１計（保健・医療）	835	888	1,585	1,060	593
６０　医薬品	197	235	258	220	123
６１　健康食品	638	653	1,327	840	469
６２　化粧品	616	745	1,168	669	329
６３　自動車等関係用品	372	540	441	264	129
６４　書籍	395	514	514	361	202
６５　音楽・映像ソフト、パソコン用ソフト、ゲームソフト	473	672	475	309	204
６６～６７計（デジタルコンテンツ）	576	825	543	619	173
６６　電子書籍	246	349	201	328	62
６７　ダウンロード版の音楽・映像、アプリなど	331	476	343	291	111
６８　保険	704	846	1,105	701	429
６９～７０計（旅行関係費）	1,266	1,656	2,579	1,072	542
６９　宿泊料、運賃、パック旅行費（インターネット上での決済）	853	1,135	1,776	671	342
７０　宿泊料、運賃、パック旅行費（上記以外の決済）	413	520	803	400	199
７１　チケット	401	549	693	355	145
７２　上記に当てはまらない商品・サービス	2,652	3,494	3,663	2,344	1,286
（参考）					
インターネットを通じて注文をした世帯数	10,692	6,941	638	1,040	2,073
インターネットを通じて注文をした世帯（１万分比）	4,781	3,211	244	421	905
インターネットを通じて注文をした世帯当たりの支出総額	33,469	33,564	43,341	35,080	29,692

(a) Individual proprietors and others

を利用した1世帯当たり1か月間の支出（総世帯）
per Household by Occupation of Household Head (Total Households)

単位　円　In Yen

Item

Distribution of households
Number of tabulated households
Number of persons per household (persons)
Number of earners per household (persons)
Age of household head (years old)

Total expenditure on goods and services ordered over the Internet(22 items)
For gift
 51 gift items
For home
 Total expenditure for home
 52-54 Total (Food)
 52 Foods
 53 Beverages
 54 Deliveries
 55 Home electronics
 56 Furniture
 57-59 Total (Clothing,footwear)
 57 Men's clothing
 58 Women's clothing
 59 Footwear and other clothing
 60-61 Total (Medical care)
 60 Medicines
 61 Health foods
 62 Cosmetics
 63 Private transportation
 64 Books and other reading materials
 65 Software (music, video, personal computer, TV game)
 66-67 Total (Digital contents)
 66 Digital books
 67 Download music, video, applications
 68 Insurance
 69-70 Total (Travel-related costs)
 69 Accommodation services, fares, package tours(payment on the Internet)
 70 Accommodation services, fares, package tours(payment on-site)
 71 Tickets
 72 Other goods and services
(Reference)
Number of households ordering over the Internet
Distribution of households ordering over the Internet(rate to the Whole = 10,000)
Total expenditure per household by on goods and services ordered over the Internet

2021年平均
2021Average

項　目	平均 Average	就業　Occupation			非就業（無職） No-occupation
		雇用されている人（勤労者） Employee	会社などの役員 Corporative administrators	自営業主・その他 (a)	
世帯数分布（抽出率調整）	10,000	5,472	521	1,091	2,915
集計世帯数	19,770	10,643	1,023	2,169	5,936
世帯人員（人）	2.94	3.20	3.02	2.99	2.43
有業人員（人）	1.51	1.91	2.00	2.06	0.48
世帯主の年齢（歳）	60.2	52.9	58.6	62.6	73.3
インターネットを利用した支出総額（２２品目計）	18,727	22,566	28,588	17,152	10,341
贈答用					
５１　贈答品	951	1,045	1,413	1,041	656
自宅用					
自宅用計	17,776	21,521	27,175	16,111	9,685
５２～５４計（食料）	4,223	4,891	6,362	3,949	2,689
５２　食料品	2,929	3,372	4,252	2,577	1,994
５３　飲料	767	872	1,337	818	449
５４　出前	526	646	774	554	246
５５　家電	1,413	1,745	1,921	1,108	814
５６　家具	511	650	737	439	234
５７～５９計（衣類・履物）	2,218	2,791	3,776	2,223	861
５７　紳士用衣類	541	674	1,077	492	213
５８　婦人用衣類	1,104	1,354	1,885	1,203	457
５９　履物・その他の衣類	573	763	814	527	191
６０～６１計（保健・医療）	971	996	1,737	1,137	727
６０　医薬品	234	269	303	226	157
６１　健康食品	738	727	1,434	911	569
６２　化粧品	768	905	1,332	760	414
６３　自動車等関係用品	456	621	527	311	189
６４　書籍	438	529	567	398	260
６５　音楽・映像ソフト、パソコン用ソフト、ゲームソフト	439	571	483	337	222
６６～６７計（デジタルコンテンツ）	423	555	550	338	184
６６　電子書籍	184	247	236	144	71
６７　ダウンロード版の音楽・映像、アプリなど	239	307	314	194	113
６８　保険	891	1,060	1,300	844	517
６９～７０計（旅行関係費）	1,542	1,882	2,990	1,329	720
６９　宿泊料、運賃、パック旅行費（インターネット上での決済）	1,040	1,302	2,010	846	447
７０　宿泊料、運賃、パック旅行費（上記以外の決済）	501	580	980	482	274
７１　チケット	455	581	643	387	208
７２　上記に当てはまらない商品・サービス	3,029	3,745	4,249	2,552	1,645
（参考）					
インターネットを通じて注文をした世帯数	10,129	6,628	620	1,001	1,879
インターネットを通じて注文をした世帯（１万分比）	5,267	3,477	322	519	948
インターネットを通じて注文をした世帯当たりの支出総額	35,470	35,442	46,184	35,905	31,683

(a) Individual proprietors and others

を利用した1世帯当たり1か月間の支出（二人以上の世帯）
per Household by Occupation of Household Head (Two-or-more-person Households)

単位　円　　In Yen

Item

Distribution of households
Number of tabulated households
Number of persons per household (persons)
Number of earners per household (persons)
Age of household head (years old)

Total expenditure on goods and services ordered over the Internet(22 items)
For gift
 51 gift items
For home
 Total expenditure for home
 52-54 Total (Food)
 52 Foods
 53 Beverages
 54 Deliveries
 55 Home electronics
 56 Furniture
 57-59 Total (Clothing,footwear)
 57 Men's clothing
 58 Women's clothing
 59 Footwear and other clothing
 60-61 Total (Medical care)
 60 Medicines
 61 Health foods
 62 Cosmetics
 63 Private transportation
 64 Books and other reading materials
 65 Software (music, video, personal computer, TV game)
 66-67 Total (Digital contents)
 66 Digital books
 67 Download music, video, applications
 68 Insurance
 69-70 Total (Travel-related costs)
 69 Accommodation services, fares, package tours(payment on the Internet)
 70 Accommodation services, fares, package tours(payment on-site)
 71 Tickets
 72 Other goods and services
(Reference)
Number of households ordering over the Internet
Distribution of households ordering over the Internet(rate to the Whole = 10,000)
Total expenditure per household by on goods and services ordered over the Internet

2021年平均
2021 Average

項　目	平均	世帯人員別	by Number of household members				
		1人	2人	3人	4人	5人	6人～
	Average	person	persons	persons	persons	persons	persons
世帯数分布（抽出率調整）	10,000	3,541	2,961	1,685	1,269	388	156
集計世帯数	21,829	2,059	9,495	4,998	3,635	1,193	449
世帯人員（人）	2.25	1.00	2.00	3.00	4.00	5.00	6.41
有業人員（人）	1.19	0.59	0.95	1.75	2.11	2.30	2.75
世帯主の年齢（歳）	59.2	57.4	66.8	58.7	50.7	49.9	55.4
インターネットを利用した支出総額（22品目計）	16,034	11,129	13,861	20,975	24,999	24,766	20,810
贈答用							
51　贈答品	819	581	902	954	1,017	1,072	1,006
自宅用							
自宅用計	15,215	10,548	12,960	20,021	23,982	23,694	19,804
52～54計（食料）	3,443	2,026	3,266	4,602	5,459	5,521	4,999
52　食料品	2,302	1,160	2,287	3,164	3,781	3,862	3,348
53　飲料	644	421	642	840	924	855	856
54　出前	497	444	337	598	754	804	796
55　家電	1,209	836	1,033	1,640	1,861	1,813	1,537
56　家具	431	287	357	561	723	745	573
57～59計（衣類・履物）	1,841	1,155	1,267	2,445	3,604	3,652	2,975
57　紳士用衣類	491	400	319	594	830	984	745
58　婦人用衣類	902	535	686	1,258	1,720	1,534	1,291
59　履物・その他の衣類	448	219	263	593	1,055	1,134	939
60～61計（保健・医療）	835	586	909	1,084	982	983	820
60　医薬品	197	131	202	249	274	252	287
61　健康食品	638	455	707	835	709	732	533
62　化粧品	616	339	557	921	1,013	923	753
63　自動車等関係用品	372	219	274	501	722	652	776
64　書籍	395	316	297	495	622	657	451
65　音楽・映像ソフト、パソコン用ソフト、ゲームソフト	473	533	251	521	647	673	856
66～67計（デジタルコンテンツ）	576	856	283	520	600	546	295
66　電子書籍	246	358	130	220	249	253	124
67　ダウンロード版の音楽・映像、アプリなど	331	499	152	300	351	292	171
68　保険	704	362	663	969	1,226	1,166	950
69～70計（旅行関係費）	1,266	765	1,316	1,706	1,908	1,649	798
69　宿泊料、運賃、パック旅行費（インターネット上での決済）	853	512	852	1,165	1,352	1,088	621
70　宿泊料、運賃、パック旅行費（上記以外の決済）	413	253	464	542	556	561	177
71　チケット	401	305	306	539	640	646	399
72　上記に当てはまらない商品・サービス	2,652	1,964	2,181	3,515	3,974	4,068	3,623
(参考)							
インターネットを通じて注文をした世帯数	10,692	563	3,726	2,872	2,473	798	260
インターネットを通じて注文をした世帯（1万分比）	4,781	1,379	1,189	987	873	262	91
インターネットを通じて注文をした世帯当たりの支出総額	33,469	28,548	34,390	35,743	36,248	36,660	35,775

を利用した1世帯当たり1か月間の支出（総世帯）
per Household by Number of Household Members and Employed Persons (Total Households)

単位 円　In Yen

就業者数別	by Employed persons			
0人	1人	2人	3人～	Item
person	person	persons	persons	
2,639	3,933	2,606	823	Distribution of households
4,895	6,632	7,869	2,434	Number of tabulated households
1.50	1.80	3.14	4.02	Number of persons per household (persons)
...	1.00	2.00	3.28	Number of earners per household (persons)
71.9	54.4	53.8	59.0	Age of household head (years old)
6,728	16,257	22,954	22,915	Total expenditure on goods and services ordered over the Internet (22 items)
				For gift
479	831	1,097	979	51 gift items
				For home
6,249	15,426	21,857	21,935	Total expenditure for home
1,835	3,230	5,011	4,659	52-54 Total (Food)
1,376	2,016	3,399	3,170	52 Foods
290	649	923	878	53 Beverages
170	565	689	611	54 Deliveries
501	1,292	1,673	1,612	55 Home electronics
164	440	644	573	56 Furniture
450	1,799	2,931	3,062	57-59 Total (Clothing,footwear)
122	536	706	785	57 Men's clothing
215	856	1,421	1,688	58 Women's clothing
113	407	803	589	59 Footwear and other clothing
505	829	1,053	1,233	60-61 Total (Medical care)
107	196	263	284	60 Medicines
398	633	790	949	61 Health foods
250	552	930	1,103	62 Cosmetics
99	347	586	686	63 Private transportation
163	441	529	495	64 Books and other reading materials
152	591	528	763	65 Software (music, video, personal computer, TV game)
132	883	570	554	66-67 Total (Digital contents)
48	379	264	183	66 Digital books
85	504	306	372	67 Download music, video, applications
377	584	1,097	1,081	68 Insurance
446	1,196	2,064	1,701	69-70 Total (Travel-related costs)
277	809	1,386	1,218	69 Accommodation services, fares, package tours (payment on the Internet)
169	387	678	483	70 Accommodation services, fares, package tours (payment on-site)
88	433	566	734	71 Tickets
1,087	2,810	3,675	3,680	72 Other goods and services
				(Reference)
1,202	3,179	4,826	1,486	Number of households ordering over the Internet
615	2,027	1,630	508	Distribution of households ordering over the Internet (rate to the Whole = 10,000)
28,693	31,486	36,626	37,045	Total expenditure per household by on goods and services ordered over the Internet

2021年平均
2021 Average

項　目	平均 Average	1人 person	2人 persons	3人 persons	4人 persons	5人 persons	6人～ persons
世帯数分布（抽出率調整）	10,000	...	4,584	2,609	1,964	601	242
集計世帯数	19,770	...	9,495	4,998	3,635	1,193	449
世帯人員（人）	2.94	...	2.00	3.00	4.00	5.00	6.41
有業人員（人）	1.51	...	0.95	1.75	2.11	2.30	2.75
世帯主の年齢（歳）	60.2	...	66.8	58.7	50.7	49.9	55.4
インターネットを利用した支出総額（22品目計）	18,727	...	13,861	20,975	24,999	24,766	20,810
贈答用							
51　贈答品	951	...	902	954	1,017	1,072	1,006
自宅用							
自宅用計	17,776	...	12,960	20,021	23,982	23,694	19,804
52～54計（食料）	4,223	...	3,266	4,602	5,459	5,521	4,999
52　食料品	2,929	...	2,287	3,164	3,781	3,862	3,348
53　飲料	767	...	642	840	924	855	856
54　出前	526	...	337	598	754	804	796
55　家電	1,413	...	1,033	1,640	1,861	1,813	1,537
56　家具	511	...	357	561	723	745	573
57～59計（衣類・履物）	2,218	...	1,267	2,445	3,604	3,652	2,975
57　紳士用衣類	541	...	319	594	830	984	745
58　婦人用衣類	1,104	...	686	1,258	1,720	1,534	1,291
59　履物・その他の衣類	573	...	263	593	1,055	1,134	939
60～61計（保健・医療）	971	...	909	1,084	982	983	820
60　医薬品	234	...	202	249	274	252	287
61　健康食品	738	...	707	835	709	732	533
62　化粧品	768	...	557	921	1,013	923	753
63　自動車等関係用品	456	...	274	501	722	652	776
64　書籍	438	...	297	495	622	657	451
65　音楽・映像ソフト、パソコン用ソフト、ゲームソフト	439	...	251	521	647	673	856
66～67計（デジタルコンテンツ）	423	...	283	520	600	546	295
66　電子書籍	184	...	130	220	249	253	124
67　ダウンロード版の音楽・映像、アプリなど	239	...	152	300	351	292	171
68　保険	891	...	663	969	1,226	1,166	950
69～70計（旅行関係費）	1,542	...	1,316	1,706	1,908	1,649	798
69　宿泊料、運賃、パック旅行費（インターネット上での決済）	1,040	...	852	1,165	1,352	1,088	621
70　宿泊料、運賃、パック旅行費（上記以外の決済）	501	...	464	542	556	561	177
71　チケット	455	...	306	539	640	646	399
72　上記に当てはまらない商品・サービス	3,029	...	2,181	3,515	3,974	4,068	3,623
(参考)							
インターネットを通じて注文をした世帯数	10,129	...	3,726	2,872	2,473	798	260
インターネットを通じて注文をした世帯（1万分比）	5,267	...	1,841	1,528	1,352	406	140
インターネットを通じて注文をした世帯当たりの支出総額	35,470	...	34,390	35,743	36,248	36,660	35,775

を利用した1世帯当たり1か月間の支出（二人以上の世帯）

per Household by Number of Household Members and Employed Persons (Two-or-more-person Households)

単位　円　In Yen

就業者数別	by Employed persons			Item
0人 person	1人 person	2人 persons	3人～ persons	
1,821	2,871	4,035	1,274	Distribution of households
3,759	5,708	7,869	2,434	Number of tabulated households
2.13	2.69	3.14	4.02	Number of persons per household (persons)
...	1.00	2.00	3.28	Number of earners per household (persons)
74.4	60.7	53.8	59.0	Age of household head (years old)
8,718	17,278	22,954	22,915	Total expenditure on goods and services ordered over the Internet(22 items)
				For gift
654	921	1,097	979	51 gift items
				For home
8,064	16,356	21,857	21,935	Total expenditure for home
2,502	4,013	5,011	4,659	52-54 Total (Food)
1,911	2,810	3,399	3,170	52 Foods
395	735	923	878	53 Beverages
196	468	689	611	54 Deliveries
723	1,398	1,673	1,612	55 Home electronics
212	484	644	573	56 Furniture
551	1,900	2,931	3,062	57-59 Total (Clothing,footwear)
150	449	706	785	57 Men's clothing
266	930	1,421	1,688	58 Women's clothing
134	520	803	589	59 Footwear and other clothing
609	972	1,053	1,233	60-61 Total (Medical care)
142	228	263	284	60 Medicines
468	744	790	949	61 Health foods
288	696	930	1,103	62 Cosmetics
159	359	586	686	63 Private transportation
209	431	529	495	64 Books and other reading materials
114	376	528	763	65 Software (music, video, personal computer, TV game)
99	364	570	554	66-67 Total (Digital contents)
43	161	264	183	66 Digital books
55	202	306	372	67 Download music, video, applications
453	795	1,097	1,081	68 Insurance
614	1,325	2,064	1,701	69-70 Total (Travel-related costs)
362	906	1,386	1,218	69 Accommodation services, fares, package tours(payment on the Internet)
251	420	678	483	70 Accommodation services, fares, package tours(payment on-site)
119	387	566	734	71 Tickets
1,413	2,857	3,675	3,680	72 Other goods and services
				(Reference)
1,008	2,809	4,826	1,486	Number of households ordering over the Internet
500	1,456	2,525	786	Distribution of households ordering over the Internet(rate to the Whole = 10,000)
31,554	33,963	36,626	37,045	Total expenditure per household by on goods and services ordered over the Internet

2021年平均
2021 Average

項　　目	平均 Average	200万円 未　満 2 million yen under	200万円 以　上 300万円 未　満 2 million yen – 3 million yen	300～400 3 million yen – 4 million yen	400～500 4 million yen – 5 million yen	500～600 5 million yen – 6 million yen	600～700 6 million yen – 7 million yen	700～800 7 million yen – 8 million yen
世帯数分布（抽出率調整）	10,000	1,820	1,609	1,412	1,073	914	679	577
集計世帯数	21,829	2,369	3,104	3,153	2,544	2,157	1,788	1,561
世帯人員（人）	2.25	1.31	1.69	2.00	2.35	2.53	2.94	3.06
有業人員（人）	1.19	0.43	0.68	0.95	1.29	1.47	1.69	1.81
世帯主の年齢（歳）	59.2	65.8	63.9	60.2	57.1	53.8	53.9	54.2
インターネットを利用した支出総額（22品目計）	16,034	5,322	8,677	12,594	15,370	18,555	20,873	23,469
贈答用								
51　贈答品	819	301	593	657	854	1,000	946	1,040
自宅用								
自宅用計	15,215	5,020	8,084	11,937	14,516	17,556	19,928	22,428
52～54計（食料）	3,443	1,361	1,926	2,772	3,169	3,981	4,332	4,748
52　食料品	2,302	988	1,331	1,804	2,062	2,530	2,872	3,182
53　飲料	644	214	304	472	619	817	795	907
54　出前	497	159	291	496	488	634	665	658
55　家電	1,209	426	613	1,108	1,135	1,331	1,609	1,857
56　家具	431	130	229	333	408	544	623	578
57～59計（衣類・履物）	1,841	420	773	1,338	1,554	2,248	2,489	2,844
57　紳士用衣類	491	88	175	326	390	774	671	721
58　婦人用衣類	902	238	414	758	721	874	1,123	1,394
59　履物・その他の衣類	448	94	183	254	443	601	696	729
60～61計（保健・医療）	835	383	563	698	771	1,013	1,082	1,214
60　医薬品	197	79	110	150	205	280	268	259
61　健康食品	638	303	453	548	567	733	813	955
62　化粧品	616	210	311	479	541	622	814	924
63　自動車等関係用品	372	69	115	357	379	468	483	677
64　書籍	395	131	256	290	379	464	413	559
65　音楽・映像ソフト、パソコン用ソフト、ゲームソフト	473	207	347	422	515	543	499	586
66～67計（デジタルコンテンツ）	576	194	489	602	967	618	514	559
66　電子書籍	246	69	121	223	488	357	244	232
67　ダウンロード版の音楽・映像、アプリなど	331	125	368	379	479	260	271	326
68　保険	704	266	356	535	697	797	962	1,222
69～70計（旅行関係費）	1,266	189	422	576	958	1,615	1,466	2,223
69　宿泊料、運賃、パック旅行費（インターネット上での決済）	853	115	238	345	628	1,169	1,037	1,296
70　宿泊料、運賃、パック旅行費（上記以外の決済）	413	75	184	232	330	446	429	928
71　チケット	401	88	269	270	307	449	528	663
72　上記に当てはまらない商品・サービス	2,652	948	1,416	2,158	2,738	2,864	4,115	3,775
（参考）								
インターネットを通じて注文をした世帯数	10,692	502	841	1,167	1,259	1,189	1,116	1,031
インターネットを通じて注文をした世帯（1万分比）	4,781	415	520	616	565	531	435	378
インターネットを通じて注文をした世帯当たりの支出総額	33,469	23,321	26,750	28,764	29,117	31,864	32,566	35,756

を利用した1世帯当たり1か月間の支出 (総世帯)
the Internet per Household by Yearly Income Group (Total Households)

単位 円　In Yen

800～900	900～1,000	1,000～1,250	1,250～1,500	1,500～2,000	2,000万円 以 上	Item
8 million yen – 9 million yen	9 million yen – 10 million yen	10 million yen – 12.5 million yen	12.5 million yen – 15 million yen	15 million yen – 20 million yen	20 million yen or more	
454	346	474	220	142	86	Distribution of households
1,246	963	1,277	619	388	227	Number of tabulated households
3.19	3.23	3.24	3.37	3.32	3.09	Number of persons per household (persons)
1.90	1.95	2.04	2.25	2.22	2.01	Number of earners per household (persons)
53.6	54.7	54.4	54.3	56.2	59.0	Age of household head (years old)
25,497	25,991	32,373	38,752	46,061	57,368	Total expenditure on goods and services ordered over the Internet(22 items)
						For gift
1,133	1,358	1,460	1,663	2,349	2,616	51 gift items
						For home
24,364	24,634	30,914	37,089	43,712	54,752	Total expenditure for home
4,979	5,205	7,007	8,125	9,978	13,849	52-54 Total (Food)
3,355	3,587	4,684	5,634	6,661	8,782	52 Foods
948	958	1,360	1,504	2,101	3,508	53 Beverages
676	660	963	987	1,217	1,559	54 Deliveries
1,908	2,026	2,389	2,879	3,413	3,190	55 Home electronics
648	717	947	1,084	1,072	1,273	56 Furniture
3,317	3,580	4,154	5,263	5,192	8,104	57-59 Total (Clothing,footwear)
927	881	1,068	1,544	1,623	2,115	57 Men's clothing
1,568	1,879	2,055	2,626	2,406	4,274	58 Women's clothing
823	820	1,031	1,094	1,163	1,715	59 Footwear and other clothing
1,212	1,248	1,330	1,559	1,961	2,935	60-61 Total (Medical care)
300	271	354	412	494	554	60 Medicines
911	978	976	1,147	1,467	2,382	61 Health foods
1,036	1,159	1,301	1,498	1,881	2,290	62 Cosmetics
846	699	744	840	707	821	63 Private transportation
637	676	839	885	1,306	1,274	64 Books and other reading materials
761	609	941	814	799	810	65 Software (music, video, personal computer, TV game)
668	586	839	1,006	1,263	1,358	66-67 Total (Digital contents)
283	268	402	488	525	703	66 Digital books
386	318	437	518	738	655	67 Download music, video, applications
1,258	1,114	1,340	1,253	1,849	1,846	68 Insurance
2,101	2,232	3,300	4,418	6,290	8,922	69-70 Total (Travel-related costs)
1,460	1,491	2,416	3,006	4,859	5,940	69 Accommodation services, fares, package tours(payment on the Internet)
641	740	884	1,412	1,430	2,982	70 Accommodation services, fares, package tours(payment on-site)
619	632	806	1,184	1,501	1,134	71 Tickets
4,373	4,150	4,979	6,281	6,500	6,946	72 Other goods and services
						(Reference)
871	673	952	479	312	168	Number of households ordering over the Internet
321	243	353	171	113	62	Distribution of households ordering over the Internet(rate to the Whole = 10,000)
36,026	36,943	43,434	49,678	57,421	78,672	Total expenditure per household by on goods and services ordered over the Internet

2021年平均
2021 Average

項　目	平均 Average	200万円 未　満 2 million yen under	200万円 以　上 300万円 未　満 2 million yen - 3 million yen	300〜400 3 million yen - 4 million yen	400〜500 4 million yen - 5 million yen	500〜600 5 million yen - 6 million yen	600〜700 6 million yen - 7 million yen	700〜800 7 million yen - 8 million yen
世帯数分布（抽出率調整）	10,000	658	1,265	1,443	1,216	1,049	896	792
集計世帯数	19,770	1,361	2,622	2,952	2,432	2,079	1,745	1,531
世帯人員（人）	2.94	2.34	2.35	2.51	2.85	3.07	3.28	3.33
有業人員（人）	1.51	0.79	0.77	1.02	1.45	1.66	1.81	1.92
世帯主の年齢（歳）	60.2	67.9	68.9	66.6	60.8	57.2	54.8	54.2
インターネットを利用した支出総額（22品目計）	18,727	7,106	7,929	10,475	14,435	16,951	20,310	23,774
贈答用								
51　贈答品	951	390	489	691	832	948	958	1,089
自宅用								
自宅用計	17,776	6,716	7,439	9,784	13,603	16,003	19,352	22,685
52〜54計（食料）	4,223	2,253	2,268	2,688	3,304	3,754	4,233	4,952
52　食料品	2,929	1,746	1,716	1,940	2,317	2,536	2,910	3,380
53　飲料	767	305	338	462	591	721	725	866
54　出前	526	202	213	286	396	497	598	706
55　家電	1,413	589	573	855	1,115	1,312	1,608	1,748
56　家具	511	186	188	274	431	465	582	610
57〜59計（衣類・履物）	2,218	622	709	951	1,500	1,968	2,430	2,997
57　紳士用衣類	541	115	158	215	374	435	613	691
58　婦人用衣類	1,104	356	377	476	684	982	1,104	1,506
59　履物・その他の衣類	573	150	174	261	442	550	713	800
60〜61計（保健・医療）	971	402	622	705	837	946	1,007	1,228
60　医薬品	234	112	141	158	223	202	252	288
61　健康食品	738	290	481	547	615	744	755	940
62　化粧品	768	240	313	432	598	689	827	942
63　自動車等関係用品	456	129	158	238	414	439	532	687
64　書籍	438	159	159	236	361	350	412	545
65　音楽・映像ソフト、パソコン用ソフト、ゲームソフト	439	172	141	236	387	450	531	619
66〜67計（デジタルコンテンツ）	423	122	113	153	334	360	453	559
66　電子書籍	184	45	36	66	152	148	201	242
67　ダウンロード版の音楽・映像、アプリなど	239	77	78	87	181	212	252	317
68　保険	891	344	467	569	737	866	1,053	1,268
69〜70計（旅行関係費）	1,542	320	383	557	858	1,137	1,403	1,976
69　宿泊料、運賃、パック旅行費（インターネット上での決済）	1,040	214	232	353	528	720	960	1,265
70　宿泊料、運賃、パック旅行費（上記以外の決済）	501	106	150	204	331	417	443	711
71　チケット	455	117	130	192	301	410	510	666
72　上記に当てはまらない商品・サービス	3,029	1,061	1,216	1,700	2,426	2,858	3,772	3,891
（参考）								
インターネットを通じて注文をした世帯数	10,129	328	715	1,085	1,206	1,144	1,087	1,015
インターネットを通じて注文をした世帯（1万分比）	5,267	164	352	543	614	587	566	531
インターネットを通じて注文をした世帯当たりの支出総額	35,470	28,361	28,383	27,700	28,498	30,183	32,166	35,382

を利用した１世帯当たり１か月間の支出（二人以上の世帯）
the Internet per Household by Yearly Income Group (Two-or-more-person Households)

単位　円　In Yen

800〜900 8 million yen - 9 million yen	900〜1,000 9 million yen - 10 million yen	1,000〜1,250 10 million yen - 12.5 million yen	1,250〜1,500 12.5 million yen - 15 million yen	1,500〜2,000 15 million yen - 20 million yen	2,000万円 以　上 20 million yen or more	Item
641	498	677	333	211	122	Distribution of households
1,226	952	1,258	615	385	221	Number of tabulated households
3.40	3.39	3.43	3.43	3.41	3.27	Number of persons per household (persons)
1.99	2.03	2.13	2.28	2.28	2.15	Number of earners per household (persons)
53.5	54.7	54.2	54.1	56.1	58.4	Age of household head (years old)
25,691	26,431	33,514	39,063	46,892	61,592	Total expenditure on goods and services ordered over the Internet(22 items)
						For gift
1,144	1,273	1,486	1,683	2,365	2,805	51 gift items
						For home
24,547	25,158	32,027	37,380	44,527	58,787	Total expenditure for home
5,053	5,367	7,402	8,258	10,254	14,897	52-54 Total (Food)
3,429	3,747	5,012	5,708	6,809	9,568	52 Foods
946	966	1,381	1,540	2,183	3,634	53 Beverages
679	654	1,008	1,011	1,263	1,696	54 Deliveries
2,014	2,045	2,515	2,842	3,440	3,463	55 Home electronics
702	764	983	1,102	1,113	1,391	56 Furniture
3,343	3,637	4,357	5,217	5,303	8,804	57-59 Total (Clothing,footwear)
806	861	1,066	1,412	1,674	2,313	57 Men's clothing
1,666	1,898	2,181	2,688	2,475	4,648	58 Women's clothing
871	878	1,111	1,117	1,154	1,843	59 Footwear and other clothing
1,137	1,310	1,382	1,583	1,990	3,077	60-61 Total (Medical care)
282	284	354	422	509	601	60 Medicines
855	1,026	1,029	1,161	1,481	2,476	61 Health foods
1,088	1,236	1,384	1,534	1,885	2,361	62 Cosmetics
789	716	742	861	734	870	63 Private transportation
638	666	863	904	1,347	1,384	64 Books and other reading materials
646	640	804	764	798	850	65 Software (music, video, personal computer, TV game)
687	614	838	1,029	1,301	1,484	66-67 Total (Digital contents)
270	281	385	498	540	769	66 Digital books
418	334	453	531	760	714	67 Download music, video, applications
1,204	1,117	1,421	1,269	1,919	1,979	68 Insurance
2,179	2,156	3,277	4,459	6,374	9,680	69-70 Total (Travel-related costs)
1,517	1,485	2,325	3,022	4,934	6,422	69 Accommodation services, fares, package tours(payment on the Internet)
662	671	951	1,437	1,440	3,259	70 Accommodation services, fares, package tours(payment on-site)
629	669	852	1,206	1,532	1,214	71 Tickets
4,439	4,222	5,209	6,354	6,537	7,333	72 Other goods and services
						(Reference)
858	666	942	477	310	167	Number of households ordering over the Internet
452	353	511	261	172	93	Distribution of households ordering over the Internet(rate to the Whole = 10,000)
36,379	37,213	44,340	49,730	57,613	80,434	Total expenditure per household by on goods and services ordered over the Internet

2021年平均
2021 Average

項　　目	全国	地　　方					
		北海道	東北	関東	北陸	東海	近畿
	All Japan	Hokkaido	Tohoku	Kanto	Hokuriku	Tokai	Kinki
世帯数分布（抽出率調整）	10,000	418	769	3,499	431	1,223	1,595
集計世帯数	1,976	95	158	633	94	237	322
世帯人員（人）	2.26	2.15	2.25	2.25	2.32	2.29	2.29
有業人員（人）	1.20	1.11	1.22	1.21	1.29	1.24	1.15
世帯主の年齢（歳）	58.1	57.9	57.7	57.2	57.2	58.1	59.6
電子マネーを持っている世帯員がいる	65.0	66.8	57.7	76.8	53.1	60.8	61.7
1人	31.5	36.5	34.4	31.9	29.2	31.7	29.9
2人	22.9	23.3	16.0	29.0	17.4	20.3	22.6
3人以上	10.5	6.8	7.2	16.0	6.6	8.6	9.2
電子マネーを持っている世帯員がいない	35.0	33.2	42.3	23.2	46.9	39.2	38.3
電子マネーを利用した世帯員がいる	53.3	53.2	47.3	65.4	41.0	45.2	51.0
電子マネーを利用した1世帯当たり平均利用金額（円）	23,032	25,292	28,453	20,457	27,813	23,655	24,050
1,000円未満	2.4	2.7	1.7	2.8	1.5	3.2	2.4
1,000円以上 3,000円未満	6.5	5.4	5.4	8.9	4.2	5.1	6.7
3,000　～　5,000	4.3	3.2	1.1	6.1	1.9	4.0	4.9
5,000　～ 10,000	7.5	5.6	5.0	10.3	6.2	5.8	6.4
10,000　～ 30,000	17.4	17.5	16.5	21.5	13.6	13.6	16.5
30,000　～ 50,000	7.9	9.8	8.7	8.4	6.6	6.7	6.7
50,000円以上	7.5	9.0	9.0	7.4	6.8	6.9	7.5
電子マネーを利用した世帯員がいない	11.7	13.7	10.4	11.4	12.1	15.5	10.7
電子マネーの利用金額のうち鉄道及びバスでの1世帯当たり平均利用金額（円）	2,844	1,901	749	4,426	777	1,561	2,918
1,000円未満	4.9	3.0	1.9	6.8	2.4	5.0	5.3
1,000円以上 3,000円未満	8.1	4.2	3.4	12.8	3.7	5.2	9.4
3,000　～　5,000	4.8	1.2	1.9	8.5	0.5	2.7	5.7
5,000　～ 10,000	5.4	2.9	1.5	10.2	0.8	2.7	5.5
10,000円以上	4.9	4.3	0.8	9.8	0.9	2.1	4.2

電子マネーの利用状況（総世帯）
Districts and City Groups (Total Households)

(%)

Districts			City Groups 都市階級				
中国	四国	九州・沖縄	大都市	中都市	小都市A	小都市B・町村	Item
		Kyushu &	Major	Middle	Small	Small cities B,	
Chugoku	Shikoku	Okinawa	cities	cities	cities A	Towns & villages	
558	325	1,182	2,956	3,151	2,347	1,548	Distribution of households
128	65	244	515	626	493	341	Number of tabulated households
2.29	2.18	2.29	2.25	2.25	2.26	2.29	Number of persons per household (persons)
1.17	1.15	1.21	1.22	1.19	1.19	1.18	Number of earners per household (persons)
61.0	58.3	59.6	56.3	58.0	58.9	60.8	Age of household head (years old)
57.5	56.6	52.3	73.9	67.5	60.2	49.9	Households some members of which own electronic money
27.9	33.1	28.5	32.8	32.8	30.3	27.5	One-person
22.4	18.0	17.2	26.8	24.2	20.6	16.4	Two-persons
7.2	5.2	6.6	14.2	10.4	9.2	6.0	Three-or-more-persons
42.5	43.4	47.7	26.1	32.6	39.9	50.1	Households any members of which don't own electronic money
47.8	47.6	40.0	63.5	54.5	48.1	38.8	Households some members of which used electronic money
30,090	32,416	21,518	21,699	23,792	23,233	25,373	Average amount of money per household using electronic money (yen)
0.8	0.3	1.7	3.1	2.1	1.9	2.0	- 999 yen
3.9	1.9	4.2	8.7	6.8	5.4	3.2	1,000- 2,999
1.8	1.0	3.5	6.2	3.9	3.6	2.4	3,000- 4,999
5.5	7.1	6.0	8.9	7.7	6.4	5.6	5,000- 9,999
14.5	14.9	13.5	19.6	17.9	17.1	12.2	10,000- 29,999
12.0	10.4	5.8	8.6	8.3	7.2	6.7	30,000- 49,999
9.4	12.1	5.2	8.3	7.9	6.7	6.5	50,000-
9.5	9.0	12.3	10.4	12.9	12.0	11.1	Households any members of which didn't use electronic money
956	258	1,394	3,938	2,683	2,133	1,256	(a)
2.7	0.6	3.9	7.6	5.2	3.1	1.9	- 999 yen
5.4	0.9	4.0	13.3	6.9	6.5	2.6	1,000- 2,999
0.9	0.2	2.4	8.7	4.0	3.0	1.9	3,000- 4,999
1.1	1.2	2.0	8.9	4.7	4.3	1.8	5,000- 9,999
1.8	0.1	1.5	8.4	4.9	3.0	1.2	10,000-

(a) Average amount of money per household using electronic money by railway and bus (yen)

2021年平均
2021 Average

項　　目	全国	地　　方					
		北海道	東北	関東	北陸	東海	近畿
	All Japan	Hokkaido	Tohoku	Kanto	Hokuriku	Tokai	Kinki
世帯数分布（抽出率調整）	10,000	413	691	3,585	408	1,200	1,646
集計世帯数	1,793	87	142	576	86	215	293
世帯人員（人）	2.98	2.80	3.17	2.92	3.16	3.05	2.95
有業人員（人）	1.53	1.44	1.66	1.51	1.72	1.58	1.46
世帯主の年齢（歳）	59.7	57.9	60.4	59.2	59.1	59.8	60.4
電子マネーを持っている世帯員がいる	69.1	70.7	60.3	80.2	59.6	64.9	65.7
1人	16.5	23.4	19.8	11.4	20.0	18.8	17.5
2人	36.0	36.4	28.0	44.2	28.7	32.3	34.1
3人以上	16.6	10.7	12.5	24.4	10.8	13.6	14.0
電子マネーを持っている世帯員がいない	30.9	29.3	39.7	19.8	40.5	35.1	34.3
電子マネーを利用した世帯員がいる	58.0	60.1	50.6	69.4	47.1	52.2	53.8
電子マネーを利用した1世帯当たり平均利用金額（円）	26,568	28,357	35,062	23,862	31,043	26,255	27,091
1,000円未満	1.6	1.5	0.6	2.1	1.5	1.6	1.6
1,000円以上 3,000円未満	5.7	5.3	2.7	7.5	4.5	5.2	5.8
3,000　～　5,000	4.3	2.8	1.6	6.2	2.9	4.0	4.5
5,000　～　10,000	8.0	6.7	5.0	10.5	5.3	6.8	7.3
10,000　～　30,000	19.0	20.0	16.0	23.6	15.1	17.1	16.6
30,000　～　50,000	9.2	11.7	10.9	9.4	8.4	8.0	8.7
50,000円以上	10.3	12.2	13.8	10.1	9.4	9.5	9.5
電子マネーを利用した世帯員がいない	11.0	10.6	9.7	10.7	12.4	12.7	11.8
電子マネーの利用金額のうち鉄道及びバスでの1世帯当たり平均利用金額（円）	3,088	2,374	800	4,826	859	1,486	3,166
1,000円未満	3.9	3.0	1.1	5.7	2.4	3.2	4.5
1,000円以上 3,000円未満	8.3	5.3	2.9	12.8	3.3	5.9	9.6
3,000　～　5,000	4.9	1.9	1.2	9.3	0.7	2.6	4.5
5,000　～　10,000	6.1	4.4	1.5	11.0	1.3	3.4	6.1
10,000円以上	6.2	6.2	1.4	11.9	1.4	2.5	5.4

電子マネーの利用状況（二人以上の世帯）
Districts and City Groups (Two-or-more-person Households)

(%)

Districts			都市階級 City Groups				Item
中国	四国	九州・沖縄 Kyushu & Okinawa	大都市 Major cities	中都市 Middle cities	小都市A Small cities A	小都市B・ 町村 Small cities B, towns & villages	
Chugoku	Shikoku						
574	306	1,177	3,026	3,148	2,320	1,507	Distribution of households
115	59	220	469	569	448	307	Number of tabulated households
2.96	2.92	3.03	2.91	2.97	3.00	3.08	Number of persons per household (persons)
1.53	1.48	1.57	1.53	1.51	1.54	1.58	Number of earners per household (persons)
59.5	60.6	60.2	58.6	59.6	60.3	61.3	Age of household head (years old)
66.1	63.2	55.8	77.2	71.5	64.4	55.0	Households some members of which own electronic money
21.2	24.6	18.2	14.2	17.2	16.9	18.9	One-person
34.0	29.6	27.1	41.1	37.9	32.8	26.4	Two-persons
10.8	8.5	10.4	21.8	16.4	14.5	9.6	Three-or-more-persons
33.9	36.8	44.2	22.8	28.5	35.6	45.1	Households any members of which don't own electronic money
55.9	56.2	44.4	67.3	60.2	52.5	43.1	Households some members of which used electronic money
31,628	35,900	24,279	25,178	27,163	26,869	28,528	Average amount of money per household using electronic money (yen)
1.2	0.5	0.9	2.3	1.5	1.1	0.8	- 999 yen
4.4	2.4	4.3	7.0	6.1	4.7	3.7	1,000- 2,999
2.6	1.5	2.8	5.7	4.3	3.7	2.4	3,000- 4,999
6.4	5.7	6.9	9.4	8.4	7.1	5.6	5,000- 9,999
16.8	15.6	15.5	22.1	19.2	18.3	13.6	10,000- 29,999
10.9	13.3	6.8	9.9	9.8	8.3	7.9	30,000- 49,999
13.5	17.1	7.2	11.0	10.9	9.4	9.2	50,000-
10.0	7.1	11.3	9.9	11.2	11.8	11.8	Households any members of which didn't use electronic money
1,043	188	1,475	4,388	2,804	2,359	1,226	(a)
3.2	0.9	2.2	6.4	4.0	2.5	1.1	- 999 yen
4.7	1.5	4.9	13.5	8.0	5.5	2.9	1,000- 2,999
1.5	0.4	2.6	8.3	4.4	3.4	1.5	3,000- 4,999
1.7	0.8	2.0	9.9	5.6	4.4	1.8	5,000- 9,999
2.2	0.1	2.2	10.9	5.7	4.1	1.5	10,000-

(a) Average amount of money per household using electronic money by railway and bus (yen)

第2-2表　世帯主の年齢階級別電子マネー
Table 2-2　Use State Related to Electronic Money by Age Group

2021年平均
2021 Average

項　　目	平均 Average	～29歳 years old	30～39歳 years old	40～49歳 years old	50～59歳 years old	60～69歳 years old
世帯数分布（抽出率調整）	10,000	586	1,052	1,378	1,858	2,063
集計世帯数	1,976	22	154	316	374	466
世帯人員（人）	2.26	1.23	2.42	3.23	2.50	2.18
有業人員（人）	1.20	1.02	1.36	1.69	1.68	1.31
世帯主の年齢（歳）	58.1	25.6	34.2	45.0	54.5	64.9
電子マネーを持っている世帯員がいる	65.0	75.4	81.9	82.9	78.6	63.5
1人	31.5	67.4	46.4	28.8	33.8	26.8
2人	22.9	7.6	32.6	33.7	22.5	26.1
3人以上	10.5	0.4	2.9	20.3	22.1	10.5
電子マネーを持っている世帯員がいない	35.0	24.6	18.1	17.1	21.5	36.5
電子マネーを利用した世帯員がいる	53.3	63.4	67.3	69.4	64.6	53.8
電子マネーを利用した1世帯当たり平均利用金額（円）	23,032	11,172	18,624	25,230	24,819	26,225
1,000円未満	2.4	4.7	4.9	2.0	2.0	1.3
1,000円以上3,000円未満	6.5	19.6	8.0	8.2	6.0	5.1
3,000　～　5,000	4.3	3.0	8.4	5.2	4.4	4.0
5,000　～　10,000	7.5	9.7	8.7	9.0	8.8	8.0
10,000　～　30,000	17.4	19.2	23.9	22.6	23.4	16.8
30,000　～　50,000	7.9	6.3	7.5	10.8	9.6	9.2
50,000円以上	7.5	1.1	5.9	11.6	10.4	9.5
電子マネーを利用した世帯員がいない	11.7	11.9	14.6	13.5	14.0	9.6
電子マネーの利用金額のうち鉄道及びバスでの1世帯当たり平均利用金額（円）	2,844	3,628	2,555	3,088	3,553	2,692
1,000円未満	4.9	7.8	10.6	5.5	3.8	3.8
1,000円以上3,000円未満	8.1	15.8	8.1	10.2	8.9	7.5
3,000　～　5,000	4.8	8.5	8.8	6.1	6.1	3.6
5,000　～　10,000	5.4	7.9	6.3	7.2	8.0	5.2
10,000円以上	4.9	7.8	5.1	7.4	8.1	4.7

の利用状況（総世帯）
of Household Head (Total Households)

(%)

70～79歳 years old	80歳～ years old	Item
2,350	714	Distribution of households
494	150	Number of tabulated households
1.89	1.89	Number of persons per household (persons)
0.67	0.37	Number of earners per household (persons)
73.9	83.5	Age of household head (years old)
45.5	30.2	Households some members of which own electronic money
24.0	15.5	One-person
17.4	12.1	Two-persons
4.1	2.5	Three-or-more-persons
54.5	69.8	Households any members of which don't own electronic money
35.7	22.0	Households some members of which used electronic money
23,263	23,299	Average amount of money per household using electronic money (yen)
1.9	1.4	－ 999 yen
4.1	3.5	1,000－ 2,999
2.9	2.1	3,000－ 4,999
5.3	2.5	5,000－ 9,999
11.0	6.0	10,000－ 29,999
5.8	2.9	30,000－ 49,999
4.7	3.6	50,000－
9.8	8.0	Households any members of which didn't use electronic money
1,819	2,361	Average amount of money per household using electronic money by railway and bus (yen)
3.4	2.3	－ 999 yen
6.0	4.5	1,000－ 2,999
2.7	1.9	3,000－ 4,999
2.6	2.2	5,000－ 9,999
1.8	1.3	10,000－

2021年平均
2021 Average

項　目	平均 Average	～29歳 years old	30～39歳 years old	40～49歳 years old	50～59歳 years old	60～69歳 years old
世帯数分布（抽出率調整）	10,000	98	861	1,781	1,981	2,287
集計世帯数	1,793	17	147	307	349	419
世帯人員（人）	2.98	3.00	3.66	3.70	3.22	2.67
有業人員（人）	1.53	1.80	1.71	1.85	2.07	1.64
世帯主の年齢（歳）	59.7	27.3	35.6	44.9	54.4	64.8
電子マネーを持っている世帯員がいる	69.1	81.7	83.6	84.0	81.3	68.4
1人	16.5	12.7	16.8	18.4	15.3	16.4
2人	36.0	65.6	61.2	40.8	33.3	36.9
3人以上	16.6	3.3	5.6	24.6	32.6	15.0
電子マネーを持っている世帯員がいない	30.9	18.3	16.4	16.1	18.7	31.6
電子マネーを利用した世帯員がいる	58.0	62.5	68.9	70.9	69.6	58.8
電子マネーを利用した1世帯当たり平均利用金額（円）	26,568	23,158	24,310	26,737	27,522	27,873
1,000円未満	1.6	2.7	1.6	1.7	1.3	1.3
1,000円以上3,000円未満	5.7	5.4	7.4	7.8	5.8	5.0
3,000　～　5,000	4.3	4.7	6.0	5.3	4.3	4.3
5,000　～　10,000	8.0	8.5	10.4	9.2	9.1	8.6
10,000　～　30,000	19.0	22.9	23.8	23.5	25.2	18.1
30,000　～　50,000	9.2	9.0	9.3	11.0	11.3	10.0
50,000円以上	10.3	9.4	10.4	12.5	12.8	11.5
電子マネーを利用した世帯員がいない	11.0	19.2	14.7	13.0	11.7	9.6
電子マネーの利用金額のうち鉄道及びバスでの1世帯当たり平均利用金額（円）	3,088	4,676	2,861	3,145	3,879	3,100
1,000円未満	3.9	4.2	4.1	5.0	3.8	3.6
1,000円以上3,000円未満	8.3	7.7	9.0	10.5	9.3	8.0
3,000　～　5,000	4.9	2.4	6.5	6.6	6.9	4.0
5,000　～　10,000	6.1	8.0	7.1	7.6	8.2	6.4
10,000円以上	6.2	10.9	7.0	7.8	10.1	6.2

の利用状況（二人以上の世帯）
of Household Head (Two-or-more-person Households)

(%)

70〜79歳	80歳〜	Item
years old	years old	
2,285	708	Distribution of households
424	129	Number of tabulated households
2.44	2.40	Number of persons per household (persons)
0.94	0.56	Number of earners per household (persons)
73.8	83.3	Age of household head (years old)
51.7	37.1	Households some members of which own electronic money
16.9	14.1	One-person
28.1	19.1	Two-persons
6.6	3.9	Three-or-more-persons
48.3	62.9	Households any members of which don't own electronic money
41.8	29.1	Households some members of which used electronic money
25,514	25,232	Average amount of money per household using electronic money (yen)
1.7	1.9	－　　999 yen
4.3	4.4	1,000-　2,999
3.2	3.1	3,000-　4,999
6.1	3.2	5,000-　9,999
12.9	7.0	10,000-　29,999
6.6	4.1	30,000-　49,999
7.0	5.3	50,000-
9.8	8.0	Households any members of which didn't use electronic money
2,023	2,515	Average amount of money per household using electronic money by railway and bus (yen)
3.7	2.8	－　　999 yen
6.7	5.1	1,000-　2,999
3.1	2.8	3,000-　4,999
3.1	3.2	5,000-　9,999
2.5	1.9	10,000-

62

第2－3表 世帯主の勤めか自営かの別電子マネーの利用状況（総世帯）
Table 2-3 Use State Related to Electronic Money by Occupation of Household Head (Total Households)

2021年平均
2021 Average   (%)

項　目	平均 Average	就業 Occupation			非就業 （無職） No- occupation	Item
		雇用されて いる人 （勤労者） Employee	会社などの 役員 Corporative administrators	自営業主 ・その他 (a)		
世帯数分布（抽出率調整）	10,000	5,352	437	1,011	3,201	(A)
集計世帯数	1,976	1,034	100	222	620	(B)
世帯人員（人）	2.26	2.46	2.67	2.49	1.80	(C)
有業人員（人）	1.20	1.60	1.81	1.78	0.27	(D)
世帯主の年齢（歳）	58.1	49.5	56.3	61.3	71.9	(E)
電子マネーを持っている世帯員がいる	65.0	77.0	74.5	58.2	45.9	(F)
1人	31.5	35.9	26.4	26.3	26.4	(G)
2人	22.9	27.1	30.6	20.9	15.6	(H)
3人以上	10.5	13.9	17.5	11.0	3.9	(I)
電子マネーを持っている世帯員がいない	35.0	23.0	25.5	41.8	54.1	(J)
電子マネーを利用した世帯員がいる	53.3	64.2	62.4	47.6	35.6	(K)
電子マネーを利用した1世帯当たり平均利用金額（円）	23,032	22,546	30,053	24,510	22,356	(L)
1,000円未満	2.4	2.5	3.3	1.4	2.2	－ 999 yen
1,000円以上 3,000円未満	6.5	7.8	4.8	4.9	4.9	1,000- 2,999
3,000 ～ 5,000	4.3	5.1	3.4	3.4	3.4	3,000- 4,999
5,000 ～ 10,000	7.5	9.2	7.4	7.1	4.8	5,000- 9,999
10,000 ～ 30,000	17.4	21.5	21.3	16.8	10.2	10,000- 29,999
30,000 ～ 50,000	7.9	9.4	9.5	6.8	5.4	30,000- 49,999
50,000円以上	7.5	8.8	12.7	7.3	4.8	50,000-
電子マネーを利用した世帯員がいない	11.7	12.7	12.1	10.6	10.2	(M)
電子マネーの利用金額のうち鉄道及びバスでの1世帯当たり平均利用金額（円）	2,844	3,179	3,583	2,820	1,680	(N)
1,000円未満	4.9	5.9	4.8	2.9	3.8	－ 999 yen
1,000円以上 3,000円未満	8.1	9.7	6.8	5.7	6.3	1,000- 2,999
3,000 ～ 5,000	4.8	6.1	5.5	4.8	2.7	3,000- 4,999
5,000 ～ 10,000	5.4	7.3	6.3	4.5	2.5	5,000- 9,999
10,000円以上	4.9	6.9	7.8	4.4	1.3	10,000-

(a) Individual proprietors and others

(A) Distribution of households
(B) Number of tabulated households
(C) Number of persons per household (persons)
(D) Number of earners per household (persons)
(E) Age of household head (years old)
(F) Households some members of which own electronic money

(G) One-person
(H) Two-persons
(I) Three-or-more-persons
(J) Households any members of which don't own electronic money
(K) Households some members of which used electronic money
(L) Average amount of money per household using electronic money (yen)
(M) Households any members of which didn't use electronic money
(N) Average amount of money per household using electronic money by railway and bus (yen)

第2－3表　世帯主の勤めか自営かの別電子マネーの利用状況（二人以上の世帯）

Table 2-3　Use State Related to Electronic Money by Occupation of Household Head (Two-or-more-person Households)

2021年平均
2021 Average

(%)

| 項　　目 | 平均
Average | 就業　Occupation | | | 非就業
（無職）
No-
occupation | Item |
		雇用されて いる人 （勤労者） Employee	会社などの 役員 Corporative administrators	自営業主 ・その他 (a)		
世帯数分布（抽出率調整）	10,000	5,504	543	1,147	2,000	(A)
集計世帯数	1,793	971	97	206	519	(B)
世帯人員（人）	2.98	3.23	3.09	3.06	2.43	(C)
有業人員（人）	1.53	1.91	2.01	2.08	0.49	(D)
世帯主の年齢（歳）	59.7	52.3	57.8	62.1	73.6	(E)
電子マネーを持っている世帯員がいる	69.1	79.2	76.1	61.2	51.4	(F)
1人	16.5	16.5	16.3	17.1	16.4	(G)
2人	36.0	41.3	38.1	28.8	27.9	(H)
3人以上	16.6	21.3	21.5	15.1	6.9	(I)
電子マネーを持っている世帯員がいない	30.9	20.8	23.9	38.9	48.6	(J)
電子マネーを利用した世帯員がいる	58.0	67.5	64.7	49.9	41.6	(K)
電子マネーを利用した1世帯当たり平均利用金額（円）	26,568	26,334	32,230	26,546	25,549	(L)
1,000円未満	1.6	1.6	1.0	1.0	1.9	－ 999 yen
1,000円以上 3,000円未満	5.7	6.2	5.6	5.4	4.8	1,000- 2,999
3,000 ～ 5,000	4.3	4.9	4.0	3.3	3.7	3,000- 4,999
5,000 ～ 10,000	8.0	9.4	8.0	7.2	5.6	5,000- 9,999
10,000 ～ 30,000	19.0	23.1	21.9	16.0	11.8	10,000- 29,999
30,000 ～ 50,000	9.2	10.7	9.1	8.0	6.7	30,000- 49,999
50,000円以上	10.3	11.8	15.2	9.1	7.1	50,000-
電子マネーを利用した世帯員がいない	11.0	11.6	11.3	11.2	9.7	(M)
電子マネーの利用金額のうち鉄道及びバスでの1世帯当たり平均利用金額（円）	3,088	3,389	3,843	2,812	1,999	(N)
1,000円未満	3.9	4.3	3.0	3.0	3.6	－ 999 yen
1,000円以上 3,000円未満	8.3	9.5	7.7	6.6	6.8	1,000- 2,999
3,000 ～ 5,000	4.9	6.0	6.5	3.8	3.1	3,000- 4,999
5,000 ～ 10,000	6.1	7.6	6.6	5.2	3.3	5,000- 9,999
10,000円以上	6.2	8.4	9.4	4.6	2.1	10,000-

(a)　Individual proprietors and others

(A)　Distribution of households
(B)　Number of tabulated households
(C)　Number of persons per household (persons)
(D)　Number of earners per household (persons)
(E)　Age of household head (years old)
(F)　Households some members of which own electronic money

(G)　One-person
(H)　Two-persons
(I)　Three-or-more-persons
(J)　Households any members of which don't own electronic money
(K)　Households some members of which used electronic money
(L)　Average amount of money per household using electronic money (yen)
(M)　Households any members of which didn't use electronic money
(N)　Average amount of money per household using electronic money by railway and bus (yen)

2021年平均
2021 Average

項　　目	平均	世帯人員別	by Number of household members				
		1人	2人	3人	4人	5人	6人～
	Average	person	persons	persons	persons	persons	persons
世帯数分布（抽出率調整）	10,000	3,640	2,859	1,630	1,287	407	177
集計世帯数	1,976	183	845	446	341	115	47
世帯人員（人）	2.26	1.00	2.00	3.00	4.00	5.00	6.43
有業人員（人）	1.20	0.61	0.96	1.75	2.11	2.30	2.82
世帯主の年齢（歳）	58.1	55.5	66.6	58.1	50.3	49.2	55.1
電子マネーを持っている世帯員がいる	65.0	57.7	60.3	74.0	80.3	76.7	68.6
1人	31.5	57.7	18.5	15.4	14.6	14.5	13.9
2人	22.9	...	41.7	31.4	32.2	31.0	23.6
3人以上	10.5	...	...	27.1	33.3	31.2	30.7
電子マネーを持っている世帯員がいない	35.0	42.3	39.7	26.0	19.7	23.3	31.4
電子マネーを利用した世帯員がいる	53.3	44.9	50.3	62.7	67.8	64.0	54.0
電子マネーを利用した1世帯当たり平均利用金額（円）	23,032	15,184	24,483	27,004	27,492	29,746	35,620
1,000円未満	2.4	3.7	1.7	1.6	1.2	1.7	0.4
1,000円以上 3,000円未満	6.5	7.9	5.5	5.5	6.5	5.8	3.6
3,000　～　5,000	4.3	4.3	4.1	4.5	4.7	4.4	2.9
5,000　～　10,000	7.5	6.6	6.7	9.3	9.2	8.1	7.8
10,000　～　30,000	17.4	14.4	16.1	20.6	23.2	21.0	16.1
30,000　～　50,000	7.9	5.5	8.4	9.8	10.6	7.9	8.1
50,000円以上	7.5	2.6	7.8	11.5	12.3	15.1	15.1
電子マネーを利用した世帯員がいない	11.7	12.7	9.9	11.2	12.4	12.7	14.4
電子マネーの利用金額のうち鉄道及びバスでの1世帯当たり平均利用金額（円）	2,844	2,300	2,582	3,481	3,516	3,110	2,462
1,000円未満	4.9	6.7	4.1	4.0	4.2	2.5	1.6
1,000円以上 3,000円未満	8.1	7.6	8.0	9.3	8.3	8.0	5.4
3,000　～　5,000	4.8	4.7	4.4	5.1	6.3	5.1	2.3
5,000　～　10,000	5.4	4.3	4.6	7.5	7.9	5.5	3.0
10,000円以上	4.9	2.6	4.2	7.7	8.8	7.9	3.7

の利用状況（総世帯）
and Employed Persons (Total Households)

(%)

就業者数別	by Employed Persons			
0人	1人	2人	3人～	Item
person	person	persons	persons	
2,529	4,006	2,651	814	Distribution of households
429	589	736	222	Number of tabulated households
1.49	1.76	3.18	4.09	Number of persons per household (persons)
...	1.00	2.00	3.28	Number of earners per household (persons)
72.0	52.5	53.2	59.0	Age of household head (years old)
43.0	69.2	77.0	73.6	Households some members of which own electronic money
29.2	47.4	15.6	12.2	One-person
13.1	17.1	42.8	17.2	Two-persons
0.7	4.7	18.5	44.0	Three-or-more-persons
57.0	30.8	23.0	26.4	Households any members of which don't own electronic money
32.6	56.4	65.4	62.4	Households some members of which used electronic money
20,951	19,140	27,057	30,256	Average amount of money per household using electronic money (yen)
2.3	3.3	1.4	0.8	- 999 yen
5.1	8.2	5.9	4.0	1,000- 2,999
3.3	4.8	4.6	3.5	3,000- 4,999
4.2	8.4	8.9	8.7	5,000- 9,999
9.1	18.3	22.4	22.1	10,000- 29,999
5.0	7.7	10.3	9.8	30,000- 49,999
3.8	5.8	11.9	13.6	50,000-
10.3	12.8	11.5	11.1	Households any members of which didn't use electronic money
1,356	2,647	3,403	4,180	Average amount of money per household using electronic money by railway and bus (yen)
4.0	6.7	4.0	2.1	- 999 yen
6.2	9.0	8.6	7.3	1,000- 2,999
2.5	5.5	5.8	5.3	3,000- 4,999
1.9	5.9	7.6	6.8	5,000- 9,999
0.7	4.5	8.0	9.9	10,000-

2021年平均
2021 Average

項　目	平均 Average	200万円 未　満 2 million yen under	200万円 以　上 300万円 未　満 2 million yen – 3 million yen	300～400 3 million yen – 4 million yen	400～500 4 million yen – 5 million yen	500～600 5 million yen – 6 million yen	600～700 6 million yen – 7 million yen
世帯数分布（抽出率調整）	10,000	1,928	1,581	1,442	1,084	885	646
集計世帯数	1,976	226	277	282	232	193	162
世帯人員（人）	2.26	1.31	1.70	1.99	2.37	2.61	3.07
有業人員（人）	1.20	0.44	0.71	1.00	1.32	1.51	1.75
世帯主の年齢（歳）	58.1	64.6	63.3	57.4	55.8	52.9	53.7
電子マネーを持っている世帯員がいる	65.0	38.1	54.9	64.9	70.7	78.1	78.2
1人	31.5	33.4	39.3	39.4	34.1	35.5	23.4
2人	22.9	4.0	13.6	21.7	28.9	30.8	37.2
3人以上	10.5	0.8	1.9	3.7	7.6	11.7	17.7
電子マネーを持っている世帯員がいない	35.0	61.9	45.1	35.1	29.3	21.9	21.8
電子マネーを利用した世帯員がいる	53.3	28.7	43.6	51.5	59.7	62.7	64.4
電子マネーを利用した1世帯当たり平均利用金額（円）	23,032	15,925	18,607	18,881	20,626	22,347	24,026
1,000円未満	2.4	1.8	2.7	3.4	2.8	2.3	2.3
1,000円以上 3,000円未満	6.5	5.6	6.8	6.5	7.8	5.7	8.9
3,000　～　5,000	4.3	3.1	3.1	5.7	4.9	4.9	3.5
5,000　～　10,000	7.5	4.4	7.4	6.9	7.7	8.7	10.9
10,000　～　30,000	17.4	8.2	14.1	16.5	21.3	21.7	19.9
30,000　～　50,000	7.9	3.7	5.6	7.3	8.1	11.2	8.8
50,000円以上	7.5	2.0	4.0	5.3	7.1	8.2	10.1
電子マネーを利用した世帯員がいない	11.7	9.4	11.2	13.3	11.0	15.3	13.8
電子マネーの利用金額のうち鉄道及びバスでの1世帯当たり平均利用金額（円）	2,844	1,455	1,732	2,289	2,047	3,144	2,566
1,000円未満	4.9	2.6	4.8	7.5	5.5	5.2	4.2
1,000円以上 3,000円未満	8.1	5.0	7.2	8.9	6.8	10.6	9.6
3,000　～　5,000	4.8	3.3	3.7	4.1	5.1	4.4	4.5
5,000　～　10,000	5.4	1.4	4.3	3.0	5.0	7.2	7.3
10,000円以上	4.9	0.8	1.4	4.3	3.9	6.2	5.3

の利用状況 （総世帯）
Yearly Income Group (Total Households)

(%)

700~800 7 million yen - 8 million yen	800~900 8 million yen - 9 million yen	900~1,000 9 million yen - 10 million yen	1,000~1,250 10 million yen - 12.5 million yen	1,250~1,500 12.5 million yen - 15 million yen	1,500~2,000 15 million yen - 20 million yen	2,000万円 以　上 20 million yen or more	Item
564	457	350	452	212	126	87	Distribution of households
140	114	80	116	55	32	22	Number of tabulated households
3.14	3.19	3.28	3.35	3.44	3.31	3.19	Number of persons per household (persons)
1.84	1.94	2.01	2.06	2.26	2.19	2.10	Number of earners per household (persons)
53.9	53.2	54.2	53.9	54.3	55.2	58.4	Age of household head (years old)
80.3	84.6	84.9	88.9	88.7	86.7	80.4	Households some members of which own electronic money
22.1	24.0	18.2	14.0	11.3	11.4	7.8	One-person
38.2	36.2	36.9	39.5	37.0	36.8	36.9	Two-persons
20.0	24.2	29.7	35.2	40.3	38.0	35.7	Three-or-more-persons
19.7	15.4	15.1	11.1	11.3	13.3	19.6	Households any members of which don't own electronic money
67.4	71.5	73.5	79.5	80.0	77.8	74.1	Households some members of which used electronic money
27,197	30,129	27,808	31,154	33,826	29,743	48,068	Average amount of money per household using electronic money (yen)
1.1	2.4	1.8	1.6	2.4	0.9	1.3	-　　999 yen
5.9	6.1	5.2	7.7	4.3	5.2	4.6	1,000-　2,999
5.5	3.9	6.7	5.8	4.8	5.0	2.9	3,000-　4,999
8.3	10.1	9.8	9.0	8.7	7.9	6.9	5,000-　9,999
22.3	23.9	23.7	26.3	25.3	26.9	22.8	10,000-　29,999
11.3	11.5	11.7	12.2	13.9	15.0	9.8	30,000-　49,999
13.0	13.6	14.6	17.0	20.7	16.8	25.9	50,000-
12.9	12.9	11.5	9.3	8.6	8.9	6.4	Households any members of which didn't use electronic money
3,176	3,600	4,347	4,803	5,040	5,281	7,969	Average amount of money per household using electronic money by railway and bus (yen)
4.3	5.4	4.7	5.9	6.0	3.1	7.3	-　　999 yen
8.9	7.7	11.1	12.7	12.5	13.9	6.4	1,000-　2,999
5.5	6.5	9.8	8.2	10.6	10.8	4.4	3,000-　4,999
7.4	10.6	9.0	11.9	10.8	12.4	14.9	5,000-　9,999
8.3	8.7	10.7	13.8	14.8	14.0	22.6	10,000-

2021年平均
2021 Average

項　目	平均 Average	200万円 未　満 2 million yen under	200万円 以　上 300万円 未　満 2 million yen – 3 million yen	300～400 3 million yen – 4 million yen	400～500 4 million yen – 5 million yen	500～600 5 million yen – 6 million yen	600～700 6 million yen – 7 million yen
世帯数分布（抽出率調整）	10,000	697	1,256	1,431	1,231	1,039	899
集計世帯数	1,793	131	236	265	223	186	159
世帯人員（人）	2.98	2.33	2.38	2.55	2.87	3.13	3.33
有業人員（人）	1.53	0.77	0.80	1.07	1.47	1.69	1.85
世帯主の年齢（歳）	59.7	68.2	68.6	65.7	60.4	56.1	54.3
電子マネーを持っている世帯員がいる	69.1	37.5	48.2	59.9	68.3	75.9	78.6
1人	16.5	16.8	17.3	20.0	18.0	19.7	16.8
2人	36.0	17.4	27.0	33.9	39.8	40.6	41.8
3人以上	16.6	3.3	3.8	5.9	10.4	15.5	20.0
電子マネーを持っている世帯員がいない	30.9	62.5	51.8	40.1	31.7	24.1	21.4
電子マネーを利用した世帯員がいる	58.0	29.9	39.2	48.0	56.4	63.9	65.4
電子マネーを利用した1世帯当たり平均利用金額（円）	26,568	20,340	23,003	23,126	23,525	23,609	24,981
1,000円未満	1.6	1.1	1.3	1.8	1.7	1.4	1.9
1,000円以上 3,000円未満	5.7	3.8	5.1	5.2	6.1	6.4	7.5
3,000　～　5,000	4.3	2.9	3.2	3.9	3.9	5.0	3.9
5,000　～　10,000	8.0	3.9	5.6	7.2	8.5	8.6	10.7
10,000　～　30,000	19.0	10.6	11.5	14.2	18.5	23.1	21.3
30,000　～　50,000	9.2	4.0	6.6	8.6	8.9	9.5	9.7
50,000円以上	10.3	3.6	5.8	7.0	8.7	9.7	10.3
電子マネーを利用した世帯員がいない	11.0	7.5	9.0	11.8	12.0	12.0	13.1
電子マネーの利用金額のうち鉄道及びバスでの1世帯当たり平均利用金額（円）	3,088	1,855	1,834	2,051	2,285	2,332	2,737
1,000円未満	3.9	1.8	2.8	3.5	3.7	4.2	4.2
1,000円以上 3,000円未満	8.3	4.1	6.5	7.0	7.5	9.0	9.2
3,000　～　5,000	4.9	2.4	2.8	2.6	4.2	4.8	4.9
5,000　～　10,000	6.1	2.1	2.7	3.3	4.7	6.2	7.6
10,000円以上	6.2	1.7	2.1	3.3	4.6	5.0	6.0

の利用状況（二人以上の世帯）
Yearly Income Group (Two-or-more-person Households)

(%)

700〜800	800〜900	900〜1,000	1,000〜1,250	1,250〜1,500	1,500〜2,000	2,000万円 以　上	Item
7 million yen - 8 million yen	8 million yen - 9 million yen	9 million yen - 10 million yen	10 million yen - 12.5 million yen	12.5 million yen - 15 million yen	15 million yen - 20 million yen	20 million yen or more	
787	645	506	673	324	194	130	Distribution of households
137	112	87	114	54	32	21	Number of tabulated households
3.38	3.44	3.47	3.48	3.50	3.36	3.28	Number of persons per household (persons)
1.93	2.05	2.10	2.13	2.29	2.22	2.16	Number of earners per household (persons)
53.6	52.9	54.2	53.6	54.3	55.1	58.3	Age of household head (years old)
80.7	83.9	83.7	89.0	88.4	86.5	83.0	Households some members of which own electronic money
15.9	16.3	11.5	10.1	9.3	9.8	6.9	One-person
42.6	40.5	39.8	41.6	37.9	37.6	38.9	Two-persons
22.3	27.0	32.3	37.2	41.1	38.7	37.2	Three-or-more-persons
19.3	16.1	16.3	11.0	11.6	13.5	17.0	Households any members of which don't own electronic money
68.6	70.2	72.6	79.8	80.6	77.5	77.4	Households some members of which used electronic money
28,045	30,307	28,160	32.112	34,117	30,021	48,068	Average amount of money per household using electronic money (yen)
1.2	1.6	1.9	1.3	1.8	0.9	1.4	－　　999 yen
5.4	6.0	4.7	7.2	4.4	5.3	5.0	1,000- 2,999
5.5	4.4	6.3	5.8	4.9	5.1	3.0	3,000- 4,999
9.0	10.5	9.0	8.7	8.9	8.1	7.2	5,000- 9,999
22.1	24.1	24.3	26.7	25.7	27.1	23.4	10,000- 29,999
11.3	10.9	10.9	12.6	13.7	13.7	10.8	30,000- 49,999
14.1	12.8	15.4	17.5	21.2	17.3	26.8	50,000-
12.1	13.5	11.1	9.1	7.8	9.1	5.6	Households any members of which didn't use electronic money
3,175	3,519	4,090	4,950	5,094	5,363	7,969	Average amount of money per household using electronic money by railway and bus (yen)
4.3	5.0	5.0	5.6	5.5	3.2	7.7	－　　999 yen
9.2	8.3	10.8	13.1	12.7	12.3	6.9	1,000- 2,999
5.9	6.6	9.1	8.7	10.9	11.0	4.5	3,000- 4,999
7.5	9.1	8.0	11.4	11.1	12.6	15.6	5,000- 9,999
8.0	8.4	10.0	14.5	15.1	14.3	23.7	10,000-

2021年平均
2021 Average

項　目	全国	地　　方						
		北海道	東北	関東	北陸	東海	近畿	中国
	All Japan	Hokkaido	Tohoku	Kanto	Hokuriku	Tokai	Kinki	Chugoku
世帯数分布（抽出率調整）	10,000	423	752	3,579	400	1,241	1,614	570
集計世帯数	21,829	1,067	1,700	7,199	1,008	2,620	3,575	1,410
世帯人員（人）	2.25	2.12	2.19	2.27	2.36	2.27	2.27	2.27
有業人員（人）	1.19	1.07	1.21	1.21	1.27	1.22	1.13	1.16
世帯主の年齢（歳）	59.2	60.1	57.9	58.5	59.3	58.3	60.3	60.9
５０品目計	73,365	64,668	67,357	77,152	81,454	77,771	72,574	72,557
通信								
０１　スマートフォン・携帯電話などの通信、通話使用料	10,245	9,477	10,372	10,283	10,970	10,382	9,760	10,361
０２　インターネット接続料	3,734	3,223	2,914	4,132	3,783	3,667	3,961	3,400
０３　スマートフォン・携帯電話の本体価格	1,371	1,043	998	1,551	1,422	1,189	1,376	1,259
旅行関係								
０４　航空運賃	301	849	154	395	57	156	187	151
０５　宿泊料	1,211	1,368	849	1,477	1,013	1,150	1,468	792
０６　パック旅行費（国内）	500	416	155	674	206	419	624	176
０７　パック旅行費（外国）	3	－	－	0	1	12	5	－
教育、教養娯楽								
０８　国公立授業料等（幼稚園～大学、専修学校）	1,312	1,171	1,597	1,050	2,446	1,355	1,407	1,706
０９　私立授業料等（幼稚園～大学、専修学校）	5,373	3,896	2,711	6,948	3,618	5,576	6,472	3,630
１０　補習教育費	2,488	1,180	1,249	3,171	1,966	2,389	2,969	1,980
１１　自動車教習料	481	596	771	430	540	444	472	429
１２　スポーツ施設使用料	872	606	479	1,173	661	705	984	658
衣類等								
１３　背広服	423	406	301	549	334	487	323	289
１４　婦人用スーツ・ワンピース	457	369	315	482	506	459	468	423
１５　和服	166	186	70	199	227	176	153	128
１６　腕時計	249	238	190	315	198	221	214	228
１７　装身具（アクセサリー類）	466	468	201	584	305	440	512	360
医療								
１８　出産入院料	166	139	100	203	173	149	188	158
１９　出産以外の入院料	1,495	1,081	1,284	1,658	1,416	1,104	1,593	1,393
家具等								
２０　たんす	95	49	39	123	101	80	88	81
２１　ベッド	203	218	213	209	142	246	176	140
２２　布団	327	212	256	345	459	361	307	345
２３　机・いす（事務用・学習用）	161	136	162	212	140	120	155	101
２４　食器戸棚	87	81	48	98	84	58	106	71
２５　食卓セット	131	114	103	146	139	107	143	102
２６　応接セット	169	124	119	202	193	161	151	126
２７　楽器（部品を含む）	139	121	49	202	152	148	104	127
家電等								
２８　冷蔵庫	661	692	411	709	734	804	622	550
２９　掃除機	322	377	256	357	339	292	330	307
３０　洗濯機	589	425	434	620	623	578	643	572
３１　エアコン	1,138	636	839	1,267	1,150	1,283	1,162	875
３２　パソコン（タブレット型を含む。周辺機器・ソフトは除く）	953	715	599	1,198	693	1,002	976	873
３３　テレビ	725	672	723	735	697	783	634	744
３４　ビデオデッキ	154	128	194	159	119	154	157	169
３５　ゲーム機（ソフトは除く）	170	150	126	183	101	132	174	89
３６　カメラ（交換レンズのみを含む。使い捨てのカメラは除く）	133	216	64	210	78	104	85	118
３７　ビデオカメラ	17	10	17	17	22	27	10	14
住宅関係								
３８　家屋に関する設備費・工事費・修理費	6,220	4,427	6,584	6,990	6,286	6,176	5,731	7,007
３９　給排水関係工事費	1,869	1,389	1,732	1,886	2,163	1,711	2,220	1,856
４０　庭・植木の手入れ代	526	272	310	579	696	506	484	568
自動車等関係								
４１　自動車（新車）	10,472	8,762	9,189	9,804	14,781	13,677	10,261	12,347
４２　自動車（中古車）	3,481	4,653	4,595	2,821	4,197	5,622	2,347	3,469
４３　自動車保険料（自賠責）	591	583	704	508	843	734	506	685
４４　自動車保険料（任意）	2,853	3,151	3,252	2,414	3,526	3,597	2,488	3,206
４５　自動車以外の原動機付輸送機器	289	148	107	300	279	289	333	423
４６　自動車整備費	3,027	3,047	3,577	2,851	4,398	3,296	2,503	3,327
その他								
４７　挙式・披露宴費用	504	353	519	586	985	448	496	447
４８　葬儀・法事費用	2,540	1,609	3,694	2,647	3,228	2,147	2,660	2,214
４９　信仰関係費	1,316	1,172	1,348	1,412	1,339	648	1,972	978
５０　仕送り金	2,195	3,317	2,389	2,089	2,930	2,001	1,416	3,107

サービスの1世帯当たり1か月間の支出（総世帯）
by All Japan, Districts and City Groups (Total Households)

単位 円 In Yen

Districts		都市階級 City Groups				Item
四国 Shikoku	九州・沖縄 Kyushu & Okinawa	大都市 Major cities	中都市 Middle cities	小都市A Small cities A	小都市B・ 町村 Small cities B, Towns & villages	
302	1,121	3,002	3,152	2,335	1,511	Distribution of households
705	2,545	5,784	6,949	5,393	3,703	Number of tabulated households
2.19	2.25	2.26	2.24	2.26	2.26	Number of persons per household (persons)
1.13	1.16	1.22	1.15	1.18	1.18	Number of earners per household (persons)
59.8	60.4	57.4	59.3	59.7	61.8	Age of household head (years old)
68,209	63,969	71,717	73,506	74,932	73,953	Total expenditure on specific goods and services (50 items)
						Communication
10,830	10,414	10,214	10,262	10,325	10,153	01 Mobile telephones charges
3,157	3,264	3,984	3,832	3,660	3,147	02 Internet connection charges
1,096	1,477	1,578	1,297	1,367	1,127	03 Mobile telephones unit prices
						Travel-related costs
352	364	391	266	270	243	04 Airplane fares
527	710	1,611	1,219	930	831	05 Accommodation services
356	428	727	449	372	355	06 Package tour costs (domestic)
-	-	3	0	7	-	07 Package tour costs (overseas)
						Education, Culture and recreation
1,340	1,227	1,445	1,439	1,080	1,141	08 Tuition (kindergarten-university) (public)
3,216	2,989	6,963	5,407	4,668	3,226	09 Tuition (kindergarten-university) (private)
1,718	1,705	3,613	2,359	2,000	1,277	10 Tutorial fees
336	501	411	546	391	619	11 Lesson fees, driving school
588	560	1,107	981	713	421	12 Rental fees for sports facilities
						Clothing
280	313	576	384	361	294	13 Men's suits
513	469	578	429	378	395	14 Women's one-piece dresses and suits
145	134	226	141	166	104	15 Japanese clothing
182	207	305	263	218	154	16 Wrist watches
316	372	665	436	355	306	17 Accessories
						Medical care
120	108	204	187	105	144	18 Delivery fees
2,020	1,506	1,531	1,389	1,398	1,794	19 Hospital charges (excluding delivery)
						Furniture, etc.
239	56	106	88	100	81	20 Chests of drawers
144	230	223	174	224	188	21 Beds
314	301	316	305	367	334	22 Quilts
82	118	184	159	165	109	23 Desks and chairs (for work or study)
89	92	105	80	92	55	24 Sideboards
67	143	148	148	116	81	25 Dining tables and chairs
177	159	190	156	172	147	26 Drawing room suites
26	77	178	137	128	81	27 Musical instruments (including parts of instruments)
						Home electric appliances, etc.
604	607	660	677	639	662	28 Refrigerators
315	265	347	312	320	301	29 Vacuum cleaners
701	562	586	604	595	557	30 Washing machines
1,048	1,073	1,168	1,153	1,069	1,155	31 Air conditioners
647	634	1,249	877	847	691	32 Personal computers (a)
1,047	703	668	714	696	904	33 TV
131	121	190	143	138	126	34 Video recorders (DVD or Blu-ray recorder, player, etc.)
80	291	153	142	222	181	35 Video game hardware (excluding software)
18	58	186	125	96	100	36 Cameras (including lenses only, excluding disposable cameras)
18	19	16	21	13	17	37 Video cameras
						Housing
5,955	4,628	5,054	6,234	7,418	6,661	38 House-related equipping/ construction/ repair costs
1,189	1,838	1,495	1,747	2,402	2,039	39 Water supply and drainage construction costs
520	606	452	509	527	705	40 Gardens, trees and plants tending costs
						Motor cars-related costs
10,585	8,367	7,419	11,385	11,759	12,645	41 Automobiles (new)
3,338	3,464	3,066	3,181	3,616	4,715	42 Automobiles (second-hand)
722	578	391	604	696	800	43 Automotive insurance premium (compulsion)
3,196	3,074	1,953	2,984	3,288	3,705	44 Automotive insurance premium (option)
189	327	333	275	256	281	45 Motorized vehicles other than automobiles
3,215	2,994	2,288	3,079	3,439	3,752	46 Automotive maintenance and repairs
						Others
12	357	593	428	468	545	47 Wedding ceremony and reception costs
2,402	2,005	2,284	2,541	2,479	3,155	48 Funeral service costs
1,169	1,060	1,564	1,193	1,226	1,226	49 Religion-related costs
2,878	2,420	2,022	2,046	2,598	2,226	50 Remittance

(a) including tablet devices, excluding peripherals and software

2021年平均
2021 Average

項　目	全国	地　方						
		北海道	東北	関東	北陸	東海	近畿	中国
	All Japan	Hokkaido	Tohoku	Kanto	Hokuriku	Tokai	Kinki	Chugoku
世帯数分布（抽出率調整）	10,000	416	668	3,695	396	1,201	1,645	575
集計世帯数	19,770	965	1,527	6,550	921	2,366	3,238	1,276
世帯人員（人）	2.94	2.76	3.08	2.90	3.12	3.03	2.92	2.94
有業人員（人）	1.51	1.37	1.62	1.50	1.69	1.57	1.45	1.52
世帯主の年齢（歳）	60.2	59.7	60.9	59.9	59.8	59.8	60.6	60.3
５０品目計	91,340	79,579	89,915	94,431	106,251	97,714	87,611	91,669
通信								
０１　スマートフォン・携帯電話などの通信、通話使用料	12,748	11,677	13,924	12,595	13,866	12,758	12,011	13,269
０２　インターネット接続料	4,417	4,052	3,717	4,701	4,502	4,329	4,712	4,202
０３　スマートフォン・携帯電話の本体価格	1,609	1,248	1,359	1,826	1,507	1,513	1,565	1,572
旅行関係								
０４　航空運賃	324	595	135	434	89	165	271	211
０５　宿泊料	1,512	1,450	1,072	1,880	1,457	1,283	1,761	992
０６　パック旅行費（国内）	603	418	225	794	311	581	703	229
０７　パック旅行費（外国）	4	－	－	0	1	19	7	－
教育、教養娯楽								
０８　国公立授業料等（幼稚園～大学、専修学校）	1,895	1,697	1,911	1,565	3,800	2,097	1,777	2,609
０９　私立授業料等（幼稚園～大学、専修学校）	8,112	5,759	4,712	10,259	5,616	8,201	9,563	5,577
１０　補習教育費	3,721	1,793	1,994	4,605	3,011	3,794	4,280	2,972
１１　自動車教習料	662	754	542	610	844	706	689	654
１２　スポーツ施設使用料	1,021	651	539	1,334	706	900	1,090	866
衣類等								
１３　背広服	494	566	450	565	474	499	437	381
１４　婦人用スーツ・ワンピース	525	370	356	610	482	451	524	517
１５　和服	201	290	122	201	353	174	213	186
１６　腕時計	308	310	299	368	186	291	273	194
１７　装身具（アクセサリー類）	507	537	336	546	466	487	582	483
医療								
１８　出産入院料	257	213	175	305	266	237	284	239
１９　出産以外の入院料	1,810	1,492	1,591	1,941	1,836	1,469	1,831	1,820
家具等								
２０　たんす	116	60	68	150	70	117	109	123
２１　ベッド	273	328	267	282	221	331	232	211
２２　布団	394	275	388	404	482	389	374	435
２３　机・いす（事務用・学習用）	194	214	137	231	203	181	199	142
２４　食器戸棚	111	121	83	117	119	68	123	100
２５　食卓セット	168	142	160	197	167	128	191	138
２６　応接セット	232	142	171	269	272	239	198	183
２７　楽器（部品を含む）	166	73	83	201	239	204	147	196
家電等								
２８　冷蔵庫	819	855	569	812	1,023	1,010	767	762
２９　掃除機	386	371	328	413	401	375	382	381
３０　洗濯機	786	561	670	834	847	787	830	662
３１　エアコン	1,430	949	1,253	1,469	1,754	1,624	1,546	1,123
３２　パソコン（タブレット型を含む。周辺機器・ソフトは除く）	1,196	973	958	1,364	1,060	1,232	1,250	1,202
３３　テレビ	885	890	964	856	917	863	801	876
３４　ビデオデッキ	180	127	176	184	157	201	183	190
３５　ゲーム機（ソフトは除く）	155	173	101	162	143	147	192	126
３６　カメラ（交換レンズのみを含む。使い捨てのカメラは除く）	143	159	110	182	122	146	122	177
３７　ビデオカメラ	22	16	30	23	35	14	15	22
住宅関係								
３８　家屋に関する設備費・工事費・修理費	7,249	4,968	8,241	8,142	7,791	7,562	6,294	8,217
３９　給排水関係工事費	2,262	1,743	2,260	2,303	3,028	2,000	2,516	2,534
４０　庭・植木の手入れ代	537	340	397	552	617	589	462	608
自動車等関係								
４１　自動車（新車）	13,494	12,522	12,562	12,555	19,887	18,578	12,153	14,072
４２　自動車（中古車）	4,383	5,486	7,099	3,615	6,519	4,649	3,147	5,327
４３　自動車保険料（自賠責）	724	710	882	621	991	882	620	869
４４　自動車保険料（任意）	3,495	3,685	4,312	2,924	4,391	4,471	3,001	3,971
４５　自動車以外の原動機付輸送機器	354	233	185	340	359	388	410	259
４６　自動車整備費	3,691	3,256	4,480	3,395	5,192	4,326	3,135	4,188
その他								
４７　挙式・披露宴費用	699	559	901	822	966	714	609	680
４８　葬儀・法事費用	2,328	1,921	3,475	2,431	2,840	2,077	1,896	2,029
４９　信仰関係費	1,293	971	1,676	1,443	1,602	763	1,338	1,197
５０　仕送り金	2,448	2,886	3,470	2,002	4,065	2,706	1,798	3,696

サービスの1世帯当たり1か月間の支出（二人以上の世帯）
Districts and City Groups (Two-or-more-person Households)

単位　円　In Yen

Districts		都市階級　City Groups				
四国	九州・沖縄	大都市	中都市	小都市A	小都市B・町村	Item
Shikoku	Kyushu & Okinawa	Major cities	Middle cities	Small cities A	Small cities B. Towns & villages	
299	1,106	3,079	3,154	2,290	1,477	Distribution of households
638	2,290	5,251	6,297	4,885	3,337	Number of tabulated households
2.86	2.96	2.90	2.93	2.98	3.00	Number of persons per household (persons)
1.48	1.51	1.52	1.48	1.52	1.56	Number of earners per household (persons)
60.9	60.9	59.0	60.2	60.7	61.8	Age of household head (years old)
85,428	81,037	90,748	89,900	94,056	91,431	Total expenditure on specific goods and services (50 items)
						Communication
13,580	13,147	12,524	12,707	12,863	13,127	01 Mobile telephones charges
4,037	3,868	4,617	4,566	4,329	3,816	02 Internet connection charges
1,534	1,414	1,831	1,567	1,521	1,371	03 Mobile telephones unit prices
						Travel-related costs
238	392	455	339	230	170	04 Airplane fares
706	953	1,982	1,519	1,245	928	05 Accommodation services
436	480	850	558	459	409	06 Package tour costs (domestic)
–	–	4	0	10	–	07 Package tour costs (overseas)
						Education, Culture and recreation
2,077	1,922	1,987	2,018	1,692	1,757	08 Tuition (kindergarten-university) (public)
5,009	4,683	10,343	8,019	7,295	4,911	09 Tuition (kindergarten-university) (private)
2,674	2,553	5,285	3,561	2,945	2,010	10 Tutorial fees
525	769	611	690	560	871	11 Lesson fees, driving school
745	703	1,345	1,068	843	522	12 Rental fees for sports facilities
						Clothing
376	433	616	468	416	416	13 Men's suits
539	496	695	473	439	412	14 Women's one-piece dresses and suits
223	172	295	155	168	156	15 Japanese clothing
289	289	400	302	255	209	16 Wrist watches
483	413	671	459	407	427	17 Accessories
						Medical care
187	170	308	289	165	226	18 Delivery fees
2,042	1,890	1,747	1,778	1,846	1,958	19 Hospital charges (excluding delivery)
						Furniture, etc.
102	82	139	112	120	73	20 Chests of drawers
229	291	312	253	286	215	21 Beds
485	368	407	386	380	405	22 Quilts
116	144	222	192	180	157	23 Desks and chairs (for work or study)
136	131	123	106	124	78	24 Sideboards
105	127	195	177	155	115	25 Dining tables and chairs
273	222	244	232	238	198	26 Drawing room suites
41	112	240	130	178	69	27 Musical instruments (including parts of instruments)
						Home electric appliances, etc.
793	810	850	765	825	856	28 Refrigerators
399	348	392	394	378	367	29 Vacuum cleaners
839	744	805	802	780	725	30 Washing machines
1,217	1,308	1,475	1,408	1,382	1,459	31 Air conditioners
917	864	1,443	1,187	1,042	939	32 Personal computers (a)
1,190	994	813	944	883	912	33 TV
176	161	207	173	170	151	34 Video recorders (DVD or Blu-ray recorder, player, etc.)
124	135	169	147	166	122	35 Video game hardware (excluding software)
29	76	169	153	124	97	36 Cameras (including lenses only, excluding disposable cameras)
29	29	24	23	21	18	37 Video cameras
						Housing
5,772	5,314	6,608	7,055	8,163	7,574	38 House-related equipping/ construction/ repair costs
1,383	2,050	2,002	1,972	2,830	2,537	39 Water supply and drainage construction costs
599	615	433	513	604	700	40 Gardens, trees and plants tending costs
						Motor cars-related costs
12,812	11,628	10,523	13,195	15,982	16,472	41 Automobiles (new)
5,155	4,976	3,540	4,076	5,092	5,701	42 Automobiles (second-hand)
924	738	485	739	867	970	43 Automotive insurance premium (compulsion)
3,851	3,851	2,536	3,596	4,062	4,405	44 Automotive insurance premium (option)
291	489	383	339	291	420	45 Motorized vehicles other than automobiles
3,888	3,652	2,798	3,813	4,238	4,441	46 Automotive maintenance and repairs
						Others
18	432	897	530	589	815	47 Wedding ceremony and reception costs
2,900	2,177	2,180	2,292	2,363	2,663	48 Funeral service costs
1,608	1,048	1,276	1,192	1,361	1,436	49 Religion-related costs
3,329	2,380	2,293	2,469	2,495	2,651	50 Remittance

(a) including tablet devices, excluding peripherals and software

2021年平均
2021 Average

項　　目	平均	～29歳	30～39歳	40～49歳	50～59歳	60～69歳
	Average	years old	years old	years old	years old	years old
世帯数分布（抽出率調整）	10,000	434	893	1,381	1,902	2,252
集計世帯数	21,829	187	1,492	3,358	4,157	5,492
世帯人員（人）	2.25	1.23	2.44	3.14	2.49	2.16
有業人員（人）	1.19	1.00	1.35	1.65	1.68	1.29
世帯主の年齢（歳）	59.2	25.7	34.4	45.0	54.6	64.9
５０品目計	73,365	29,827	58,691	97,020	104,864	75,950
通信						
０１　スマートフォン・携帯電話などの通信、通話使用料	10,245	5,943	9,954	13,630	13,891	10,692
０２　インターネット接続料	3,734	2,834	3,891	4,557	4,790	4,098
０３　スマートフォン・携帯電話の本体価格	1,371	1,471	1,940	2,128	1,916	1,185
旅行関係						
０４　航空運賃	301	371	402	416	549	293
０５　宿泊料	1,211	1,008	1,571	1,693	1,573	1,279
０６　パック旅行費（国内）	500	99	336	472	637	700
０７　パック旅行費（外国）	3	－	－	5	－	7
教育、教養娯楽						
０８　国公立授業料等（幼稚園～大学、専修学校）	1,312	884	1,349	3,450	2,905	389
０９　私立授業料等（幼稚園～大学、専修学校）	5,373	211	1,552	12,195	15,361	1,962
１０　補習教育費	2,488	71	2,595	9,863	3,808	405
１１　自動車教習料	481	721	246	1,048	1,139	127
１２　スポーツ施設使用料	872	206	682	843	847	1,140
衣類等						
１３　背広服	423	937	589	634	749	273
１４　婦人用スーツ・ワンピース	457	240	439	624	607	455
１５　和服	166	41	38	145	221	240
１６　腕時計	249	137	258	316	455	243
１７　装身具（アクセサリー類）	466	148	716	427	535	593
医療						
１８　出産入院料	166	249	1,051	231	60	55
１９　出産以外の入院料	1,495	191	467	839	1,230	1,753
家具等						
２０　たんす	95	56	191	138	134	98
２１　ベッド	203	110	264	260	238	212
２２　布団	327	163	257	367	434	383
２３　机・いす（事務用・学習用）	161	330	256	313	181	91
２４　食器戸棚	87	29	108	159	77	104
２５　食卓セット	131	86	198	170	150	141
２６　応接セット	169	3	108	181	229	236
２７　楽器（部品を含む）	139	318	216	243	125	109
家電等						
２８　冷蔵庫	661	426	449	764	702	710
２９　掃除機	322	88	366	370	322	338
３０　洗濯機	589	167	644	840	683	584
３１　エアコン	1,138	177	1,030	1,065	1,311	1,299
３２　パソコン（ﾀﾌﾞﾚｯﾄ型を含む。周辺機器・ｿﾌﾄは除く）	953	778	1,084	1,524	1,426	851
３３　テレビ	725	98	671	758	790	852
３４　ビデオデッキ	154	187	108	155	184	188
３５　ゲーム機（ソフトは除く）	170	835	484	320	137	57
３６　カメラ（交換ﾚﾝｽﾞのみを含む。使い捨てのｶﾒﾗは除く）	133	501	109	146	163	135
３７　ビデオカメラ	17	2	36	32	12	17
住宅関係						
３８　家屋に関する設備費・工事費・修理費	6,220	218	1,746	3,832	6,793	9,033
３９　給排水関係工事費	1,869	10	306	941	1,981	2,682
４０　庭・植木の手入れ代	526	3	102	146	365	761
自動車等関係						
４１　自動車（新車）	10,472	787	9,493	14,470	12,971	12,532
４２　自動車（中古車）	3,481	2,865	5,249	4,559	6,275	2,770
４３　自動車保険料（自賠責）	591	218	427	622	701	705
４４　自動車保険料（任意）	2,853	1,174	1,949	2,906	3,490	3,450
４５　自動車以外の原動機付輸送機器	289	19	131	426	517	309
４６　自動車整備費	3,027	1,022	1,980	3,441	3,971	3,513
その他						
４７　挙式・披露宴費用	504	2,326	553	32	692	653
４８　葬儀・法事費用	2,540	73	620	925	2,464	3,700
４９　信仰関係費	1,316	61	265	488	1,052	1,784
５０　仕送り金	2,195	937	1,216	2,915	5,024	1,768

1世帯当たり1か月間の支出（総世帯）
by Age Group of Household Head (Total Households)

単位　円　In　Yen

70～79歳	80歳～	Item
yoaro old	ycaro old	
2,474	665	Distribution of households
5,627	1,516	Number of tabulated households
1.89	1.87	Number of persons per household (persons)
0.64	0.36	Number of earners per household (persons)
73.8	83.3	Age of household head (years old)
54,402	44,064	Total expenditure on specific goods and services (50 items)
		Communication
7,303	5,403	01 Mobile telephones charges
2,751	1,804	02 Internet connection charges
667	617	03 Mobile telephones unit prices
		Travel-related costs
81	51	04 Airplane fares
693	561	05 Accommodation services
404	343	06 Package tour costs (domestic)
1	-	07 Package tour costs (overseas)
		Education, Culture and recreation
119	47	08 Tuition (kindergarten-university) (public)
633	260	09 Tuition (kindergarten-university) (private)
272	156	10 Tutorial fees
107	148	11 Lesson fees, driving school
941	526	12 Rental fees for sports facilities
		Clothing
135	72	13 Men's suits
348	250	14 Women's one-piece dresses and suits
165	71	15 Japanese clothing
114	92	16 Wrist watches
337	293	17 Accessories
		Medical care
17	30	18 Delivery fees
1,894	3,491	19 Hospital charges (excluding delivery)
		Furniture, etc.
30	23	20 Chests of drawers
142	149	21 Beds
249	256	22 Quilts
87	45	23 Desks and chairs (for work or study)
57	23	24 Sideboards
80	86	25 Dining tables and chairs
128	83	26 Drawing room suites
85	36	27 Musical instruments (including parts of instruments)
		Home electric appliances, etc.
669	571	28 Refrigerators
328	252	29 Vacuum cleaners
473	445	30 Washing machines
1,073	1,274	31 Air conditioners
515	344	32 Personal computers (including tablet devices, excluding peripherals and software)
671	714	33 TV
126	82	34 Video recorders (DVD or Blu-ray rocordcr, playor, etc.)
30	11	35 Video game hardware (excluding software)
62	51	36 Cameras (including lenses only, excluding disposable cameras)
12	4	37 Video cameras
		Housing
6,894	7,340	38 House-related equipping/ construction/ repair costs
2,301	2,416	39 Water supply and drainage construction costs
746	1,057	40 Gardens, trees and plants tending costs
		Motor cars-related costs
8,548	2,922	41 Automobiles (new)
1,498	995	42 Automobiles (second-hand)
582	323	43 Automotive insurance premium (compulsion)
2,692	1,789	44 Automotive insurance premium (option)
176	91	45 Motorized vehicles other than automobiles
2,721	1,669	46 Automotive maintenance and repairs
		Others
242	282	47 Wedding ceremony and reception costs
3,298	3,607	48 Funeral service costs
1,934	2,092	49 Religion-related costs
973	818	50 Remittance

2021年平均
2021 Average

項　　目	平均 Average	～29歳 years old	30～39歳 years old	40～49歳 years old	50～59歳 years old	60～69歳 years old
世帯数分布（抽出率調整）	10,000	77	752	1,705	2,005	2,439
集計世帯数	19,770	148	1,423	3,240	3,889	4,928
世帯人員（人）	2.94	3.00	3.63	3.68	3.18	2.66
有業人員（人）	1.51	1.75	1.71	1.84	2.08	1.61
世帯主の年齢（歳）	60.2	27.5	35.5	45.0	54.5	64.8
５０品目計	91,340	79,273	79,013	109,305	128,393	89,453
通信						
01　スマートフォン・携帯電話などの通信、通話使用料	12,748	10,895	12,027	15,319	16,951	12,750
02　インターネット接続料	4,417	3,546	4,318	4,955	5,298	4,774
03　スマートフォン・携帯電話の本体価格	1,609	1,943	1,996	2,273	2,270	1,397
旅行関係						
04　航空運賃	324	295	412	432	540	341
05　宿泊料	1,512	1,903	1,948	1,862	1,889	1,639
06　パック旅行費（国内）	603	218	465	511	646	827
07　パック旅行費（外国）	4	－	－	7	－	10
教育、教養娯楽						
08　国公立授業料等（幼稚園～大学、専修学校）	1,895	479	1,790	4,324	4,194	556
09　私立授業料等（幼稚園～大学、専修学校）	8,112	1,664	2,814	15,135	21,997	2,795
10　補習教育費	3,721	276	4,447	12,038	5,465	508
11　自動車教習料	662	665	202	1,297	1,624	171
12　スポーツ施設使用料	1,021	668	688	915	917	1,247
衣類等						
13　背広服	494	619	529	727	951	357
14　婦人用スーツ・ワンピース	525	411	458	644	753	516
15　和服	201	8	69	179	307	234
16　腕時計	308	155	413	360	478	291
17　装身具（アクセサリー類）	507	485	360	437	720	615
医療						
18　出産入院料	257	2,103	1,936	289	88	78
19　出産以外の入院料	1,810	845	568	917	1,621	2,052
家具等						
20　たんす	116	173	202	165	145	131
21　ベッド	273	380	400	312	324	268
22　布団	394	317	376	383	484	426
23　机・いす（事務用・学習用）	194	476	394	360	200	114
24　食器戸棚	111	91	142	158	99	139
25　食卓セット	168	532	298	192	162	174
26　応接セット	232	27	183	226	296	288
27　楽器（部品を含む）	166	37	379	267	171	130
家電等						
28　冷蔵庫	819	1,097	656	931	786	894
29　掃除機	386	484	400	414	380	390
30　洗濯機	786	1,481	1,032	1,019	883	729
31　エアコン	1,430	1,434	1,212	1,274	1,646	1,478
32　パソコン（タブレット型を含む。周辺機器・ソフトは除く）	1,196	2,100	912	1,676	1,854	1,058
33　テレビ	885	857	752	865	992	956
34　ビデオデッキ	180	106	167	159	201	225
35　ゲーム機（ソフトは除く）	155	309	332	363	181	76
36　カメラ（交換レンズのみを含む。使い捨てのカメラは除く）	143	300	168	143	213	162
37　ビデオカメラ	22	19	67	40	17	21
住宅関係						
38　家屋に関する設備費・工事費・修理費	7,249	1,935	3,188	4,334	7,503	9,681
39　給排水関係工事費	2,262	88	568	1,105	2,371	3,163
40　庭・植木の手入れ代	537	30	132	172	362	759
自動車等関係						
41　自動車（新車）	13,494	6,809	17,432	14,086	15,618	15,513
42　自動車（中古車）	4,383	6,414	5,821	5,600	7,055	3,688
43　自動車保険料（自賠責）	724	450	572	698	767	843
44　自動車保険料（任意）	3,495	2,865	2,597	3,143	4,128	4,038
45　自動車以外の原動機付輸送機器	354	167	235	534	532	311
46　自動車整備費	3,691	2,141	2,841	3,820	4,392	4,084
その他						
47　挙式・披露宴費用	699	19,227	900	39	889	877
48　葬儀・法事費用	2,328	654	601	875	2,353	3,861
49　信仰関係費	1,293	557	261	526	1,045	1,781
50　仕送り金	2,448	540	354	2,805	5,637	2,042

1世帯当たり1か月間の支出（二人以上の世帯）
by Age Group of Household Head (Two-or-more-person Households)

単位　円　In Yen

70～79歳	80歳～	Item
years old	years old	
2,374	649	Distribution of households
4,835	1,308	Number of tabulated households
2.43	2.38	Number of persons per household (persons)
0.89	0.54	Number of earners per household (persons)
73.8	83.4	Age of household head (years old)
64,501	50,406	Total expenditure on specific goods and services (50 items)
		Communication
9,268	6,774	01 Mobile telephones charges
3,519	2,440	02 Internet connection charges
883	769	03 Mobile telephones unit prices
		Travel-related costs
93	72	04 Airplane fares
868	768	05 Accommodation services
503	449	06 Package tour costs (domestic)
1	-	07 Package tour costs (overseas)
		Education, Culture and recreation
166	74	08 Tuition (kindergarten-university) (public)
775	412	09 Tuition (kindergarten-university) (private)
411	240	10 Tutorial fees
164	232	11 Lesson fees, driving school
1,173	646	12 Rental fees for sports facilities
		Clothing
168	113	13 Men's suits
348	268	14 Women's one-piece dresses and suits
166	112	15 Japanese clothing
161	142	16 Wrist watches
363	325	17 Accessories
		Medical care
28	43	18 Delivery fees
2,321	3,531	19 Hospital charges (excluding delivery)
		Furniture, etc.
42	15	20 Chests of drawers
180	215	21 Beds
314	347	22 Quilts
113	61	23 Desks and chairs (for work or study)
71	37	24 Sideboards
114	108	25 Dining tables and chairs
178	116	26 Drawing room suites
92	57	27 Musical instruments (including parts of instruments)
		Home electric appliances, etc.
779	637	28 Refrigerators
378	315	29 Vacuum cleaners
562	544	30 Washing machines
1,352	1,523	31 Air conditioners
715	386	32 Personal computers (including tablet devices, excluding peripherals and software)
808	771	33 TV
160	90	34 Video recorders (DVD or Blu-ray recorder, player, etc.)
39	17	35 Video game hardware (excluding software)
74	60	36 Cameras (including lenses only, excluding disposable cameras)
5	6	37 Video cameras
		Housing
7,729	8,527	38 House-related equipping/ construction/ repair costs
2,494	2,950	39 Water supply and drainage construction costs
752	940	40 Gardens, trees and plants tending costs
		Motor cars-related costs
10,780	3,816	41 Automobiles (new)
2,229	1,434	42 Automobiles (second-hand)
718	443	43 Automotive insurance premium (compulsion)
3,258	2,410	44 Automotive insurance premium (option)
218	145	45 Motorized vehicles other than automobiles
3,330	2,190	46 Automotive maintenance and repairs
		Others
301	269	47 Wedding ceremony and reception costs
2,518	1,856	48 Funeral service costs
1,781	1,724	49 Religion-related costs
1,039	992	50 Remittance

第3－3表 世帯主の勤めか自営かの別特定の財（商品）
Table 3-3 Monthly Expenditure per Household by

2021年平均
2021 Average

項　目	平均 Average	就業　Occupation		自営業主 ・その他 (a)	非就業 （無職） No- occupation
		雇用されて いる人（勤労者） Employee	会社などの 役員 Corporative administrators		
世帯数分布（抽出率調整）	10,000	5,283	418	954	3,346
集計世帯数	21,829	11,368	1,067	2,323	7,071
世帯人員（人）	2.25	2.47	2.63	2.47	1.80
有業人員（人）	1.19	1.61	1.81	1.78	0.27
世帯主の年齢（歳）	59.2	50.8	58.3	61.9	71.8
５０品目計	73,365	83,823	109,116	75,155	51,890
通信					
０１　スマートフォン・携帯電話などの通信、通話使用料	10,245	11,989	12,161	11,175	6,988
０２　インターネット接続料	3,734	4,255	4,295	3,761	2,835
０３　スマートフォン・携帯電話の本体価格	1,371	1,797	1,577	1,296	695
旅行関係					
０４　航空運賃	301	391	594	261	134
０５　宿泊料	1,211	1,423	2,546	1,365	664
０６　パック旅行費（国内）	500	493	1,030	485	450
０７　パック旅行費（外国）	3	4	3	1	－
教育、教養娯楽					
０８　国公立授業料等（幼稚園～大学、専修学校）	1,312	2,028	1,724	902	248
０９　私立授業料等（幼稚園～大学、専修学校）	5,373	8,025	11,088	4,642	688
１０　補習教育費	2,488	3,887	3,712	2,077	248
１１　自動車教習料	481	665	623	399	197
１２　スポーツ施設使用料	872	791	1,705	771	925
衣類等					
１３　背広服	423	582	1,030	321	124
１４　婦人用スーツ・ワンピース	457	512	1,171	553	253
１５　和服	166	161	239	131	175
１６　腕時計	249	289	687	307	113
１７　装身具（アクセサリー類）	466	471	1,414	596	304
医療					
１８　出産入院料	166	254	220	138	29
１９　出産以外の入院料	1,495	1,096	2,389	1,729	1,946
家具等					
２０　たんす	95	132	152	81	33
２１　ベッド	203	247	313	212	116
２２　布団	327	359	496	382	241
２３　机・いす（事務用・学習用）	161	221	237	123	66
２４　食器戸棚	87	102	154	79	56
２５　食卓セット	131	151	377	95	79
２６　応接セット	169	176	436	211	112
２７　楽器（部品を含む）	139	173	456	128	50
家電等					
２８　冷蔵庫	661	663	965	703	607
２９　掃除機	322	340	406	346	278
３０　洗濯機	589	652	923	695	420
３１　エアコン	1,138	1,104	1,571	1,170	1,129
３２　パソコン（ﾀﾌﾞﾚｯﾄ型を含む。周辺機器・ｿﾌﾄは除く）	953	1,222	1,415	806	515
３３　テレビ	725	719	1,317	659	679
３４　ビデオデッキ	154	170	270	137	118
３５　ゲーム機（ソフトは除く）	170	251	145	129	56
３６　カメラ（交換ﾚﾝｽﾞのみを含む。使い捨てのｶﾒﾗは除く）	133	171	206	68	81
３７　ビデオカメラ	17	20	45	22	7
住宅関係					
３８　家屋に関する設備費・工事費・修理費	6,220	5,232	9,883	5,871	7,422
３９　給排水関係工事費	1,869	1,489	2,747	1,977	2,328
４０　庭・植木の手入れ代	526	288	1,064	686	788
自動車等関係					
４１　自動車（新車）	10,472	12,489	14,400	11,106	6,607
４２　自動車（中古車）	3,481	4,731	5,150	3,637	1,246
４３　自動車保険料（自賠責）	591	627	556	769	489
４４　自動車保険料（任意）	2,853	3,081	2,967	3,141	2,396
４５　自動車以外の原動機付輸送機器	289	379	390	430	93
４６　自動車整備費	3,027	3,266	3,570	3,661	2,399
その他					
４７　挙式・披露宴費用	504	656	867	493	222
４８　葬儀・法事費用	2,540	1,945	2,736	2,743	3,406
４９　信仰関係費	1,316	881	1,506	1,798	1,845
５０　仕送り金	2,195	2,779	5,189	1,890	990

(a) Individual proprietors and others

・サービスの1世帯当たり1か月間の支出（総世帯）
Occupation of Household Head（Total Households）

単位　円　In Yen

Item

Distribution of households
Number of tabulated households
Number of persons per household (persons)
Number of earners per household (persons)
Age of household head (years old)

Total expenditure on specific goods and services (50 items)
Communication
 01 Mobile telephones charges
 02 Internet connection charges
 03 Mobile telephones unit prices
Travel-related costs
 04 Airplane fares
 05 Accommodation services
 06 Package tour costs (domestic)
 07 Package tour costs (overseas)
Education, Culture and recreation
 08 Tuition (kindergarten-university) (public)
 09 Tuition (kindergarten-university) (private)
 10 Tutorial fees
 11 Lesson fees, driving school
 12 Rental fees for sports facilities
Clothing
 13 Men's suits
 14 Women's one-piece dresses and suits
 15 Japanese clothing
 16 Wrist watches
 17 Accessories
Medical care
 18 Delivery fees
 19 Hospital charges (excluding delivery)
Furniture, etc.
 20 Chests of drawers
 21 Beds
 22 Quilts
 23 Desks and chairs (for work or study)
 24 Sideboards
 25 Dining tables and chairs
 26 Drawing room suites
 27 Musical instruments (including parts of instruments)
Home electric appliances, etc.
 28 Refrigerators
 29 Vacuum cleaners
 30 Washing machines
 31 Air conditioners
 32 Personal computers (including tablet devices, excluding peripherals and software)
 33 TV
 34 Video recorders (DVD or Blu-ray recorder, player, etc.)
 35 Video game hardware (excluding software)
 36 Cameras (including lenses only, excluding disposable cameras)
 37 Video cameras
Housing
 38 House-related equipping/ construction/ repair costs
 39 Water supply and drainage construction costs
 40 Gardens, trees and plants tending costs
Motor cars-related costs
 41 Automobiles (new)
 42 Automobiles (second-hand)
 43 Automotive insurance premium (compulsion)
 44 Automotive insurance premium (option)
 45 Motorized vehicles other than automobiles
 46 Automotive maintenance and repairs
Others
 47 Wedding ceremony and reception costs
 48 Funeral service costs
 49 Religion-related costs
 50 Remittance

第3−3表 世帯主の勤めか自営かの別特定の財（商品）

Table 3-3 Monthly Expenditure per Household by

2021年平均
2021 Average

項　目	平均 Average	就業　　Occupation			非就業 （無職） No- occupation
		雇用されて いる人 （勤労者） Employee	会社などの 役員 Corporative administrators	自営業主 ・その他 (a)	
世帯数分布（抽出率調整）	10,000	5,472	521	1,091	2,915
集計世帯数	19,770	10,643	1,023	2,169	5,936
世帯人員（人）	2.94	3.20	3.02	2.99	2.43
有業人員（人）	1.51	1.91	2.00	2.06	0.48
世帯主の年齢（歳）	60.2	52.9	58.6	62.6	73.3
５０品目計	91,340	104,381	122,937	87,549	62,576
通信					
０１　スマートフォン・携帯電話などの通信、通話使用料	12,748	14,527	13,568	13,242	9,080
０２　インターネット接続料	4,417	4,859	4,670	4,208	3,619
０３　スマートフォン・携帯電話の本体価格	1,609	2,010	1,726	1,437	898
旅行関係					
０４　航空運賃	324	403	625	292	136
０５　宿泊料	1,512	1,682	2,832	1,552	940
０６　パック旅行費（国内）	603	577	1,047	606	572
０７　パック旅行費（外国）	4	6	1	1	−
教育、教養娯楽					
０８　国公立授業料等（幼稚園～大学、専修学校）	1,895	2,905	2,121	1,220	206
０９　私立授業料等（幼稚園～大学、専修学校）	8,112	11,826	12,894	6,258	962
１０　補習教育費	3,721	5,608	4,438	2,753	412
１１　自動車教習料	662	969	762	459	145
１２　スポーツ施設使用料	1,021	915	1,722	880	1,148
衣類等					
１３　背広服	494	632	1,254	390	136
１４　婦人用スーツ・ワンピース	525	582	957	655	291
１５　和服	201	210	284	165	182
１６　腕時計	308	354	802	280	143
１７　装身具（アクセサリー類）	507	483	1,576	701	289
医療					
１８　出産入院料	257	379	274	188	50
１９　出産以外の入院料	1,810	1,378	2,264	1,862	2,521
家具等					
２０　たんす	116	154	180	96	43
２１　ベッド	273	327	384	245	163
２２　布団	394	419	550	421	308
２３　机・いす（事務用・学習用）	194	253	292	136	86
２４　食器戸棚	111	129	185	105	68
２５　食卓セット	168	195	320	103	115
２６　応接セット	232	239	537	265	151
２７　楽器（部品を含む）	166	207	348	139	66
家電等					
２８　冷蔵庫	819	828	994	782	784
２９　掃除機	386	395	458	388	355
３０　洗濯機	786	887	1,122	814	528
３１　エアコン	1,430	1,418	1,857	1,363	1,402
３２　パソコン（タブレット型を含む。周辺機器・ソフトは除く）	1,196	1,475	1,670	962	673
３３　テレビ	885	888	1,530	821	788
３４　ビデオデッキ	180	188	285	169	149
３５　ゲーム機（ソフトは除く）	155	219	179	112	44
３６　カメラ（交換レンズのみを含む。使い捨てのカメラは除く）	143	170	257	90	93
３７　ビデオカメラ	22	28	56	14	8
住宅関係					
３８　家屋に関する設備費・工事費・修理費	7,249	6,466	11,506	6,799	8,125
３９　給排水関係工事費	2,262	1,892	3,233	2,097	2,845
４０　庭・植木の手入れ代	537	333	1,020	828	725
自動車等関係					
４１　自動車（新車）	13,494	15,572	17,054	13,773	8,830
４２　自動車（中古車）	4,383	5,463	6,288	4,683	1,900
４３　自動車保険料（自賠責）	724	753	643	796	658
４４　自動車保険料（任意）	3,495	3,688	3,371	3,626	3,106
４５　自動車以外の原動機付輸送機器	354	450	448	369	151
４６　自動車整備費	3,691	3,982	3,517	3,859	3,112
その他					
４７　挙式・披露宴費用	699	930	1,086	475	279
４８　葬儀・法事費用	2,328	2,112	3,123	2,167	2,650
４９　信仰関係費	1,293	934	1,692	1,785	1,715
５０　仕送り金	2,448	3,083	4,939	2,121	932

(a) Individual proprietors and others

・サービスの１世帯当たり１か月間の支出（二人以上の世帯）
Occupation of Household Head (Two-or-more-person Households)

単位　円　In Yen

Item
Distribution of households
Number of tabulated households
Number of persons per household (persons)
Number of earners per household (persons)
Age of household head (years old)
Total expenditure on specific goods and services (50 items)
Communication
01 Mobile telephones charges
02 Internet connection charges
03 Mobile telephones unit prices
Travel-related costs
04 Airplane fares
05 Accommodation services
06 Package tour costs (domestic)
07 Package tour costs (overseas)
Education, Culture and recreation
08 Tuition (kindergarten-university) (public)
09 Tuition (kindergarten-university) (private)
10 Tutorial fees
11 Lesson fees, driving school
12 Rental fees for sports facilities
Clothing
13 Men's suits
14 Women's one-piece dresses and suits
15 Japanese clothing
16 Wrist watches
17 Accessories
Medical care
18 Delivery fees
19 Hospital charges (excluding delivery)
Furniture, etc.
20 Chests of drawers
21 Beds
22 Quilts
23 Desks and chairs (for work or study)
24 Sideboards
25 Dining tables and chairs
26 Drawing room suites
27 Musical instruments (including parts of instruments)
Home electric appliances, etc.
28 Refrigerators
29 Vacuum cleaners
30 Washing machines
31 Air conditioners
32 Personal computers (including tablet devices, excluding peripherals and software)
33 TV
34 Video recorders (DVD or Blu-ray recorder, player, etc.)
35 Video game hardware (excluding software)
36 Cameras (including lenses only, excluding disposable cameras)
37 Video cameras
Housing
38 House-related equipping/ construction/ repair costs
39 Water supply and drainage construction costs
40 Gardens, trees and plants tending costs
Motor cars-related costs
41 Automobiles (new)
42 Automobiles (second-hand)
43 Automotive insurance premium (compulsion)
44 Automotive insurance premium (option)
45 Motorized vehicles other than automobiles
46 Automotive maintenance and repairs
Others
47 Wedding ceremony and reception costs
48 Funeral service costs
49 Religion-related costs
50 Remittance

2021年平均
2021 Average

項　　目	平均	世帯人員別　by Number of household members					
		1人	2人	3人	4人	5人	6人～
	Average	person	persons	persons	persons	persons	persons
世帯数分布（抽出率調整）	10,000	3,541	2,961	1,685	1,269	388	156
集計世帯数	21,829	2,059	9,495	4,998	3,635	1,193	449
世帯人員（人）	2.25	1.00	2.00	3.00	4.00	5.00	6.41
有業人員（人）	1.19	0.59	0.95	1.75	2.11	2.30	2.75
世帯主の年齢（歳）	59.2	57.4	66.8	58.7	50.7	49.9	55.4
５０品目計	73,365	40,580	67,905	95,653	121,057	135,438	137,606
通信							
01　スマートフォン・携帯電話などの通信、通話使用料	10,245	5,679	9,117	13,947	16,686	18,783	21,675
02　インターネット接続料	3,734	2,488	3,792	4,743	5,180	5,195	4,597
03　スマートフォン・携帯電話の本体価格	1,371	937	1,078	1,723	2,313	2,588	2,293
旅行関係							
04　航空運賃	301	259	272	368	413	289	219
05　宿泊料	1,211	665	1,382	1,532	1,716	1,794	1,371
06　パック旅行費（国内）	500	314	588	603	680	550	381
07　パック旅行費（外国）	3	0	8	－	－	1	－
教育、教養娯楽							
08　国公立授業料等（幼稚園～大学、専修学校）	1,312	246	377	1,761	4,130	5,635	4,686
09　私立授業料等（幼稚園～大学、専修学校）	5,373	377	1,241	8,372	18,779	20,496	18,103
10　補習教育費	2,488	241	239	3,000	9,741	11,926	8,270
11　自動車教習料	481	150	130	635	1,358	1,827	2,530
12　スポーツ施設使用料	872	600	1,179	842	869	1,165	832
衣類等							
13　背広服	423	293	279	543	805	827	665
14　婦人用スーツ・ワンピース	457	332	428	554	672	633	566
15　和服	166	104	153	208	288	147	452
16　腕時計	249	142	245	315	443	338	248
17　装身具（アクセサリー類）	466	390	507	497	552	460	405
医療							
18　出産入院料	166	1	41	432	370	467	1,042
19　出産以外の入院料	1,495	919	1,901	1,998	1,458	1,357	2,057
家具等							
20　たんす	95	56	84	108	181	178	141
21　ベッド	203	74	214	293	333	386	415
22　布団	327	206	345	422	459	414	453
23　机・いす（事務用・学習用）	161	100	119	189	313	313	375
24　食器戸棚	87	42	91	103	153	152	128
25　食卓セット	131	62	132	196	215	179	147
26　応接セット	169	53	201	274	243	240	264
27　楽器（部品を含む）	139	90	106	164	260	251	346
家電等							
28　冷蔵庫	661	373	727	858	851	1,181	951
29　掃除機	322	207	359	387	429	418	449
30　洗濯機	589	229	529	914	1,054	1,201	1,083
31　エアコン	1,138	604	1,292	1,548	1,529	1,629	1,483
32　パソコン（タブレット型を含む。周辺機器・ソフトは除く）	953	509	751	1,340	1,782	1,766	1,854
33　テレビ	725	433	827	899	946	1,038	972
34　ビデオデッキ	154	106	160	191	199	193	230
35　ゲーム機（ソフトは除く）	170	199	61	151	298	363	278
36　カメラ（交換レンズのみを含む。使い捨てのカメラは除く）	133	113	118	176	171	116	107
37　ビデオカメラ	17	8	13	27	32	27	50
住宅関係							
38　家屋に関する設備費・工事費・修理費	6,220	4,350	7,623	7,516	6,185	6,459	7,855
39　給排水関係工事費	1,869	1,152	2,430	2,457	1,783	1,662	2,347
40　庭・植木の手入れ代	526	505	619	542	388	398	458
自動車等関係							
41　自動車（新車）	10,472	4,955	11,191	14,576	15,068	19,148	18,416
42　自動車（中古車）	3,481	1,836	2,669	4,358	7,191	6,330	9,418
43　自動車保険料（自賠責）	591	348	658	748	769	878	974
44　自動車保険料（任意）	2,853	1,683	3,032	3,671	3,882	4,451	4,867
45　自動車以外の原動機付輸送機器	289	171	230	355	547	502	728
46　自動車整備費	3,027	1,814	3,239	3,772	4,224	4,382	5,308
その他							
47　挙式・披露宴費用	504	152	847	667	414	732	434
48　葬儀・法事費用	2,540	2,927	2,576	2,250	1,503	2,823	3,899
49　信仰関係費	1,316	1,356	1,528	1,263	870	1,080	1,132
50　仕送り金	2,195	1,733	2,179	3,167	2,334	2,073	1,651

・サービスの1世帯当たり1か月間の支出（総世帯）
of Household Members and Employed Persons（Total Households）

単位　円　　In Yen

就業者数別	by Employed Persons			Item
0人	1人	2人	3人～	
person	person	persons	persons	
2,639	3,933	2,606	823	Distribution of households
4,895	6,632	7,869	2,434	Number of tabulated households
1.50	1.80	3.14	4.02	Number of persons per household (persons)
...	1.00	2.00	3.28	Number of earners per household (persons)
71.9	54.4	53.8	59.0	Age of household head (years old)
46,282	59,349	104,508	128,486	Total expenditure on specific goods and services (50 items)
				Communication
5,586	8,736	14,160	20,005	01 Mobile telephones charges
2,492	3,579	4,730	5,301	02 Internet connection charges
577	1,328	1,950	2,290	03 Mobile telephones unit prices
				Travel-related costs
135	310	419	417	04 Airplane fares
587	1,128	1,872	1,511	05 Accommodation services
425	423	636	684	06 Package tour costs (domestic)
-	0	9	0	07 Package tour costs (overseas)
				Education, Culture and recreation
217	770	2,839	2,569	08 Tuition (kindergarten-university) (public)
420	2,732	11,296	15,080	09 Tuition (kindergarten-university) (private)
130	1,604	6,273	2,295	10 Tutorial fees
183	183	934	1,427	11 Lesson fees, driving school
907	790	973	831	12 Rental fees for sports facilities
				Clothing
103	431	642	718	13 Men's suits
219	426	661	718	14 Women's one-piece dresses and suits
167	125	209	228	15 Japanese clothing
105	217	386	430	16 Wrist watches
311	455	546	763	17 Accessories
				Medical care
14	147	339	201	18 Delivery fees
1,790	1,216	1,430	2,088	19 Hospital charges (excluding delivery)
				Furniture, etc.
30	88	160	136	20 Chests of drawers
109	176	306	307	21 Beds
214	297	426	521	22 Quilts
57	155	264	189	23 Desks and chairs (for work or study)
49	76	121	153	24 Sideboards
70	124	183	194	25 Dining tables and chairs
95	117	270	328	26 Drawing room suites
39	144	221	173	27 Musical instruments (including parts of instruments)
				Home electric appliances, etc.
546	549	836	1,010	28 Refrigerators
244	294	414	422	29 Vacuum cleaners
373	417	922	1,057	30 Washing machines
1,039	868	1,440	1,788	31 Air conditioners
440	860	1,434	1,516	32 Personal computers (including tablet devices, excluding peripherals and software)
637	591	898	1,099	33 TV
106	152	173	253	34 Video recorders (DVD or Blu-ray recorder, player, etc.)
52	222	191	234	35 Video game hardware (excluding software)
85	146	151	157	36 Cameras (including lenses only, excluding disposable cameras)
7	16	28	19	37 Video cameras
				Housing
7,182	4,979	6,198	9,128	38 House-related equipping/ construction/ repair costs
2,069	1,532	1,815	3,018	39 Water supply and drainage construction costs
813	367	466	560	40 Gardens, trees and plants tending costs
				Motor cars-related costs
5,513	8,136	15,837	20,452	41 Automobiles (new)
820	3,054	5,295	8,294	42 Automobiles (second-hand)
421	537	733	945	43 Automotive insurance premium (compulsion)
2,089	2,454	3,489	5,197	44 Automotive insurance premium (option)
61	255	406	812	45 Motorized vehicles other than automobiles
2,130	2,736	3,885	4,588	46 Automotive maintenance and repairs
				Others
201	210	1,064	1,124	47 Wedding ceremony and reception costs
3,551	2,055	2,119	2,970	48 Funeral service costs
1,872	1,052	1,059	1,611	49 Religion-related costs
999	2,095	3,405	2,676	50 Remittance

2021年平均
2021 Average

項　　目	平均	世帯人員別 by Number of household members					
		1人	2人	3人	4人	5人	6人～
	Average	person	persons	persons	persons	persons	persons
世帯数分布（抽出率調整）	10,000	...	4,584	2,609	1,964	601	242
集計世帯数	19,770	...	9,495	4,998	3,635	1,193	449
世帯人員（人）	2.94	...	2.00	3.00	4.00	5.00	6.41
有業人員（人）	1.51	...	0.95	1.75	2.11	2.30	2.75
世帯主の年齢（歳）	60.2	...	66.8	58.7	50.7	49.9	55.4
50品目計	91,340	...	67,905	95,653	121,057	135,438	137,606
通信							
01　スマートフォン・携帯電話などの通信、通話使用料	12,748	...	9,117	13,947	16,686	18,783	21,675
02　インターネット接続料	4,417	...	3,792	4,743	5,180	5,195	4,597
03　スマートフォン・携帯電話の本体価格	1,609	...	1,078	1,723	2,313	2,588	2,293
旅行関係							
04　航空運賃	324	...	272	368	413	289	219
05　宿泊料	1,512	...	1,382	1,532	1,716	1,794	1,371
06　パック旅行費（国内）	603	...	588	603	680	550	381
07　パック旅行費（外国）	4	...	8	－	－	1	－
教育、教養娯楽							
08　国公立授業料等（幼稚園～大学、専修学校）	1,895	...	377	1,761	4,130	5,635	4,686
09　私立授業料等（幼稚園～大学、専修学校）	8,112	...	1,241	8,372	18,779	20,496	18,103
10　補習教育費	3,721	...	239	3,000	9,741	11,926	8,270
11　自動車教習料	662	...	130	635	1,358	1,827	2,530
12　スポーツ施設使用料	1,021	...	1,179	842	869	1,165	832
衣類等							
13　背広服	494	...	279	543	805	827	665
14　婦人用スーツ・ワンピース	525	...	428	554	672	633	566
15　和服	201	...	153	208	288	147	452
16　腕時計	308	...	245	315	443	338	248
17　装身具（アクセサリー類）	507	...	507	497	552	460	405
医療							
18　出産入院料	257	...	41	432	370	467	1,042
19　出産以外の入院料	1,810	...	1,901	1,998	1,458	1,357	2,057
家具等							
20　たんす	116	...	84	108	181	178	141
21　ベッド	273	...	214	293	333	386	415
22　布団	394	...	345	422	459	414	453
23　机・いす（事務用・学習用）	194	...	119	189	313	313	375
24　食器戸棚	111	...	91	103	153	152	128
25　食卓セット	168	...	132	196	215	179	147
26　応接セット	232	...	201	274	243	240	264
27　楽器（部品を含む）	166	...	106	164	260	251	346
家電等							
28　冷蔵庫	819	...	727	858	851	1,181	951
29　掃除機	386	...	359	387	429	418	449
30　洗濯機	786	...	529	914	1,054	1,201	1,083
31　エアコン	1,430	...	1,292	1,548	1,529	1,629	1,483
32　パソコン（タブレット型を含む。周辺機器・ソフトは除く）	1,196	...	751	1,340	1,782	1,766	1,854
33　テレビ	885	...	827	899	946	1,038	972
34　ビデオデッキ	180	...	160	191	199	193	230
35　ゲーム機（ソフトは除く）	155	...	61	151	298	363	278
36　カメラ（交換レンズのみを含む。使い捨てのカメラは除く）	143	...	118	176	171	116	107
37　ビデオカメラ	22	...	13	27	32	27	50
住宅関係							
38　家屋に関する設備費・工事費・修理費	7,249	...	7,623	7,516	6,185	6,459	7,855
39　給排水関係工事費	2,262	...	2,430	2,457	1,783	1,662	2,347
40　庭・植木の手入れ代	537	...	619	542	388	398	458
自動車等関係							
41　自動車（新車）	13,494	...	11,191	14,576	15,068	19,148	18,416
42　自動車（中古車）	4,383	...	2,669	4,358	7,191	6,330	9,418
43　自動車保険料（自賠責）	724	...	658	748	769	878	974
44　自動車保険料（任意）	3,495	...	3,032	3,671	3,882	4,451	4,867
45　自動車以外の原動機付輸送機器	354	...	230	355	547	502	728
46　自動車整備費	3,691	...	3,239	3,772	4,224	4,382	5,308
その他							
47　挙式・披露宴費用	699	...	847	667	414	732	434
48　葬儀・法事費用	2,328	...	2,576	2,250	1,503	2,823	3,899
49　信仰関係費	1,293	...	1,528	1,263	870	1,080	1,132
50　仕送り金	2,448	...	2,179	3,167	2,334	2,073	1,651

・サービスの1世帯当たり1か月間の支出（二人以上の世帯）
of Household Members and Employed Persons (Two-or-more-person Households)

単位　円　In　Yen

就業者数別	by Employed Persons			Item
0人	1人	2人	3人～	
person	person	persons	persons	
1,821	2,871	4,035	1,274	Distribution of households
3,759	5,708	7,869	2,434	Number of tabulated households
2.13	2.69	3.14	4.02	Number of persons per household (persons)
...	1.00	2.00	3.28	Number of earners per household (persons)
74.4	60.7	53.8	59.0	Age of household head (years old)
56,400	78,469	104,508	128,486	Total expenditure on specific goods and services (50 items)
				Communication
7,193	11,069	14,160	20,005	01 Mobile telephones charges
3,321	4,279	4,730	5,301	02 Internet connection charges
756	1,366	1,950	2,290	03 Mobile telephones unit prices
				Travel-related costs
140	268	419	417	04 Airplane fares
931	1,372	1,872	1,511	05 Accommodation services
589	530	636	684	06 Package tour costs (domestic)
-	0	9	0	07 Package tour costs (overseas)
				Education, Culture and recreation
113	1,398	2,839	2,569	08 Tuition (kindergarten-university) (public)
524	5,335	11,296	15,080	09 Tuition (kindergarten-university) (private)
245	2,973	6,273	2,295	10 Tutorial fees
84	311	934	1,427	11 Lesson fees, driving school
1,241	1,034	973	831	12 Rental fees for sports facilities
				Clothing
96	439	642	718	13 Men's suits
237	430	661	718	14 Women's one-piece dresses and suits
166	200	209	228	15 Japanese clothing
142	249	386	430	16 Wrist watches
296	472	546	763	17 Accessories
				Medical care
29	312	339	201	18 Delivery fees
2,517	1,775	1,430	2,088	19 Hospital charges (excluding delivery)
				Furniture, etc.
40	96	160	136	20 Chests of drawers
175	276	306	307	21 Beds
288	360	426	521	22 Quilts
80	170	264	189	23 Desks and chairs (for work or study)
60	113	121	153	24 Sideboards
115	170	183	194	25 Dining tables and chairs
136	197	270	328	26 Drawing room suites
53	157	221	173	27 Musical instruments (including parts of instruments)
				Home electric appliances, etc.
753	752	836	1,010	28 Refrigerators
323	372	414	422	29 Vacuum cleaners
487	668	922	1,057	30 Washing machines
1,364	1,297	1,440	1,788	31 Air conditioners
600	1,096	1,434	1,516	32 Personal computers (including tablet devices, excluding peripherals and software)
760	852	898	1,099	33 TV
142	181	173	253	34 Video recorders (DVD or Blu-ray recorder, player, etc.)
26	149	191	234	35 Video game hardware (excluding software)
110	146	151	157	36 Cameras (including lenses only, excluding disposable cameras)
8	24	28	19	37 Video cameras
				Housing
8,001	7,414	6,198	9,128	38 House-related equipping/ construction/ repair costs
2,573	2,360	1,815	3,018	39 Water supply and drainage construction costs
743	498	466	560	40 Gardens, trees and plants tending costs
				Motor cars-related costs
7,706	10,745	15,837	20,452	41 Automobiles (new)
1,338	3,296	5,295	8,294	42 Automobiles (second-hand)
607	687	733	945	43 Automotive insurance premium (compulsion)
2,843	3,162	3,489	5,197	44 Automotive insurance premium (option)
113	228	406	812	45 Motorized vehicles other than automobiles
2,935	3,502	3,885	4,588	46 Automotive maintenance and repairs
				Others
265	273	1,064	1,124	47 Wedding ceremony and reception costs
2,522	2,221	2,119	2,970	48 Funeral service costs
1,698	1,229	1,059	1,611	49 Religion-related costs
919	1,974	3,405	2,676	50 Remittance

2021年平均
2021 Average

項　目	平均 Average	200万円 未　満 2 million yen under	200万円 以　上 300万円 未　満 2 million yen － 3 million yen	300～400 3 million yen － 4 million yen	400～500 4 million yen － 5 million yen	500～600 5 million yen － 6 million yen	600～700 6 million yen － 7 million yen	700～800 7 million yen － 8 million yen
世帯数分布（抽出率調整）	10,000	1,820	1,609	1,412	1,073	914	679	577
集計世帯数	21,829	2,369	3,104	3,153	2,544	2,157	1,788	1,561
世帯人員（人）	2.25	1.31	1.69	2.00	2.35	2.53	2.94	3.06
有業人員（人）	1.19	0.43	0.68	0.95	1.29	1.47	1.69	1.81
世帯主の年齢（歳）	59.2	65.8	63.9	60.2	57.1	53.8	53.9	54.2
５０品目計	73,365	32,452	43,797	60,049	73,502	74,149	94,129	101,335
通信								
０１　スマートフォン・携帯電話などの通信、通話使用料	10,245	5,152	7,358	9,219	11,091	11,400	13,488	14,298
０２　インターネット接続料	3,734	1,768	2,897	3,540	4,302	4,494	4,662	4,959
０３　スマートフォン・携帯電話の本体価格	1,371	499	828	1,066	1,572	1,650	1,924	1,911
旅行関係								
０４　航空運賃	301	70	66	160	310	361	354	513
０５　宿泊料	1,211	245	559	699	946	1,521	1,357	2,094
０６　パック旅行費（国内）	500	187	273	415	415	451	391	729
０７　パック旅行費（外国）	3	－	－	－	14	1	－	－
教育、教養娯楽								
０８　国公立授業料等（幼稚園～大学、専修学校）	1,312	541	218	448	890	1,349	2,057	2,242
０９　私立授業料等（幼稚園～大学、専修学校）	5,373	731	828	1,710	3,504	4,249	7,283	9,444
１０　補習教育費	2,488	247	322	478	1,309	2,326	4,104	4,921
１１　自動車教習料	481	251	165	253	277	468	752	756
１２　スポーツ施設使用料	872	313	587	799	1,013	845	888	935
衣類等								
１３　背広服	423	119	152	212	312	654	470	690
１４　婦人用スーツ・ワンピース	457	183	238	402	356	479	502	561
１５　和服	166	64	154	133	127	127	112	225
１６　腕時計	249	61	165	177	223	242	210	359
１７　装身具（アクセサリー類）	466	138	284	588	364	294	492	493
医療								
１８　出産入院料	166	3	43	100	151	282	356	296
１９　出産以外の入院料	1,495	801	1,539	1,988	1,443	1,398	1,556	1,228
家具等								
２０　たんす	95	50	26	41	104	147	113	110
２１　ベッド	203	65	138	169	178	215	277	324
２２　布団	327	182	215	307	261	342	429	338
２３　机・いす（事務用・学習用）	161	41	72	122	155	202	190	241
２４　食器戸棚	87	47	32	41	86	79	127	173
２５　食卓セット	131	48	73	93	117	143	177	159
２６　応接セット	169	67	69	123	164	111	126	180
２７　楽器（部品を含む）	139	41	115	77	141	118	197	205
家電等								
２８　冷蔵庫	661	329	485	652	610	705	882	1,000
２９　掃除機	322	158	275	333	317	328	343	387
３０　洗濯機	589	268	346	430	553	595	918	806
３１　エアコン	1,138	666	844	1,202	1,016	1,165	1,193	1,410
３２　パソコン（タブレット型を含む。周辺機器・ソフトは除く）	953	293	378	764	1,011	1,055	1,450	1,483
３３　テレビ	725	406	563	595	716	902	827	936
３４　ビデオデッキ	154	92	139	134	127	193	177	177
３５　ゲーム機（ソフトは除く）	170	94	97	171	226	282	197	211
３６　カメラ（交換レンズのみを含む。使い捨てのカメラは除く）	133	71	47	224	81	154	114	173
３７　ビデオカメラ	17	4	17	9	13	17	25	36
住宅関係								
３８　家屋に関する設備費・工事費・修理費	6,220	4,563	4,841	5,543	7,741	5,507	6,787	6,581
３９　給排水関係工事費	1,869	1,385	1,581	1,788	1,986	1,666	1,519	2,150
４０　庭・植木の手入れ代	526	520	444	477	526	441	360	471
自動車等関係								
４１　自動車（新車）	10,472	2,963	5,140	8,326	12,003	9,457	16,178	16,930
４２　自動車（中古車）	3,481	1,321	1,588	3,812	3,387	3,934	5,792	4,411
４３　自動車保険料（自賠責）	591	333	441	626	655	637	760	842
４４　自動車保険料（任意）	2,853	1,606	2,218	2,590	2,834	3,119	3,588	4,072
４５　自動車以外の原動機付輸送機器	289	48	192	154	174	259	376	600
４６　自動車整備費	3,027	1,563	2,155	2,781	3,419	3,306	3,560	4,175
その他								
４７　挙式・披露宴費用	504	170	196	219	402	740	952	431
４８　葬儀・法事費用	2,540	1,664	2,415	3,312	2,474	2,318	2,316	2,013
４９　信仰関係費	1,316	1,278	1,317	1,281	1,450	818	818	1,152
５０　仕送り金	2,195	746	664	1,270	1,956	2,605	2,403	2,503

1世帯当たり1か月間の支出（総世帯）
Yearly Income Group (Total Households)

単位　円　In Yen

800～900 0 million yen 9 million yen	900～1,000 0 million yen - 10 million yen	1,000～1,250 10 million yen - 12.5 million yen	1,250～1,500 12.5 million yen - 15 million yen	1,500～2,000 15 million yen - 20 million yen	2,000万円 以　上 20 million yen or more	Item
454	346	474	220	142	86	Distribution of households
1,246	963	1,277	619	388	227	Number of tabulated households
3.19	3.23	3.24	3.37	3.32	3.09	Number of persons per household (persons)
1.90	1.95	2.04	2.25	2.22	2.01	Number of earners per household (persons)
53.6	54.7	54.4	54.3	56.2	59.0	Age of household head (years old)
112,050	130,268	135,670	161,310	180,974	201,838	Total expenditure on specific goods and services (50 items)
						Communication
14,505	15,410	15,264	16,699	16,997	15,961	01 Mobile telephones charges
4,992	5,215	5,466	5,690	5,763	5,252	02 Internet connection charges
2,172	2,127	2,435	2,885	3,078	2,990	03 Mobile telephones unit prices
						Travel-related costs
480	379	896	850	1,239	2,182	04 Airplane fares
1,882	2,214	2,663	3,703	5,582	7,172	05 Accommodation services
886	1,192	855	1,435	1,691	2,807	06 Package tour costs (domestic)
1	–	17	–	–	-	07 Package tour costs (overseas)
						Education, Culture and recreation
2,877	3,296	3,296	5,324	4,545	3,350	08 Tuition (kindergarten-university) (public)
12,636	15,274	18,077	22,310	23,962	26,085	09 Tuition (kindergarten-university) (private)
6,166	7,347	8,704	8,527	9,669	12,951	10 Tutorial fees
1,098	1,201	920	1,769	1,193	911	11 Lesson fees, driving school
1,009	1,443	1,742	1,987	2,638	4,309	12 Rental fees for sports facilities
						Clothing
723	762	920	1,323	1,676	2,386	13 Men's suits
740	785	990	1,190	1,157	2,931	14 Women's one-piece dresses and suits
225	218	412	515	462	641	15 Japanese clothing
311	537	551	730	976	1,375	16 Wrist watches
618	695	963	1,410	1,913	2,958	17 Accessories
						Medical care
390	256	308	257	417	501	18 Delivery fees
1,252	1,917	2,774	1,689	1,807	2,916	19 Hospital charges (excluding delivery)
						Furniture, etc.
145	142	233	286	356	368	20 Chests of drawers
298	326	499	377	443	529	21 Beds
432	817	527	646	762	869	22 Quilts
318	271	395	372	328	626	23 Desks and chairs (for work or study)
179	52	166	366	156	424	24 Sideboards
193	243	333	252	295	578	25 Dining tables and chairs
254	341	356	557	786	1,443	26 Drawing room suites
351	137	232	465	215	609	27 Musical instruments (including parts of instruments)
						Home electric appliances, etc.
816	894	935	1,263	1,498	1,628	28 Refrigerators
429	495	492	557	639	853	29 Vacuum cleaners
944	985	1,073	1,226	1,421	1,616	30 Washing machines
1,530	1,681	1,949	1,833	2,038	2,334	31 Air conditioners
1,316	1,987	1,891	2,643	2,310	2,480	32 Personal computers (including tablet devices, excluding peripherals and software)
915	1,044	1,149	1,362	1,509	1,554	33 TV
200	254	195	231	330	321	34 Video recorders (DVD or Blu-ray recorder, player, etc.)
202	180	224	283	185	140	35 Video game hardware (excluding software)
198	203	199	151	425	430	36 Cameras (including lenses only, excluding disposable cameras)
31	11	43	21	42	74	37 Video cameras
						Housing
6,908	8,334	8,116	9,955	14,423	14,727	38 House-related equipping/ construction/ repair costs
1,924	2,572	2,561	2,520	3,612	5,044	39 Water supply and drainage construction costs
549	600	714	669	1,428	2,331	40 Gardens, trees and plants tending costs
						Motor cars-related costs
16,609	22,090	19,113	24,917	26,805	21,485	41 Automobiles (new)
5,676	6,318	4,872	6,165	10,376	5,501	42 Automobiles (second-hand)
767	799	754	811	845	686	43 Automotive insurance premium (compulsion)
3,810	4,241	4,281	4,502	4,882	4,428	44 Automotive insurance premium (option)
321	812	1,078	691	332	1,180	45 Motorized vehicles other than automobiles
4,126	4,470	4,898	5,777	4,921	4,458	46 Automotive maintenance and repairs
						Others
1,023	621	1,489	1,562	874	3,350	47 Wedding ceremony and reception costs
3,046	3,352	3,049	2,793	3,533	3,917	48 Funeral service costs
1,916	1,277	1,466	2,369	1,498	2,611	49 Religion-related costs
3,662	4,454	5,138	7,396	8,942	17,568	50 Remittance

2021年平均
2021 Average

項　　目	平均 Average	200万円 未満 2 million yen under	200万円 以　上 300万円 未　満 2 million yen – 3 million yen	300～400 3 million yen – 4 million yen	400～500 4 million yen – 5 million yen	500～600 5 million yen – 6 million yen	600～700 6 million yen – 7 million yen	700～800 7 million yen – 8 million yen
世帯数分布（抽出率調整）	10,000	658	1,265	1,443	1,216	1,049	896	792
集計世帯数	19,770	1,361	2,622	2,952	2,432	2,079	1,745	1,531
世帯人員（人）	2.94	2.34	2.35	2.51	2.85	3.07	3.28	3.33
有業人員（人）	1.51	0.79	0.77	1.02	1.45	1.66	1.81	1.92
世帯主の年齢（歳）	60.2	67.9	68.9	66.6	60.8	57.2	54.8	54.2
５０品目計	91,340	45,108	51,247	64,555	79,151	84,414	100,671	105,304
通信								
０１　スマートフォン・携帯電話などの通信、通話使用料	12,748	8,054	8,916	10,306	12,542	13,299	14,594	14,743
０２　インターネット接続料	4,417	2,370	3,128	3,864	4,533	4,696	5,004	5,153
０３　スマートフォン・携帯電話の本体価格	1,609	647	853	1,076	1,345	1,590	1,940	2,023
旅行関係								
０４　航空運賃	324	104	91	151	197	228	255	372
０５　宿泊料	1,512	458	608	770	976	1,194	1,352	1,755
０６　パック旅行費（国内）	603	226	292	467	528	488	437	632
０７　パック旅行費（外国）	4	－	－	－	－	20	－	－
教育、教養娯楽								
０８　国公立授業料等（幼稚園～大学、専修学校）	1,895	600	381	615	1,216	1,810	2,409	2,495
０９　私立授業料等（幼稚園～大学、専修学校）	8,112	2,428	1,361	2,565	4,751	5,713	8,581	10,474
１０　補習教育費	3,721	946	526	646	1,696	2,951	4,637	5,344
１１　自動車教習料	662	173	252	307	379	609	883	850
１２　スポーツ施設使用料	1,021	280	552	896	1,046	854	921	1,009
衣類等								
１３　背広服	494	113	150	187	299	374	499	691
１４　婦人用スーツ・ワンピース	525	223	198	278	369	432	502	571
１５　和服	201	57	113	105	158	170	131	242
１６　腕時計	308	78	168	169	259	205	203	372
１７　装身具（アクセサリー類）	507	123	163	343	381	342	442	485
医療								
１８　出産入院料	257	13	82	151	206	379	420	332
１９　出産以外の入院料	1,810	1,518	1,879	2,170	1,701	1,706	1,792	1,366
家具等								
２０　たんす	116	28	32	44	110	112	133	124
２１　ベッド	273	116	173	199	232	281	250	365
２２　布団	394	216	261	323	329	331	433	365
２３　机・いす（事務用・学習用）	194	62	77	118	142	198	201	242
２４　食器戸棚	111	33	49	60	112	83	148	116
２５　食卓セット	168	32	96	103	139	163	204	180
２６　応接セット	232	131	94	159	199	144	126	197
２７　楽器（部品を含む）	166	29	52	96	173	157	226	231
家電等								
２８　冷蔵庫	819	494	593	734	727	744	988	901
２９　掃除機	386	241	319	318	346	383	362	388
３０　洗濯機	786	370	466	563	674	703	1,002	909
３１　エアコン	1,430	825	1,117	1,306	1,292	1,396	1,407	1,472
３２　パソコン（タブレット型を含む。周辺機器・ソフトは除く）	1,196	486	556	718	912	1,189	1,333	1,546
３３　テレビ	885	643	619	732	757	857	936	1,053
３４　ビデオデッキ	180	107	138	164	163	169	208	164
３５　ゲーム機（ソフトは除く）	155	63	42	78	150	187	231	235
３６　カメラ（交換レンズのみを含む。使い捨てのカメラは除く）	143	73	55	117	110	185	107	173
３７　ビデオカメラ	22	8	12	11	17	22	29	41
住宅関係								
３８　家屋に関する設備費・工事費・修理費	7,249	4,610	5,189	6,330	7,598	6,832	7,870	6,808
３９　給排水関係工事費	2,262	2,138	1,842	2,448	2,376	1,995	1,751	2,071
４０　庭・植木の手入れ代	537	287	310	543	579	456	418	461
自動車等関係								
４１　自動車（新車）	13,494	4,321	7,163	9,410	11,383	11,597	15,823	17,501
４２　自動車（中古車）	4,383	2,267	2,121	2,777	4,228	5,000	5,841	4,793
４３　自動車保険料（自賠責）	724	441	608	703	713	747	836	837
４４　自動車保険料（任意）	3,495	2,159	2,654	3,146	3,299	3,588	3,723	4,047
４５　自動車以外の原動機付輸送機器	354	109	164	233	222	348	432	678
４６　自動車整備費	3,691	2,104	2,627	3,223	3,528	3,772	3,944	4,333
その他								
４７　挙式・披露宴費用	699	71	159	334	464	964	1,111	486
４８　葬儀・法事費用	2,328	2,734	2,003	2,333	2,342	2,122	2,428	1,799
４９　信仰関係費	1,293	1,003	1,261	1,292	1,444	1,032	934	1,266
５０　仕送り金	2,448	497	688	874	1,793	1,622	2,240	2,616

1世帯当たり1か月間の支出（二人以上の世帯）
Yearly Income Group (Two-or-more-person Households)

単位　円　In Yen

800〜900 8 million yen - 9 million yen	900〜1,000 9 million yen - 10 million yen	1,000〜1,250 10 million yen - 12.5 million yen	1,250〜1,500 12.5 million yen - 15 million yen	1,500〜2,000 15 million yen - 20 million yen	2,000万円 以　　上 20 million yen or more	Item
641	498	677	333	211	122	Distribution of households
1,226	952	1,258	615	385	221	Number of tabulated households
3.40	3.39	3.43	3.43	3.41	3.27	Number of persons per household (persons)
1.99	2.03	2.13	2.28	2.28	2.15	Number of earners per household (persons)
53.5	54.7	54.2	54.1	56.1	58.4	Age of household head (years old)
115,036	134,163	140,647	161,170	184,384	203,204	Total expenditure on specific goods and services (50 items)
						Communication
15,167	16,040	15,956	16,806	17,426	16,763	01 Mobile telephones charges
5,083	5,363	5,510	5,733	5,846	5,406	02 Internet connection charges
2,055	2,222	2,580	2,956	2,980	3,168	03 Mobile telephones unit prices
						Travel-related costs
474	410	676	831	1,282	2,373	04 Airplane fares
1,933	2,254	2,848	3,720	5,732	7,775	05 Accommodation services
818	799	824	1,470	1,666	3,062	06 Package tour costs (domestic)
1	-	19	-	-	-	07 Package tour costs (overseas)
						Education, Culture and recreation
3,158	3,541	3,573	5,426	4,722	3,643	08 Tuition (kindergarten-university) (public)
13,629	16,177	18,880	22,866	24,839	26,175	09 Tuition (kindergarten-university) (private)
6,708	7,476	9,312	8,731	9,811	14,037	10 Tutorial fees
1,203	1,291	998	1,808	1,238	990	11 Lesson fees, driving school
942	1,227	1,594	2,035	2,701	4,385	12 Rental fees for sports facilities
						Clothing
663	780	952	1,335	1,738	2,596	13 Men's suits
698	833	1,010	1,218	1,177	3,171	14 Women's one-piece dresses and suits
248	234	445	527	422	644	15 Japanese clothing
326	488	594	749	1,014	1,482	16 Wrist watches
677	595	971	1,444	1,981	3,035	17 Accessories
						Medical care
428	277	335	263	429	521	18 Delivery fees
1,227	2,055	2,459	1,729	1,824	3,183	19 Hospital charges (excluding delivery)
						Furniture, etc.
157	152	242	292	369	406	20 Chests of drawers
327	349	537	386	460	584	21 Beds
457	730	568	662	790	945	22 Quilts
242	289	401	381	342	686	23 Desks and chairs (for work or study)
196	56	177	374	163	449	24 Sideboards
190	260	308	258	307	634	25 Dining tables and chairs
278	367	344	571	820	1,534	26 Drawing room suites
248	146	252	389	225	656	27 Musical instruments (including parts of instruments)
						Home electric appliances, etc.
897	959	1,013	1,292	1,554	1,750	28 Refrigerators
423	522	520	570	663	927	29 Vacuum cleaners
1,033	1,054	1,134	1,253	1,476	1,664	30 Washing machines
1,678	1,653	2,088	1,840	2,122	2,495	31 Air conditioners
1,410	2,066	2,014	2,694	2,098	2,710	32 Personal computers (including tablet devices, excluding peripherals and software)
950	1,061	1,194	1,393	1,569	1,676	33 TV
219	240	203	231	344	352	34 Video recorders (DVD or Blu-ray recorder, player, etc.)
207	193	243	290	191	151	35 Video game hardware (excluding software)
197	218	216	154	351	456	36 Cameras (including lenses only, excluding disposable cameras)
26	12	47	22	44	78	37 Video cameras
						Housing
6,787	8,044	8,688	10,118	14,983	16,204	38 House-related equipping/ construction/ repair costs
1,738	2,445	2,727	2,560	3,692	5,468	39 Water supply and drainage construction costs
519	572	759	684	1,447	2,494	40 Gardens, trees and plants tending costs
						Motor cars-related costs
17,435	23,686	20,714	25,521	27,888	16,307	41 Automobiles (new)
5,633	6,777	5,071	6,317	10,830	5,957	42 Automobiles (second-hand)
779	857	775	831	879	664	43 Automotive insurance premium (compulsion)
3,789	4,284	4,502	4,581	5,072	4,545	44 Automotive insurance premium (option)
352	690	439	708	346	1,226	45 Motorized vehicles other than automobiles
4,184	4,585	4,925	5,329	5,107	4,792	46 Automotive maintenance and repairs
						Others
1,123	668	1,609	1,597	907	3,493	47 Wedding ceremony and reception costs
3,090	2,650	2,704	1,493	3,041	3,841	48 Funeral service costs
1,547	1,334	1,375	1,507	1,508	2,831	49 Religion-related costs
3,492	4,282	5,325	7,230	7,967	14,820	50 Remittance

2021年平均
2021 Average

項　目	全国	地　方						
		北海道	東北	関東	北陸	東海	近畿	中国
	All Japan	Hokkaido	Tohoku	Kanto	Hokuriku	Tokai	Kinki	Chugoku
世帯数分布（抽出率調整）	10,000	418	769	3,499	431	1,223	1,595	558
集計世帯数	1,976	95	158	633	94	237	322	128
世帯人員（人）	2.26	2.15	2.25	2.25	2.32	2.29	2.29	2.29
有業人員（人）	1.20	1.11	1.22	1.21	1.29	1.24	1.15	1.17
世帯主の年齢（歳）	58.1	57.9	57.7	57.2	57.2	58.1	59.6	61.0
インターネットを通じて注文をした	47.7	48.3	39.1	54.4	42.9	44.3	49.3	43.4
インターネットを通じて注文をしなかった	52.3	51.7	60.9	45.7	57.1	55.7	50.7	56.6
インターネットを利用した支出総額（円）	35,904	41,089	28,872	40,508	31,053	31,838	37,733	27,813
世帯主	22,055	29,329	16,865	24,681	19,629	18,704	23,220	13,785
世帯主の配偶者	10,576	10,225	7,189	12,512	8,118	9,142	11,563	10,175
その他の世帯員	3,273	1,536	4,818	3,315	3,306	3,993	2,950	3,853
最も多く購入に使用した機器（世帯主）								
パソコン（家族所有）	13.4	15.2	8.6	18.1	9.5	10.1	13.0	9.4
パソコン（家族所有以外）	0.4	0.1	0.3	0.6	0.4	0.3	0.1	0.2
スマートフォン・携帯電話	20.1	20.2	17.8	21.5	18.9	20.9	20.9	17.3
タブレット型端末	1.2	0.9	1.0	1.4	1.8	0.7	1.4	1.6
その他	1.0	0.7	1.0	1.1	0.8	0.9	1.4	0.5
最も多く購入に使用した機器（世帯主の配偶者）								
パソコン（家族所有）	4.0	3.9	2.5	5.4	3.1	3.0	4.2	3.5
パソコン（家族所有以外）	0.2	0.2	0.1	0.2	0.3	0.1	0.1	0.3
スマートフォン・携帯電話	14.0	13.3	9.2	15.9	11.9	13.4	16.3	13.8
タブレット型端末	0.8	0.4	0.5	1.0	0.6	0.6	1.0	0.9
その他	0.4	0.3	0.2	0.5	0.4	0.4	0.4	0.3
最も多く購入に使用した機器（その他の世帯員）								
パソコン（家族所有）	1.6	1.0	1.4	2.0	1.5	1.2	1.6	1.8
パソコン（家族所有以外）	0.1	0.1	0.1	0.1	－	0.1	0.1	－
スマートフォン・携帯電話	5.6	3.7	6.0	6.1	5.8	5.6	5.6	5.6
タブレット型端末	0.2	0.2	0.1	0.2	0.1	0.2	0.2	0.3
その他	0.2	－	0.1	0.3	0.2	0.2	0.3	0.2

を利用した購入状況（総世帯）
Districts and City Groups (Total Households)

(%)

Districts		都市階級 City Groups				
四国	九州・沖縄	大都市	中都市	小都市A	小都市B・町村	
	Kyushu &	Major	Middle	Small	Small cities B,	Item
Shikoku	Okinawa	cities	cities	cities A	Towns & villages	
325	1,182	2,956	3,151	2,347	1,548	Distribution of households
65	244	515	626	493	341	Number of tabulated households
2.18	2.29	2.25	2.25	2.26	2.29	Number of persons per household (persons)
1.15	1.21	1.22	1.19	1.19	1.18	Number of earners per household (persons)
58.3	59.6	56.3	58.0	58.9	60.8	Age of household head (years old)
40.6	39.6	55.5	48.0	44.1	37.2	Households that ordered goods and services over the Internet
59.4	60.4	44.5	52.0	55.9	62.8	Households that didn't order goods and services over the Internet
28,801	28,847	40,253	34,790	31,567	34,384	Total expenditure on goods and services ordered over the Internet (yen)
16,426	16,817	24,393	21,402	19,537	20,691	Household head
8,938	9,052	13,060	10,229	8,488	9,046	Spouse of household head
3,437	2,978	2,800	3,159	3,542	4,648	Household members of others
						Equipment that was used most often to buy (Household head)
10.9	9.7	16.8	12.9	12.1	9.6	PC (household holdings)
0.2	0.3	0.6	0.3	0.2	0.2	PC (other than household holdings)
17.5	16.5	23.0	20.3	19.0	15.4	Smartphone and mobile phone
1.6	0.8	1.7	1.3	1.0	0.6	Tablet
0.2	0.5	1.2	1.0	0.7	0.9	Others
						Equipment that was used most often to buy (Spouse of household head)
2.9	3.2	5.4	3.9	3.5	2.5	PC (household holdings)
–	0.2	0.2	0.2	0.2	0.1	PC (other than household holdings)
11.8	11.8	17.0	14.1	12.2	10.7	Smartphone and mobile phone
0.7	0.3	1.1	0.9	0.5	0.4	Tablet
–	0.2	0.5	0.3	0.3	0.3	Others
						Equipment that was used most often to buy (Household members of others)
1.2	1.2	1.8	1.4	1.6	1.6	PC (household holdings)
0.1	0.1	0.0	0.1	0.1	0.1	PC (other than household holdings)
4.8	4.8	5.5	5.9	5.6	5.2	Smartphone and mobile phone
0.2	0.1	0.3	0.2	0.1	0.1	Tablet
0.2	0.1	0.3	0.2	0.2	0.2	Others

2021年平均
2021 Average

項　目	全国	地　方						
		北海道	東北	関東	北陸	東海	近畿	中国
	All Japan	Hokkaido	Tohoku	Kanto	Hokuriku	Tokai	Kinki	Chugoku
世帯数分布（抽出率調整）	10,000	413	691	3,585	408	1,200	1,646	574
集計世帯数	1,793	87	142	576	86	215	293	115
世帯人員（人）	2.98	2.80	3.17	2.92	3.16	3.05	2.95	2.96
有業人員（人）	1.53	1.44	1.66	1.51	1.72	1.58	1.46	1.53
世帯主の年齢（歳）	59.7	57.9	60.4	59.2	59.1	59.8	60.4	59.5
インターネットを通じて注文をした	52.2	51.0	43.6	58.3	48.7	49.4	54.0	51.2
インターネットを通じて注文をしなかった	47.9	49.0	56.4	41.7	51.3	50.6	46.0	48.8
インターネットを利用した支出総額（円）	38,881	38,091	32,450	44,935	30,921	35,081	39,916	29,258
世帯主	18,997	21,342	14,281	22,391	14,879	17,133	19,907	11,267
世帯主の配偶者	15,189	14,469	10,830	17,839	11,525	12,456	15,945	13,048
その他の世帯員	4,695	2,281	7,339	4,705	4,516	5,491	4,064	4,943
最も多く購入に使用した機器（世帯主）								
パソコン（家族所有）	13.1	12.0	9.2	16.6	10.4	11.2	13.8	11.1
パソコン（家族所有以外）	0.3	0.2	0.2	0.4	0.7	0.4	0.2	0.3
スマートフォン・携帯電話	18.0	18.8	14.5	20.9	16.8	17.8	18.0	15.5
タブレット型端末	1.4	1.3	0.9	1.5	0.8	0.9	1.9	1.7
その他	1.0	1.1	0.8	1.2	1.3	1.0	1.0	0.7
最も多く購入に使用した機器（世帯主の配偶者）								
パソコン（家族所有）	6.4	6.0	4.3	8.2	5.2	4.8	6.5	5.3
パソコン（家族所有以外）	0.3	0.3	0.1	0.3	0.5	0.2	0.2	0.5
スマートフォン・携帯電話	22.0	20.9	15.9	24.3	19.3	21.3	24.7	20.9
タブレット型端末	1.2	0.7	0.8	1.5	1.0	1.0	1.5	1.3
その他	0.6	0.4	0.4	0.7	0.6	0.6	0.6	0.4
最も多く購入に使用した機器（その他の世帯員）								
パソコン（家族所有）	2.5	1.4	2.4	3.0	2.5	1.9	2.4	2.8
パソコン（家族所有以外）	0.1	0.1	0.1	0.1	-	0.2	0.2	-
スマートフォン・携帯電話	8.7	6.1	10.4	9.3	9.3	8.8	8.5	8.4
タブレット型端末	0.3	0.3	0.2	0.4	0.2	0.3	0.3	0.4
その他	0.3	-	0.2	0.4	0.3	0.3	0.4	0.2

を利用した購入状況（二人以上の世帯）
Districts and City Groups (Two-or-more-person Households)

(%)

Districts		都市階級		City Groups		
四国	九州・沖縄	大都市	中都市	小都市A	小都市B・町村	Item
Shikoku	Kyushu & Okinawa	Major cities	Middle cities	Small cities A	Small cities B. Towns & villages	
306	1,177	3,026	3,148	2,320	1,507	Distribution of households
59	220	469	569	448	307	Number of tabulated households
2.92	3.03	2.91	2.97	3.00	3.08	Number of persons per household (persons)
1.48	1.57	1.53	1.51	1.54	1.58	Number of earners per household (persons)
60.6	60.2	58.6	59.6	60.3	61.3	Age of household head (years old)
44.7	43.2	59.8	52.7	47.7	42.5	Households that ordered goods and services over the Internet
55.3	56.8	40.2	47.3	52.3	57.5	Households that didn't order goods and services over the Internet
30,469	32,040	44,647	36,967	34,827	34,641	Total expenditure on goods and services ordered over the Internet (yen)
13,113	14,910	22,187	17,856	17,323	15,799	Household head
12,588	12,885	18,493	14,580	12,341	12,479	Spouse of household head
4,769	4,245	3,966	4,531	5,163	6,364	Household members of others
						Equipment that was used most often to buy(Household head)
9.8	8.7	16.2	13.0	11.3	9.6	PC (household holdings)
0.3	0.3	0.5	0.3	0.3	0.2	PC (other than household holdings)
16.2	13.8	21.4	17.6	16.5	14.5	Smartphone and mobile phone
1.5	0.9	1.7	1.4	1.3	0.7	Tablet
0.3	0.8	1.3	1.0	0.8	0.8	Others
						Equipment that was used most often to buy(Spouse of household head)
4.7	5.0	8.3	6.2	5.6	4.1	PC (household holdings)
–	0.3	0.3	0.3	0.3	0.1	PC (other than household holdings)
19.1	18.5	26.2	22.2	19.3	17.3	Smartphone and mobile phone
1.2	0.6	1.6	1.4	0.8	0.7	Tablet
–	0.3	0.7	0.5	0.4	0.5	Others
						Equipment that was used most often to buy(Household members of others)
2.1	1.9	2.7	2.2	2.5	2.6	PC (household holdings)
0.1	0.1	0.1	0.1	0.1	0.2	PC (other than household holdings)
7.8	7.6	8.4	9.2	8.9	8.3	Smartphone and mobile phone
0.3	0.2	0.4	0.3	0.2	0.2	Tablet
0.3	0.2	0.4	0.3	0.3	0.4	Others

94

2021年平均
2021 Average

項　　目	平均 Average	～29歳 years old	30～39歳 years old	40～49歳 years old	50～59歳 years old	60～69歳 years old
世帯数分布（抽出率調整）	10,000	586	1,052	1,378	1,858	2,063
集計世帯数	1,976	22	154	316	374	466
世帯人員（人）	2.26	1.23	2.42	3.23	2.50	2.18
有業人員（人）	1.20	1.02	1.36	1.69	1.68	1.31
世帯主の年齢（歳）	58.1	25.6	34.2	45.0	54.5	64.9
インターネットを通じて注文をした	47.7	72.4	75.9	71.1	61.6	41.8
インターネットを通じて注文をしなかった	52.3	27.6	24.1	28.9	38.4	58.2
インターネットを利用した支出総額（円）	35,904	34,272	34,103	38,986	39,176	35,193
世帯主	22,055	31,718	23,408	22,078	23,117	19,477
世帯主の配偶者	10,576	2,366	10,426	15,281	11,837	10,562
その他の世帯員	3,273	189	269	1,627	4,221	5,154
最も多く購入に使用した機器（世帯主）						
パソコン（家族所有）	13.4	13.5	13.7	13.4	20.0	15.4
パソコン（家族所有以外）	0.4	1.6	0.3	0.4	0.3	0.5
スマートフォン・携帯電話	20.1	52.8	48.8	34.8	22.6	10.6
タブレット型端末	1.2	0.3	0.8	2.1	2.1	1.6
その他	1.0	1.9	1.3	1.1	1.5	0.8
最も多く購入に使用した機器（世帯主の配偶者）						
パソコン（家族所有）	4.0	0.2	2.0	5.4	6.1	5.9
パソコン（家族所有以外）	0.2	0.2	0.3	0.2	0.3	0.1
スマートフォン・携帯電話	14.0	6.3	27.8	32.9	18.7	9.9
タブレット型端末	0.8	0.1	0.4	1.0	1.3	1.0
その他	0.4	0.0	0.7	0.6	0.4	0.3
最も多く購入に使用した機器（その他の世帯員）						
パソコン（家族所有）	1.6	0.1	0.1	1.1	1.9	2.2
パソコン（家族所有以外）	0.1	－	－	0.1	0.1	0.1
スマートフォン・携帯電話	5.6	0.3	1.1	6.8	11.3	7.2
タブレット型端末	0.2	0.1	0.1	0.2	0.3	0.2
その他	0.2	0.1	0.1	0.5	0.3	0.2

を利用した購入状況（総世帯）
of Household Head (Total Households)

(%)

70〜79歳	80歳〜	Item
years old	years old	
2,350	714	Distribution of households
494	150	Number of tabulated households
1.89	1.89	Number of persons per household (persons)
0.67	0.37	Number of earners per household (persons)
73.9	83.5	Age of household head (years old)
20.7	12.3	Households that ordered goods and services over the Internet
79.3	87.7	Households that didn't order goods and services over the Internet
28,842	32,844	Total expenditure on goods and services ordered over the Internet (yen)
15,310	13,824	Household head
6,896	5,657	Spouse of household head
6,636	13,364	Household members of others
		Equipment that was used most often to buy (Household head)
8.7	3.9	PC (household holdings)
0.2	0.1	PC (other than household holdings)
3.2	1.1	Smartphone and mobile phone
0.4	0.2	Tablet
0.5	0.5	Others
		Equipment that was used most often to buy (Spouse of household head)
2.7	1.3	PC (household holdings)
0.0	0.1	PC (other than household holdings)
3.1	0.6	Smartphone and mobile phone
0.5	0.1	Tablet
0.1	0.2	Others
		Equipment that was used most often to buy (Household members of others)
1.7	2.4	PC (household holdings)
0.1	0.1	PC (other than household holdings)
3.0	3.3	Smartphone and mobile phone
0.2	0.2	Tablet
0.1	0.2	Others

2021年平均
2021 Average

項　　目	平均	～29歳	30～39歳	40～49歳	50～59歳	60～69歳
	Average	years old	years old	years old	years old	years old
世帯数分布（抽出率調整）	10,000	98	861	1,781	1,981	2,287
集計世帯数	1,793	17	147	307	349	419
世帯人員（人）	2.98	3.00	3.66	3.70	3.22	2.67
有業人員（人）	1.53	1.80	1.71	1.85	2.07	1.64
世帯主の年齢（歳）	59.7	27.3	35.6	44.9	54.4	64.8
インターネットを通じて注文をした	52.2	76.3	77.9	72.7	66.4	48.8
インターネットを通じて注文をしなかった	47.9	23.7	22.1	27.3	33.6	51.3
インターネットを利用した支出総額（円）	38,881	45,077	42,693	39,617	42,081	37,410
世帯主	18,997	23,030	23,011	19,589	20,206	18,372
世帯主の配偶者	15,189	20,389	19,158	18,089	16,096	12,793
その他の世帯員	4,695	1,658	525	1,939	5,780	6,246
最も多く購入に使用した機器（世帯主）						
パソコン（家族所有）	13.1	7.0	9.0	12.3	17.5	17.0
パソコン（家族所有以外）	0.3	0.3	0.5	0.4	0.4	0.4
スマートフォン・携帯電話	18.0	44.7	44.3	33.7	22.9	10.3
タブレット型端末	1.4	2.2	1.1	1.7	2.1	1.8
その他	1.0	1.7	1.9	1.2	1.3	0.9
最も多く購入に使用した機器（世帯主の配偶者）						
パソコン（家族所有）	6.4	1.3	3.8	6.5	9.0	8.3
パソコン（家族所有以外）	0.3	1.0	0.6	0.3	0.4	0.2
スマートフォン・携帯電話	22.0	53.0	52.1	39.9	27.6	14.0
タブレット型端末	1.2	0.8	0.7	1.2	2.0	1.5
その他	0.6	0.6	1.2	0.8	0.6	0.5
最も多く購入に使用した機器（その他の世帯員）						
パソコン（家族所有）	2.5	1.0	0.2	1.4	2.8	3.2
パソコン（家族所有以外）	0.1	－	－	0.1	0.1	0.2
スマートフォン・携帯電話	8.7	2.6	2.1	8.2	16.7	10.2
タブレット型端末	0.3	0.6	0.2	0.3	0.5	0.2
その他	0.3	0.3	0.2	0.6	0.5	0.3

を利用した購入状況（二人以上の世帯）
of Household Head (Two-or-more-person Households)

(%)

70〜79歳	80歳〜	Item
years old	years old	
2,285	708	Distribution of households
424	129	Number of tabulated households
2.44	2.40	Number of persons per household (persons)
0.94	0.56	Number of earners per household (persons)
73.8	83.3	Age of household head (years old)
27.6	16.6	Households that ordered goods and services over the Internet
72.4	83.4	Households that didn't order goods and services over the Internet
29,794	31,359	Total expenditure on goods and services ordered over the Internet (yen)
13,308	9,483	Household head
8,430	6,447	Spouse of household head
8,056	15,429	Household members of others
		Equipment that was used most often to buy(Household head)
10.5	4.6	PC (household holdings)
0.2	0.1	PC (other than household holdings)
3.3	1.4	Smartphone and mobile phone
0.5	0.1	Tablet
0.6	0.4	Others
		Equipment that was used most often to buy(Spouse of household head)
4.4	2.1	PC (household holdings)
0.1	0.1	PC (other than household holdings)
5.0	0.9	Smartphone and mobile phone
0.8	0.2	Tablet
0.2	0.3	Others
		Equipment that was used most often to buy(Household members of others)
2.8	3.8	PC (household holdings)
0.1	0.2	PC (other than household holdings)
4.9	5.1	Smartphone and mobile phone
0.4	0.4	Tablet
0.1	0.3	Others

第4－3表 世帯主の勤めか自営かの別インターネット を利用した購入状況（総世帯）

Table 4-3 Purchase Situation Using the Internet by Occupation of Household Head (Total Households)

2021年平均
2021 Average

(%)

項　　目	平均 Average	就業　　　Occupation			非就業 （無職） No- occupation	Item
		雇用されて いる人 （勤労者） Employee	会社などの 役員 Corporative administrators	自営業主 ・その他 (a)		
世帯数分布（抽出率調整）	10,000	5,352	437	1,011	3,201	Distribution of households
集計世帯数	1,976	1,034	100	222	620	Number of tabulated households
世帯人員（人）	2.26	2.46	2.67	2.49	1.80	Number of persons per household (persons)
有業人員（人）	1.20	1.60	1.81	1.78	0.27	Number of earners per household (persons)
世帯主の年齢（歳）	58.1	49.5	56.3	61.3	71.9	Age of household head (years old)
インターネットを通じて注文をした	47.7	61.9	57.0	44.7	23.7	(b)
インターネットを通じて注文をしなかった	52.3	38.1	43.0	55.3	76.3	(c)
インターネットを利用した支出総額（円）	35,904	36,500	50,492	37,056	28,223	(d)
世帯主	22,055	22,957	26,286	20,090	17,900	Household head
世帯主の配偶者	10,576	10,949	18,989	12,133	5,458	Spouse of household head
その他の世帯員	3,273	2,594	5,217	4,833	4,865	Household members of others
最も多く購入に使用した機器（世帯主）						(e)
パソコン（家族所有）	13.4	14.6	16.9	15.8	10.0	PC (household holdings)
パソコン（家族所有以外）	0.4	0.4	1.3	0.3	0.1	PC (other than household holdings)
スマートフォン・携帯電話	20.1	30.3	18.6	12.3	5.8	Smartphone and mobile phone
タブレット型端末	1.2	1.5	1.6	1.3	0.5	Tablet
その他	1.0	1.2	1.1	1.1	0.5	Others
最も多く購入に使用した機器（世帯主の配偶者）						(f)
パソコン（家族所有）	4.0	4.5	7.8	5.0	2.4	PC (household holdings)
パソコン（家族所有以外）	0.2	0.2	0.5	0.2	0.0	PC (other than household holdings)
スマートフォン・携帯電話	14.0	20.2	21.4	13.4	2.9	Smartphone and mobile phone
タブレット型端末	0.8	0.9	1.4	0.9	0.5	Tablet
その他	0.4	0.5	0.3	0.4	0.1	Others
最も多く購入に使用した機器（その他の世帯員）						(g)
パソコン（家族所有）	1.6	1.3	2.5	2.4	1.7	PC (household holdings)
パソコン（家族所有以外）	0.1	0.1	－	0.1	0.1	PC (other than household holdings)
スマートフォン・携帯電話	5.6	6.8	9.5	5.9	3.0	Smartphone and mobile phone
タブレット型端末	0.2	0.2	0.5	0.3	0.2	Tablet
その他	0.2	0.3	0.1	0.3	0.1	Others

(a) Individual proprietors and others
(b) Households that ordered goods and services over the Internet
(c) Households that didn't order goods and services over the Internet
(d) Total expenditure on goods and services ordered over the Internet (yen)
(e) Equipment that was used most often to buy(Household head)
(f) Equipment that was used most often to buy(Spouse of household head)
(g) Equipment that was used most often to buy(Household members of others)

第4－3表　世帯主の勤めか自営かの別インターネットを利用した購入状況（二人以上の世帯）

Table 4-3 Purchase Situation Using the Internet by Occupation of Household Head (Two-or-more-person Households)

2021年平均
2021 Average
(%)

項　　目	平均	就業 Occupation			非就業（無職）	Item
		雇用されている人（勤労者）	会社などの役員	自営業主・その他		
	Average	Employee	Corporative administrators	(a)	No- occupation	
世帯数分布（抽出率調整）	10,000	5,504	543	1,147	2,806	Distribution of households
集計世帯数	1,793	971	97	206	519	Number of tabulated households
世帯人員（人）	2.98	3.23	3.09	3.06	2.43	Number of persons per household (persons)
有業人員（人）	1.53	1.91	2.01	2.08	0.49	Number of earners per household (persons)
世帯主の年齢（歳）	59.7	52.3	57.8	62.1	73.6	Age of household head (years old)
インターネットを通じて注文をした	52.2	64.3	60.7	47.3	28.7	(b)
インターネットを通じて注文をしなかった	47.9	35.7	39.3	52.7	71.3	(c)
インターネットを利用した支出総額（円）	38,881	39,482	52,643	39,383	30,212	(d)
世帯主	18,997	19,564	25,131	17,247	15,142	Household head
世帯主の配偶者	15,189	16,112	21,706	15,769	8,045	Spouse of household head
その他の世帯員	4,695	3,807	5,805	6,367	7,025	Household members of others
最も多く購入に使用した機器（世帯主）						(e)
パソコン（家族所有）	13.1	13.7	17.2	13.9	10.8	PC (household holdings)
パソコン（家族所有以外）	0.3	0.3	1.6	0.4	0.1	PC (other than household holdings)
スマートフォン・携帯電話	18.0	26.3	17.7	11.3	4.5	Smartphone and mobile phone
タブレット型端末	1.4	1.7	1.8	1.3	0.6	Tablet
その他	1.0	1.2	0.7	1.4	0.6	Others
最も多く購入に使用した機器（世帯主の配偶者）						(f)
パソコン（家族所有）	6.4	7.0	9.6	6.9	4.3	PC (household holdings)
パソコン（家族所有以外）	0.3	0.3	0.6	0.3	0.1	PC (other than household holdings)
スマートフォン・携帯電話	22.0	30.8	26.7	18.4	5.2	Smartphone and mobile phone
タブレット型端末	1.2	1.4	1.8	1.3	0.8	Tablet
その他	0.6	0.7	0.4	0.6	0.3	Others
最も多く購入に使用した機器（その他の世帯員）						(g)
パソコン（家族所有）	2.5	2.0	3.0	3.3	3.0	PC (household holdings)
パソコン（家族所有以外）	0.1	0.1	-	0.1	0.1	PC (other than household holdings)
スマートフォン・携帯電話	8.7	10.3	11.7	8.2	5.3	Smartphone and mobile phone
タブレット型端末	0.3	0.3	0.7	0.4	0.3	Tablet
その他	0.3	0.4	0.1	0.5	0.2	Others

(a) Individual proprietors and others
(b) Households that ordered goods and services over the Internet
(c) Households that didn't order goods and services over the Internet
(d) Total expenditure on goods and services ordered over the Internet (yen)
(e) Equipment that was used most often to buy (Household head)
(f) Equipment that was used most often to buy (Spouse of household head)
(g) Equipment that was used most often to buy (Household members of others)

2021年平均
2021 Average

項　目	平均	世帯人員別 by Number of household members					
		1人	2人	3人	4人	5人	6人～
	Average	person	persons	persons	persons	persons	persons
世帯数分布（抽出率調整）	10,000	3,640	2,859	1,630	1,287	407	177
集計世帯数	1,976	183	845	446	341	115	47
世帯人員（人）	2.26	1.00	2.00	3.00	4.00	5.00	6.43
有業人員（人）	1.20	0.61	0.96	1.75	2.11	2.30	2.82
世帯主の年齢（歳）	58.1	55.5	66.6	58.1	50.3	49.2	55.1
インターネットを通じて注文をした	47.7	39.8	38.2	58.6	69.3	67.7	58.2
インターネットを通じて注文をしなかった	52.3	60.2	61.9	41.4	30.7	32.3	41.8
インターネットを利用した支出総額（円）	35,904	29,385	37,346	37,899	41,286	39,737	43,008
世帯主	22,055	29,385	22,238	17,110	18,336	16,224	16,148
世帯主の配偶者	10,576	...	13,533	14,475	17,438	17,508	14,756
その他の世帯員	3,273	...	1,575	6,314	5,513	6,005	12,104
最も多く購入に使用した機器（世帯主）							
パソコン（家族所有）	13.4	13.9	13.3	13.8	13.4	9.8	8.6
パソコン（家族所有以外）	0.4	0.4	0.3	0.4	0.4	0.3	－
スマートフォン・携帯電話	20.1	23.6	11.6	19.9	27.5	25.4	19.0
タブレット型端末	1.2	0.9	1.2	1.5	1.5	1.9	1.0
その他	1.0	0.9	0.9	0.9	1.2	1.0	1.4
最も多く購入に使用した機器（世帯主の配偶者）							
パソコン（家族所有）	4.0	...	5.9	7.2	6.9	5.0	4.5
パソコン（家族所有以外）	0.2	...	0.2	0.3	0.4	0.4	0.2
スマートフォン・携帯電話	14.0	...	11.9	24.6	36.6	35.3	24.1
タブレット型端末	0.8	...	1.2	1.5	1.2	1.0	0.5
その他	0.4	...	0.4	0.6	0.8	0.9	1.1
最も多く購入に使用した機器（その他の世帯員）							
パソコン（家族所有）	1.6	...	0.7	4.5	3.2	3.8	4.5
パソコン（家族所有以外）	0.1	...	0.1	0.1	0.2	0.1	－
スマートフォン・携帯電話	5.6	...	2.0	13.4	14.5	15.0	18.9
タブレット型端末	0.2	...	0.1	0.7	0.3	0.3	0.5
その他	0.2	...	0.0	0.5	0.5	0.8	0.8

を利用した購入状況（総世帯）
and Employed Persons (Total Households)

(%)

就業者数別	by Employed Persons			
0人	1人	2人	3人〜	Item
person	person	persons	persons	
2,529	4,006	2,651	814	Distribution of households
429	589	736	222	Number of tabulated households
1.49	1.76	3.18	4.09	Number of persons per household (persons)
...	1.00	2.00	3.28	Number of earners per household (persons)
72.0	52.5	53.2	59.0	Age of household head (years old)
20.2	52.1	63.1	60.9	Households that ordered goods and services over the Internet
79.8	47.9	36.9	39.1	Households that didn't order goods and services over the Internet
27,213	32,579	41,345	40,813	Total expenditure on goods and services ordered over the Internet (yen)
21,200	25,801	20,466	12,812	Household head
4,730	5,574	17,660	13,714	Spouse of household head
1,282	1,205	3,219	14,287	Household members of others
				Equipment that was used most often to buy (Household head)
10.0	15.8	13.3	12.7	PC (household holdings)
0.1	0.5	0.5	0.3	PC (other than household holdings)
5.8	26.6	24.9	16.7	Smartphone and mobile phone
0.6	1.3	1.6	1.4	Tablet
0.5	1.1	1.3	0.8	Others
				Equipment that was used most often to buy (Spouse of household head)
1.8	2.8	7.3	6.6	PC (household holdings)
0.0	0.1	0.3	0.4	PC (other than household holdings)
1.9	7.5	32.0	24.6	Smartphone and mobile phone
0.4	0.6	1.3	1.1	Tablet
0.1	0.2	0.8	0.4	Others
				Equipment that was used most often to buy (Household members of others)
0.5	1.0	2.3	5.4	PC (household holdings)
0.0	0.0	0.1	0.3	PC (other than household holdings)
0.5	2.1	8.1	30.0	Smartphone and mobile phone
0.1	0.1	0.3	0.7	Tablet
−	0.1	0.4	0.6	Others

2021年平均
2021 Average

項　目	平均 Average	200万円 未　満 2 million yen under	200万円 以　上 300万円 未　満 2 million yen - 3 million yen	300～400 3 million yen - 4 million yen	400～500 4 million yen - 5 million yen	500～600 5 million yen - 6 million yen	600～700 6 million yen - 7 million yen	700～800 7 million yen - 8 million yen
世帯数分布（抽出率調整）	10,000	1,928	1,581	1,442	1,084	885	646	564
集計世帯数	1,976	226	277	282	232	193	162	140
世帯人員（人）	2.26	1.31	1.70	1.99	2.37	2.61	3.07	3.14
有業人員（人）	1.20	0.44	0.71	1.00	1.32	1.51	1.75	1.84
世帯主の年齢（歳）	58.1	64.6	63.3	57.4	55.8	52.9	53.7	53.9
インターネットを通じて注文をした	47.7	20.7	32.9	45.0	53.9	61.3	62.4	67.2
インターネットを通じて注文をしなかった	52.3	79.3	67.1	55.0	46.1	38.7	37.6	32.8
インターネットを利用した支出総額（円）	35,904	27,426	26,625	25,796	28,903	34,667	32,400	41,310
世帯主	22,055	24,570	22,726	19,326	18,766	22,552	16,609	22,069
世帯主の配偶者	10,576	1,876	3,082	4,667	7,389	9,503	11,649	14,705
その他の世帯員	3,273	980	817	1,804	2,748	2,612	4,143	4,536
最も多く購入に使用した機器（世帯主）								
パソコン（家族所有）	13.4	7.7	9.6	12.9	18.0	14.1	13.2	18.2
パソコン（家族所有以外）	0.4	0.1	0.7	0.1	0.1	0.4	0.7	0.5
スマートフォン・携帯電話	20.1	10.2	16.7	20.9	19.2	28.1	23.9	24.5
タブレット型端末	1.2	0.8	0.6	0.5	1.3	1.5	2.1	1.5
その他	1.0	0.3	0.7	1.5	1.2	1.1	1.4	1.0
最も多く購入に使用した機器（世帯主の配偶者）								
パソコン（家族所有）	4.0	0.4	1.5	3.2	4.6	5.0	5.6	6.7
パソコン（家族所有以外）	0.2	0.0	0.0	0.1	0.2	0.2	0.3	0.7
スマートフォン・携帯電話	14.0	1.0	3.4	7.4	13.8	18.3	26.0	29.2
タブレット型端末	0.8	0.2	0.3	0.5	0.7	0.8	1.2	1.1
その他	0.4	0.0	0.2	0.3	0.4	0.5	0.8	0.3
最も多く購入に使用した機器（その他の世帯員）								
パソコン（家族所有）	1.6	0.4	0.5	1.0	1.5	1.9	2.7	2.7
パソコン（家族所有以外）	0.1	－	0.1	0.0	0.0	0.1	0.2	0.1
スマートフォン・携帯電話	5.6	0.6	1.4	2.8	5.3	6.6	9.3	10.0
タブレット型端末	0.2	0.1	0.0	0.1	0.1	0.2	0.4	0.1
その他	0.2	0.0	0.1	0.1	0.1	0.3	0.5	0.5

を利用した購入状況（総世帯）
Yearly Income Group (Total Households)

(%)

800～900	900～1,000	1,000～1,250	1,250～1,500	1,500～2,000	2,000万円 以 上	Item
8 million yen - 9 million yen	9 million yen - 10 million yen	10 million yen - 12.5 million yen	- 15 million yen	15 million yen - 20 million yen	20 million yen or more	
457	350	452	212	126	87	Distribution of households
114	89	115	55	32	22	Number of tabulated households
3.19	3.28	3.35	3.44	3.31	3.19	Number of persons per household (persons)
1.94	2.01	2.06	2.26	2.19	2.10	Number of earners per household (persons)
53.2	54.2	53.9	54.3	55.2	58.4	Age of household head (years old)
70.3	70.3	75.5	78.9	79.4	72.4	Households that ordered goods and services over the Internet
29.8	29.8	24.5	21.1	20.6	27.6	Households that didn't order goods and services over the Internet
39,130	44,976	52,569	59,672	69,653	89,001	Total expenditure on goods and services ordered over the Internet (yen)
20,000	19,496	26,054	28,811	35,197	46,979	Household head
15,453	20,076	20,536	22,368	27,724	32,918	Spouse of household head
3,677	5,404	5,979	8,493	6,732	9,103	Household members of others
						Equipment that was used most often to buy(Household head)
18.6	15.4	19.8	22.5	26.8	27.5	PC (household holdings)
0.6	0.4	0.4	0.6	-	1.6	PC (other than household holdings)
25.6	27.6	28.6	32.3	27.9	18.0	Smartphone and mobile phone
2.0	2.8	2.2	2.1	3.1	2.6	Tablet
1.4	0.8	1.3	1.3	1.4	1.1	Others
						Equipment that was used most often to buy(Spouse of household head)
6.9	7.7	9.3	10.8	14.8	18.0	PC (household holdings)
0.3	0.3	0.5	0.3	0.8	0.4	PC (other than household holdings)
31.2	33.3	34.4	37.3	39.8	29.5	Smartphone and mobile phone
1.7	1.7	2.4	2.4	1.9	3.4	Tablet
0.9	0.3	0.7	1.3	0.5	0.4	Others
						Equipment that was used most often to buy(Household members of others)
2.8	3.7	3.2	4.6	4.8	4.8	PC (household holdings)
0.1	0.3	0.1	-	-	-	PC (other than household holdings)
11.5	12.9	16.4	20.6	14.4	14.4	Smartphone and mobile phone
0.3	0.5	0.7	0.9	0.6	0.7	Tablet
0.5	0.5	0.6	0.5	0.5	-	Others

2021年平均
2021 Average

項　目	平均 Average	200万円 未　満 2 million yen under	200万円 以　上 300万円 未　満 2 million yen - 3 million yen	300～400 3 million yen - 4 million yen	400～500 4 million yen - 5 million yen	500～600 5 million yen - 6 million yen	600～700 6 million yen - 7 million yen	700～800 7 million yen - 8 million yen
世帯数分布（抽出率調整）	10,000	697	1,256	1,431	1,231	1,039	899	787
集計世帯数	1,793	131	236	265	223	186	159	137
世帯人員（人）	2.98	2.33	2.38	2.55	2.87	3.13	3.33	3.38
有業人員（人）	1.53	0.77	0.80	1.07	1.47	1.69	1.85	1.93
世帯主の年齢（歳）	59.7	68.2	68.6	65.7	60.4	56.1	54.3	53.6
インターネットを通じて注文をした	52.2	22.3	25.8	36.9	50.5	57.4	63.2	68.1
インターネットを通じて注文をしなかった	47.9	77.7	74.2	63.1	49.5	42.6	36.8	31.9
インターネットを利用した支出総額（円）	38,881	27,381	24,493	27,026	29,645	33,102	33,447	40,961
世帯主	18,997	17,318	14,869	14,577	14,952	16,151	16,036	19,883
世帯主の配偶者	15,189	6,723	7,585	8,993	10,614	13,239	12,924	16,068
その他の世帯員	4,695	3,340	2,039	3,456	4,079	3,712	4,487	5,009
最も多く購入に使用した機器（世帯主）								
パソコン（家族所有）	13.1	6.2	7.4	10.5	14.1	12.0	13.3	15.9
パソコン（家族所有以外）	0.3	-	0.1	0.2	0.1	0.5	0.4	0.5
スマートフォン・携帯電話	18.0	8.3	8.1	10.2	15.0	21.0	22.7	25.1
タブレット型端末	1.4	0.6	0.6	0.9	1.1	1.6	1.5	1.7
その他	1.0	0.5	0.7	0.9	1.0	1.2	1.5	1.1
最も多く購入に使用した機器（世帯主の配偶者）								
パソコン（家族所有）	6.4	1.9	2.8	5.0	6.3	6.5	6.4	7.5
パソコン（家族所有以外）	0.3	0.1	0.0	0.1	0.2	0.2	0.3	0.7
スマートフォン・携帯電話	22.0	4.1	6.7	11.7	19.1	24.2	29.2	32.5
タブレット型端末	1.2	0.8	0.6	0.7	0.9	1.0	1.4	1.2
その他	0.6	0.2	0.4	0.5	0.6	0.7	0.9	0.3
最も多く購入に使用した機器（その他の世帯員）								
パソコン（家族所有）	2.5	1.6	1.1	1.6	2.1	2.6	3.1	3.0
パソコン（家族所有以外）	0.1	-	0.2	0.1	0.0	0.1	0.3	0.1
スマートフォン・携帯電話	8.7	2.7	2.8	4.4	7.3	8.9	10.5	11.2
タブレット型端末	0.3	0.3	0.1	0.2	0.2	0.3	0.4	0.1
その他	0.3	0.1	0.2	0.1	0.2	0.4	0.5	0.6

を利用した購入状況（二人以上の世帯）
Yearly Income Group (Two-or-more-person Households)

(%)

800～900 8 million yen 9 million yen	900～1,000 9 million yen 10 million yen	1,000～1,250 10 million yen 12.5 million yen	1,250～1,500 15 million yen	1,500～2,000 15 million yen 20 million yen	2,000万円 以　上 20 million yen or more	Item
645	506	673	324	194	130	Distribution of households
112	87	114	54	32	21	Number of tabulated households
3.44	3.47	3.48	3.50	3.36	3.28	Number of persons per household (persons)
2.05	2.10	2.13	2.29	2.22	2.16	Number of earners per household (persons)
52.9	54.2	53.6	54.3	55.1	58.3	Age of household head (years old)
70.6	71.6	75.9	79.0	80.8	75.7	Households that ordered goods and services over the Internet
29.4	28.4	24.1	21.0	19.2	24.3	Households that didn't order goods and services over the Internet
39,665	45,581	52,563	60,161	69,653	89,001	Total expenditure on goods and services ordered over the Internet (yen)
18,601	18,580	24,663	28,439	35,197	46,979	Household head
17,005	21,287	21,590	23,052	27,724	32,918	Spouse of household head
4,059	5,713	6,309	8,670	6,732	9,103	Household members of others
						Equipment that was used most often to buy (Household head)
15.0	16.2	19.3	22.2	27.2	28.8	PC (household holdings)
0.7	0.5	0.4	0.6	-	1.8	PC (other than household holdings)
27.1	26.6	28.2	32.1	28.6	19.0	Smartphone and mobile phone
2.2	2.1	2.1	2.1	3.1	2.9	Tablet
1.0	0.9	1.4	1.3	1.4	1.1	Others
						Equipment that was used most often to buy (Spouse of household head)
7.7	8.3	9.7	11.1	15.1	18.9	PC (household holdings)
0.3	0.3	0.5	0.3	0.8	0.4	PC (other than household holdings)
34.9	36.3	36.3	38.2	40.5	30.4	Smartphone and mobile phone
1.9	1.8	2.6	2.4	2.0	3.5	Tablet
1.0	0.4	0.7	1.3	0.6	0.4	Others
						Equipment that was used most often to buy (Household members of others)
3.1	4.0	3.3	4.7	5.0	5.0	PC (household holdings)
0.1	0.3	0.1	-	-	-	PC (other than household holdings)
12.8	14.0	17.4	21.1	14.6	15.1	Smartphone and mobile phone
0.3	0.6	0.8	0.9	0.6	0.7	Tablet
0.5	0.6	0.7	0.5	0.5	-	Others

第5−1表 全国・地方・

Table 5-1 Distribution of Households

2021年平均
2021 Average

項　　目	全国	地方						
		北海道	東北	関東	北陸	東海	近畿	中国
	All Japan	Hokkaido	Tohoku	Kanto	Hokuriku	Tokai	Kinki	Chugoku
世帯数分布（10万分比）	100,000	4,226	7,520	35,790	3,996	12,409	16,135	5,695
集計世帯数	21,829	1,067	1,700	7,199	1,008	2,620	3,575	1,410
世帯人員（人）	2.25	2.12	2.19	2.27	2.36	2.27	2.27	2.27
世帯人員別世帯数								
1人	35,412	1,539	3,207	11,923	1,442	4,654	5,513	1,980
2人	29,608	1,460	1,847	10,955	1,048	3,314	4,932	1,737
3人	16,852	651	1,146	6,423	661	2,028	2,712	949
4人	12,685	408	791	4,886	513	1,643	2,161	684
5人	3,882	127	314	1,212	205	534	625	242
6人～	1,561	42	215	390	127	236	193	104
就業者数別世帯数								
0人	26,389	1,258	1,822	8,754	1,046	3,096	4,727	1,660
1人	39,326	1,675	3,277	14,446	1,395	5,001	6,126	2,034
2人	26,060	1,057	1,693	9,723	1,122	3,183	4,013	1,553
3人～	8,226	237	727	2,866	434	1,129	1,269	449
世帯主の年齢階級別世帯数								
（年齢5歳階級）								
～34歳	9,289	275	956	3,605	334	1,433	1,291	296
35～39歳	3,976	165	252	1,515	141	504	632	283
40～44歳	5,735	201	399	2,158	245	691	950	326
45～49歳	8,074	331	538	3,117	338	1,036	1,251	468
50～54歳	9,087	295	543	3,451	335	1,192	1,494	520
55～59歳	9,930	530	883	3,621	373	1,179	1,582	457
60～64歳	9,760	560	776	3,359	429	1,091	1,436	569
65～69歳	12,760	636	1,030	4,250	601	1,488	1,909	769
70～74歳	15,369	701	1,232	4,837	710	1,773	2,542	1,064
75～79歳	9,374	376	563	3,243	305	1,202	1,740	628
80～84歳	4,749	112	223	1,874	124	603	963	231
85歳～	1,899	46	125	760	62	216	346	85
（年齢10歳階級A）								
～34歳	9,289	275	956	3,605	334	1,433	1,291	296
35～44歳	9,711	365	652	3,674	386	1,196	1,582	609
45～54歳	17,161	626	1,080	6,569	673	2,229	2,744	987
55～64歳	19,689	1,089	1,659	6,979	802	2,270	3,018	1,026
65～74歳	28,129	1,337	2,263	9,086	1,311	3,261	4,451	1,833
75～84歳	14,123	488	786	5,117	429	1,805	2,703	859
85歳～	1,899	46	125	760	62	216	346	85
（再掲）65歳～	44,151	1,871	3,174	14,963	1,802	5,282	7,500	2,777
（年齢10歳階級B）								
～29歳	4,339	138	574	1,748	160	643	454	47
30～39歳	8,925	302	634	3,372	316	1,295	1,470	533
40～49歳	13,809	532	937	5,276	583	1,728	2,200	794
50～59歳	19,017	824	1,426	7,071	708	2,372	3,076	977
60～69歳	22,519	1,196	1,806	7,609	1,030	2,579	3,345	1,339
70～79歳	24,743	1,076	1,796	8,079	1,015	2,975	4,282	1,691
80歳～	6,648	159	348	2,634	185	819	1,309	316
（再掲）60歳～	53,911	2,431	3,950	18,322	2,231	6,372	8,936	3,346
（再掲）70歳～	31,391	1,235	2,144	10,713	1,201	3,794	5,591	2,007
世帯主の勤めか自営かの別世帯数								
雇用されている人（勤労者）	52,827	2,274	4,106	19,641	2,087	6,874	8,160	2,795
会社などの役員	4,175	169	233	1,640	227	526	535	210
自営業主・その他	9,541	299	834	3,343	330	1,047	1,545	574
非就業（無職）	33,456	1,484	2,347	11,166	1,353	3,962	5,896	2,117
住居の種類別世帯数								
持ち家	74,980	2,996	5,467	26,212	3,327	9,396	12,522	4,472
うち住宅ローンあり	22,203	804	1,440	8,683	960	2,803	3,591	1,144
民営の賃貸住宅	16,865	801	1,567	6,524	474	2,043	2,218	821
公営の賃貸住宅	3,322	166	172	1,017	93	397	581	240
都市再生機構・公社等の賃貸住宅	1,266	20	19	813	3	103	282	3
給与住宅	1,858	126	194	666	43	329	214	39
その他	1,566	116	88	509	38	130	290	112
年間収入階級別世帯数								
200万円未満	18,204	1,005	1,596	5,137	789	2,013	3,142	1,157
200万円以上300万円未満	16,087	832	1,498	4,912	485	1,893	2,778	1,048
300　～　400	14,117	546	1,069	4,689	734	1,837	2,267	761
400　～　500	10,732	479	742	4,127	408	1,152	1,722	563
500　～　600	9,143	337	692	3,703	354	1,173	1,277	532
600　～　700	6,787	263	567	2,451	272	944	1,056	373
700　～　800	5,766	245	371	2,202	248	797	874	311
800　～　900	4,542	174	248	1,822	201	688	672	247
900　～　1,000	3,457	119	189	1,473	151	441	580	159
1,000　～　1,250	4,739	100	262	2,220	179	606	779	211
1,250　～　1,500	2,199	59	102	1,077	79	271	330	96
1,500　～　2,000	1,418	16	57	770	39	147	193	64
2,000万円以上	856	25	33	472	22	108	87	31
在学者の有無別世帯数								
いる世帯	18,773	704	1,149	7,205	765	2,311	3,083	1,075
いない世帯　1）	81,227	3,523	6,371	28,584	3,232	10,098	13,053	4,620

1）在学者のいない世帯には，単身世帯を含む。

都市階級別世帯分布（総世帯）
by All Japan, Districts and City Groups (Total Households)

単位 10万分比 Numbers per 100,000

Districts		都市階級 City Groups				Item
四国 Shikoku	九州・沖縄 Kyushu & Okinawa	大都市 Major cities	中都市 Middle cities	小都市A Small cities A	小都市B・町村 Small cities B, Towns & villages	
3,019	11,209	30,023	31,523	23,348	15,105	Distribution of households (rate to the whole = 100,000)
705	2,545	5,784	6,949	5,393	3,703	Number of tabulated households
2.19	2.25	2.26	2.24	2.26	2.26	Number of persons per household (persons)
						Number of households by number of household members
1,092	4,062	10,136	11,154	8,555	5,567	1 person
962	3,352	9,038	9,430	6,665	4,474	2 persons
493	1,791	5,470	5,261	3,807	2,315	3 persons
324	1,273	4,075	4,024	2,939	1,647	4 persons
111	514	1,012	1,217	967	686	5 persons
38	216	293	438	414	415	6 or more persons
						Number of households by employed persons
893	3,134	7,017	8,725	6,261	4,386	0 person
1,109	4,262	12,211	12,381	9,227	5,507	1 person
795	2,921	8,515	7,899	5,900	3,745	2 persons
223	892	2,280	2,518	1,961	1,467	3 or more persons
						Number of households by age group of household head (5-Year Age Group)
270	828	3,510	2,929	1,962	887	-34 years old
84	398	1,342	1,229	929	476	35-39
158	607	2,031	1,703	1,281	720	40-44
250	744	2,658	2,675	1,756	984	45-49
282	976	2,987	2,736	2,251	1,113	50-54
209	1,097	3,074	3,278	2,124	1,454	55-59
306	1,236	2,693	3,048	2,293	1,725	60-64
423	1,653	3,351	3,757	3,276	2,375	65-69
550	1,961	3,972	4,919	3,710	2,769	70-74
359	959	2,550	3,126	2,167	1,531	75-79
93	525	1,323	1,525	1,130	771	80-84
35	224	533	598	468	300	85-
						(10-Year Age Group A)
270	828	3,510	2,929	1,962	887	-34 years old
242	1,005	3,373	2,932	2,210	1,196	35-44
532	1,720	5,645	5,411	4,007	2,098	45-54
514	2,333	5,767	6,326	4,417	3,179	55-64
973	3,614	7,323	8,676	6,986	5,144	65-74
452	1,485	3,872	4,651	3,298	2,302	75-84
35	224	533	598	468	300	85-
1,461	5,322	11,728	13,925	10,752	7,746	(Regrouped) 65 years old or more
						(10-Year Age Group B)
200	375	1,707	1,375	894	363	-29 years old
154	851	3,145	2,783	1,998	1,000	30-39
409	1,351	4,689	4,379	3,037	1,704	40-49
491	2,073	6,061	6,014	4,375	2,568	50-59
729	2,888	6,044	6,805	5,570	4,100	60-69
909	2,921	6,521	8,045	5,877	4,300	70-79
129	749	1,856	2,123	1,598	1,071	80-
1,766	6,558	14,421	16,973	13,045	9,471	(Regrouped) 60 years old or more
1,038	3,670	8,377	10,168	7,475	5,371	(Regrouped) 70 years old or more
						Number of households by occupation of household head
1,455	5,436	16,950	16,654	12,140	7,083	Employee
134	502	1,346	1,348	896	585	Corporative administrators
294	1,276	2,871	2,497	2,331	1,844	Individual proprietors and others
1,137	3,995	8,857	11,024	7,982	5,594	No-occupation
						Number of households by kind of residence
2,363	8,227	19,953	23,750	18,565	12,712	Owned houses
493	2,286	6,943	7,334	5,177	2,750	of which household paying back debts for houses and/or land
301	2,117	7,072	5,384	3,027	1,383	Privately owned rented houses
123	533	1,249	981	706	387	Publicly owned rented houses
4	21	644	371	237	15	Rented houses owned by Urban Renaissance Agency or public corporation
163	84	699	485	416	259	Issued houses
66	217	384	511	370	301	Others
						Number of households by yearly income group
667	2,698	4,487	5,779	4,455	3,482	- 1,999,999 yen
601	2,039	4,141	5,279	3,956	2,711	2,000,000- 2,999,999
497	1,718	4,073	4,408	3,277	2,359	3,000,000- 3,999,999
325	1,215	3,253	3,260	2,562	1,657	4,000,000- 4,999,999
206	870	2,817	2,866	2,222	1,238	5,000,000- 5,999,999
177	685	2,029	2,204	1,601	953	6,000,000- 6,999,999
173	545	1,812	1,800	1,455	699	7,000,000- 7,999,999
103	387	1,557	1,542	957	487	8,000,000- 8,999,999
77	267	1,177	1,116	777	387	9,000,000- 9,999,999
80	301	1,953	1,472	888	426	10,000,000- 12,499,999
52	133	941	658	430	171	12,500,000- 14,999,999
33	98	651	395	255	117	15,000,000- 19,999,999
13	64	429	242	105	80	20,000,000-
						Number of households by presence of student
481	2,000	6,299	5,883	4,194	2,397	Households with student
2,538	9,209	23,725	25,640	19,154	12,709	Households without student 1)

1) It includes one-person households.

2021年平均
2021 Average

項　　目	全国	地　　方						
		北海道	東北	関東	北陸	東海	近畿	中国
	All Japan	Hokkaido	Tohoku	Kanto	Hokuriku	Tokai	Kinki	Chugoku
世帯数分布（１０万分比）	100,000	4,160	6,678	36,952	3,954	12,007	16,447	5,752
集計世帯数	19,770	965	1,527	6,550	921	2,366	3,238	1,276
世帯人員（人）	2.94	2.76	3.08	2.90	3.12	3.03	2.92	2.94
世帯人員別世帯数								
1人	...	...	...	...	...	...	...	...
2人	45,842	2,261	2,860	16,962	1,623	5,131	7,636	2,690
3人	26,092	1,007	1,774	9,945	1,023	3,139	4,200	1,469
4人	19,639	631	1,225	7,565	795	2,544	3,346	1,059
5人	6,011	196	486	1,876	317	827	968	374
6人〜	2,416	65	333	604	196	366	298	160
就業者数別世帯数								
0人	18,209	889	1,157	6,574	552	2,139	3,301	991
1人	28,707	1,269	1,774	10,886	994	3,191	4,966	1,662
2人	40,349	1,636	2,621	15,055	1,736	4,929	6,214	2,404
3人〜	12,736	366	1,126	4,438	672	1,747	1,965	695
世帯主の年齢階級別世帯数								
（年齢5歳階級）								
〜34歳	3,350	157	173	1,359	127	435	544	175
35〜39歳	4,934	205	306	1,758	208	681	796	336
40〜44歳	7,164	287	402	2,751	273	905	1,181	410
45〜49歳	9,890	409	580	3,837	409	1,200	1,657	531
50〜54歳	9,984	380	566	4,030	370	1,255	1,620	544
55〜59歳	10,065	456	803	3,711	422	1,158	1,602	525
60〜64歳	10,913	493	844	3,951	442	1,242	1,637	656
65〜69歳	13,473	612	1,045	4,586	580	1,553	2,078	786
70〜74歳	14,859	674	1,102	5,030	631	1,719	2,448	998
75〜79歳	8,877	328	502	3,296	307	1,118	1,629	483
80〜84歳	4,596	105	234	1,900	117	542	906	208
85歳〜	1,896	55	121	745	67	199	349	102
（年齢10歳階級A）								
〜34歳	3,350	157	173	1,359	127	435	544	175
35〜44歳	12,097	492	708	4,509	481	1,586	1,977	746
45〜54歳	19,874	790	1,146	7,867	779	2,456	3,277	1,076
55〜64歳	20,978	949	1,647	7,662	864	2,400	3,239	1,180
65〜74歳	28,332	1,285	2,147	9,616	1,212	3,272	4,526	1,783
75〜84歳	13,472	433	736	5,196	425	1,660	2,535	691
85歳〜	1,896	55	121	745	67	199	349	102
（再掲）65歳〜	43,700	1,773	3,004	15,557	1,704	5,130	7,409	2,576
（年齢10歳階級B）								
〜29歳	766	44	37	318	25	84	128	39
30〜39歳	7,518	318	442	2,799	310	1,032	1,212	473
40〜49歳	17,054	697	983	6,588	682	2,105	2,838	941
50〜59歳	20,050	836	1,369	7,741	792	2,414	3,222	1,069
60〜69歳	24,386	1,104	1,889	8,536	1,023	2,795	3,715	1,441
70〜79歳	23,735	1,002	1,604	8,326	939	2,837	4,076	1,480
80歳〜	6,492	160	355	2,645	185	741	1,255	310
（再掲）60歳〜	54,613	2,266	3,848	19,507	2,146	6,372	9,047	3,232
（再掲）70歳〜	30,227	1,162	1,959	10,971	1,124	3,577	5,332	1,790
世帯主の勤めか自営かの別世帯数								
雇用されている人（勤労者）	54,724	2,387	3,564	20,723	2,250	6,700	8,790	3,116
会社などの役員	5,212	234	314	2,060	269	632	670	304
自営業主・その他	10,912	300	831	3,860	409	1,195	1,876	633
非就業（無職）	29,152	1,239	1,969	10,309	1,027	3,481	5,111	1,699
住居の種類別世帯数								
持ち家	85,173	3,283	5,840	31,001	3,647	10,729	13,946	4,946
うち住宅ローンあり	30,125	1,123	1,851	11,714	1,187	3,855	4,902	1,634
民営の賃貸住宅	8,439	537	553	3,159	181	739	1,419	468
公営の賃貸住宅	2,659	170	141	855	52	253	477	194
都市再生機構・公社等の賃貸住宅	1,312	13	4	881	5	81	290	4
給与住宅	1,182	66	63	599	29	105	125	56
その他	1,154	89	75	417	36	89	179	76
年間収入階級別世帯数								
200万円未満	6,584	320	554	2,069	179	581	1,323	307
200万円以上300万円未満	12,648	752	992	3,768	393	1,383	2,264	742
300　〜　400	14,429	642	1,019	4,872	617	1,613	2,370	945
400　〜　500	12,159	548	822	4,367	529	1,339	1,931	745
500　〜　600	10,488	480	795	3,741	478	1,194	1,670	743
600　〜　700	8,963	378	561	3,236	393	1,220	1,480	511
700　〜　800	7,922	333	522	3,005	338	1,044	1,245	443
800　〜　900	6,408	230	355	2,521	276	953	976	352
900　〜　1,000	4,984	158	286	2,120	225	625	791	246
1,000　〜　1,250	6,767	136	373	3,161	278	835	1,114	300
1,250　〜　1,500	3,325	86	158	1,613	123	402	508	149
1,500　〜　2,000	2,113	25	89	1,152	57	226	279	99
2,000万円以上	1,214	39	51	657	34	156	135	48
在学者の有無別世帯数								
いる世帯	29,065	1,090	1,779	11,155	1,184	3,579	4,772	1,664
いない世帯	70,935	3,070	4,899	25,797	2,771	8,428	11,674	4,088

都市階級別世帯分布（二人以上の世帯）
by All Japan, Districts and City Groups (Two-or-more-person Households)

単位　10万分比　Numbers per 100,000

Districts		都市階級 City Groups				Item
四国	九州・沖縄	大都市	中都市	小都市A	小都市B・町村	
	Kyushu &	Major	Middle	Small	Small cities B.	
Shikoku	Okinawa	cities	cities	cities A	Towns & villages	
2,985	11,065	30,791	31,538	22,904	14,768	Distribution of households (rate to the whole = 100,000)
638	2,290	5,251	6,297	4,885	3,337	Number of tabulated households
2.86	2.96	2.90	2.93	2.98	3.00	Number of persons per household (persons)
						Number of households by number of household members
...	...	...	...	...	...	1 person
1,489	5,191	13,994	14,600	10,320	6,927	2 persons
763	2,773	8,468	8,146	5,895	3,585	3 persons
502	1,971	6,309	6,230	4,550	2,550	4 persons
172	796	1,567	1,884	1,497	1,063	5 persons
59	335	454	678	642	643	6 or more persons
						Number of households by employed persons
575	2,032	5,163	5,971	4,301	2,774	0 person
834	3,129	8,913	9,438	6,432	3,923	1 person
1,231	4,523	13,184	12,230	9,136	5,799	2 persons
344	1,381	3,531	3,898	3,035	2,272	3 or more persons
						Number of households by age group of household head (5-Year Age Group)
75	307	1,154	1,153	680	363	-34 years old
126	517	1,734	1,593	1,042	565	35-39
210	746	2,545	2,141	1,578	900	40-44
296	969	3,269	3,195	2,185	1,242	45-49
282	938	3,436	3,034	2,260	1,255	50-54
266	1,124	3,276	3,188	2,193	1,409	55-59
319	1,329	3,179	3,389	2,528	1,816	60-64
468	1,767	3,641	4,118	3,338	2,376	65-69
473	1,784	4,153	4,748	3,491	2,467	70-74
312	903	2,516	2,889	2,100	1,371	75-79
122	461	1,364	1,466	1,065	700	80-84
36	222	525	623	445	304	85-
						(10-Year Age Group A)
75	307	1,154	1,153	680	363	-34 years old
336	1,263	4,279	3,734	2,620	1,465	35-44
578	1,907	6,705	6,229	4,444	2,496	45-54
585	2,453	6,454	6,578	4,721	3,225	55-64
941	3,550	7,794	8,866	6,829	4,842	65-74
434	1,364	3,880	4,356	3,165	2,072	75-84
36	222	525	623	445	304	85-
1,411	5,136	12,198	13,844	10,439	7,219	(Regrouped) 65 years old or more
						(10-Year Age Group B)
15	76	231	300	156	78	-29 years old
186	747	2,657	2,446	1,566	850	30-39
507	1,715	5,815	5,336	3,762	2,141	40-49
547	2,062	6,711	6,223	4,452	2,664	50-59
787	3,096	6,820	7,507	5,867	4,192	60-69
785	2,686	6,669	7,637	5,591	3,838	70-79
158	683	1,888	2,089	1,510	1,005	80-
1,730	6,465	15,377	17,233	12,967	9,035	(Regrouped) 60 years old or more
943	3,370	8,557	9,726	7,101	4,843	(Regrouped) 70 years old or more
						Number of households by occupation of household head
1,477	5,718	17,768	17,294	12,256	7,406	Employee
184	546	1,733	1,668	1,145	666	Corporative administrators
372	1,436	3,279	3,045	2,537	2,051	Individual proprietors and others
953	3,365	8,011	9,531	6,965	4,645	No-occupation
						Number of households by kind of residence
2,646	9,135	24,296	27,135	20,252	13,490	Owned houses
710	3,149	9,796	9,878	6,771	3,680	of which household paying back debts for houses and/or land
168	1,215	3,698	2,575	1,457	709	Privately owned rented houses
82	435	1,112	684	561	302	Publicly owned rented houses
6	28	677	403	229	3	Rented houses owned by Urban Renaissance Agency or public corporation
34	105	562	360	185	75	Issued houses
48	143	422	359	202	170	Others
						Number of households by yearly income group
222	1,029	1,834	1,884	1,618	1,247	- 1,999,999 yen
494	1,860	3,344	4,118	2,950	2,237	2,000,000- 2,999,999
544	1,807	3,800	4,678	3,488	2,463	3,000,000- 3,999,999
408	1,470	3,416	3,843	2,912	1,989	4,000,000- 4,999,999
299	1,089	3,080	3,256	2,427	1,725	5,000,000- 5,999,999
244	942	2,654	2,851	2,136	1,322	6,000,000- 6,999,999
210	783	2,461	2,495	1,943	1,022	7,000,000- 7,999,999
160	585	2,102	2,213	1,375	718	8,000,000- 8,999,999
120	414	1,676	1,625	1,084	599	9,000,000- 9,999,999
120	449	2,707	2,123	1,324	614	10,000,000- 12,499,999
81	205	1,405	996	661	264	12,500,000- 14,999,999
52	136	992	578	361	181	15,000,000- 19,999,999
16	78	640	317	154	103	20,000,000-
						Number of households by presence of student
745	3,096	9,752	9,109	6,493	3,711	Households with student
2,240	7,969	21,039	22,428	16,411	11,057	Households without student

2021年平均
2021 Average

項目	平均 Average	～29歳 years old	30～39歳 years old	40～49歳 years old	50～59歳 years old	60～69歳 years old
世帯数分布（10万分比）	100,000	4,339	8,925	13,809	19,017	22,519
集計世帯数	21,829	187	1,492	3,358	4,157	5,492
世帯人員（人）	2.25	1.23	2.44	3.14	2.49	2.16
世帯人員別世帯数						
1人	35,412	3,844	4,070	2,794	6,067	6,769
2人	29,608	186	769	1,664	4,025	8,917
3人	16,852	171	1,326	2,823	4,194	4,490
4人	12,685	103	1,941	4,494	3,533	1,618
5人	3,882	26	633	1,589	883	448
6人～	1,561	9	186	445	315	277
就業者数別世帯数						
0人	26,389	392	305	398	1,125	5,409
1人	39,326	3,591	5,333	5,392	7,999	8,664
2人	26,060	341	3,167	7,025	6,563	5,761
3人～	8,226	16	119	994	3,330	2,685
世帯主の年齢階級別世帯数						
（年齢5歳階級）						
～34歳	9,289	4,339	4,950	...	...	...
35～39歳	3,976	...	3,976	...	...	...
40～44歳	5,735	...	...	5,735	...	...
45～49歳	8,074	...	...	8,074	...	...
50～54歳	9,087	...	...	...	9,087	...
55～59歳	9,930	...	...	...	9,930	...
60～64歳	9,760	...	...	...	...	9,760
65～69歳	12,760	...	...	...	...	12,760
70～74歳	15,369	...	...	...	...	...
75～79歳	9,374	...	...	...	...	...
80～84歳	4,749	...	...	...	...	...
85歳～	1,899	...	...	...	...	...
（年齢10歳階級A）						
～34歳	9,289	4,339	4,950	...	...	...
35～44歳	9,711	...	3,976	5,735	...	...
45～54歳	17,161	...	...	8,074	9,087	...
55～64歳	19,689	...	...	...	9,930	9,760
65～74歳	28,129	...	...	...	...	12,760
75～84歳	14,123	...	...	...	...	...
85歳～	1,899	...	...	...	...	...
（再掲）65歳～	44,151	...	...	...	...	12,760
（年齢10歳階級B）						
～29歳	4,339	4,339	...	...	...	...
30～39歳	8,925	...	8,925	...	...	...
40～49歳	13,809	...	...	13,809	...	...
50～59歳	19,017	...	...	...	19,017	...
60～69歳	22,519	...	...	...	...	22,519
70～79歳	24,743	...	...	...	...	...
80歳～	6,648	...	...	...	...	...
（再掲）60歳～	53,911	...	...	...	...	22,519
（再掲）70歳～	31,391	...	...	...	...	...
世帯主の勤めか自営かの別世帯数						
雇用されている人（勤労者）	52,827	3,731	7,900	11,638	14,502	10,836
会社などの役員	4,175	38	289	684	1,113	1,227
自営業主・その他	9,541	177	404	1,011	1,990	2,893
非就業（無職）	33,456	394	332	476	1,411	7,564
住居の種類別世帯数						
持ち家	74,980	300	3,653	9,883	14,524	19,262
うち住宅ローンあり	22,203	186	2,953	7,336	7,170	3,134
民営の賃貸住宅	16,865	2,984	4,217	2,767	3,105	1,877
公営の賃貸住宅	3,322	268	376	277	534	714
都市再生機構・公社等の賃貸住宅	1,266	22	59	185	264	230
給与住宅	1,858	725	362	394	264	75
その他	1,566	41	259	282	308	288
年間収入階級別世帯数						
200万円未満	18,204	854	543	740	2,124	4,745
200万円以上300万円未満	16,087	1,215	800	856	1,604	3,717
300　～　400	14,117	1,228	1,386	1,119	1,610	3,211
400　～　500	10,732	333	1,692	1,571	1,564	2,833
500　～　600	9,143	432	1,555	1,724	1,868	1,871
600　～　700	6,787	52	981	1,792	1,605	1,384
700　～　800	5,766	53	597	1,595	1,727	1,063
800　～　900	4,542	25	402	1,320	1,566	770
900　～　1,000	3,457	15	273	895	1,242	622
1,000　～　1,250	4,739	28	401	1,069	1,950	836
1,250　～　1,500	2,199	10	132	536	931	434
1,500　～　2,000	1,418	4	44	244	687	309
2,000万円以上	856	3	29	131	271	280
在学者の有無別世帯数						
いる世帯	18,773	96	2,818	8,413	5,559	1,235
いない世帯　1)	81,227	4,243	6,107	5,396	13,458	21,284

1）在学者のいない世帯には，単身世帯を含む。

年齢階級別世帯分布（総世帯）
by Age Group of Household Head (Total Households)

単位　10万分比　Numbers per 100,000

70〜79歳 years old	80歳〜 years old	Item
24,743	6,648	Distribution of households (rate to the whole = 100,000)
5,627	1,516	Number of tabulated households
1.89	1.87	Number of persons per household (persons)
		Number of households by number of household members
9,414	2,455	1 person
10,923	3,123	2 persons
3,106	743	3 persons
804	191	4 persons
224	81	5 persons
273	56	6 or more persons
		Number of households by employed persons
13,732	5,027	0 person
7,254	1,093	1 person
2,837	367	2 persons
921	161	3 or more persons
		Number of households by age group of household head
		(5-Year Age Group)
...	...	-34 years old
...	...	35-39
...	...	40-44
...	...	45-49
...	...	50-54
...	...	55-59
...	...	60-64
...	...	65-69
15,369	...	70-74
9,374	...	75-79
...	4,749	80-84
...	1,899	85-
		(10-Year Age Group A)
...	...	-34 years old
...	...	35-44
...	...	45-54
...	...	55-64
15,369	...	65-74
9,374	4,749	75-84
...	1,899	85-
24,743	6,648	(Regrouped) 65 years old or more
		(10-Year Age Group B)
...	...	-29 years old
...	...	30-39
...	...	40-49
...	...	50-59
...	...	60-69
24,743	...	70-79
...	6,648	80-
24,743	6,648	(Regrouped) 60 years old or more
24,743	6,648	(Regrouped) 70 years old or more
		Number of households by occupation of household head
4,058	162	Employee
756	69	Corporative administrators
2,648	418	Individual proprietors and others
17,282	5,999	No-occupation
		Number of households by kind of residence
21,460	5,897	Owned houses
1,237	187	of which household paying back debts for houses and/or land
1,604	311	Privately owned rented houses
931	221	Publicly owned rented houses
368	138	Rented houses owned by Urban Renaissance Agency or public corporation
39	0	Issued houses
317	72	Others
		Number of households by yearly income group
7,248	1,948	- 1,999,999 yen
6,102	1,794	2,000,000- 2,999,999
4,295	1,269	3,000,000- 3,999,999
2,248	491	4,000,000- 4,999,999
1,407	288	5,000,000- 5,999,999
801	172	6,000,000- 6,999,999
599	132	7,000,000- 7,999,999
392	67	8,000,000- 8,999,999
317	94	9,000,000- 9,999,999
372	84	10,000,000- 12,499,999
128	28	12,500,000- 14,999,999
115	15	15,000,000- 19,999,999
113	27	20,000,000-
		Number of households by presence of student
545	107	Households with student
24,199	6,541	Households without student 1)

1) It includes one-person households.

2021年平均
2021 Average

項　目	平均 Average	～29歳 years old	30～39歳 years old	40～49歳 years old	50～59歳 years old	60～69歳 years old
世帯数分布（10万分比）	100,000	766	7,518	17,054	20,050	24,386
集計世帯数	19,770	148	1,423	3,240	3,889	4,928
世帯人員（人）	2.94	3.00	3.63	3.68	3.18	2.66
世帯人員別世帯数						
1人	...	...	...	...	...	...
2人	45,842	288	1,191	2,576	6,232	13,807
3人	26,092	265	2,054	4,371	6,493	6,951
4人	19,639	160	3,006	6,958	5,470	2,505
5人	6,011	39	980	2,460	1,367	693
6人～	2,416	14	288	689	488	429
就業者数別世帯数						
0人	18,209	4	46	133	217	3,460
1人	28,707	210	2,383	4,506	4,516	7,849
2人	40,349	527	4,904	10,876	10,162	8,920
3人～	12,736	25	185	1,539	5,155	4,156
世帯主の年齢階級別世帯数						
（年齢5歳階級）						
～34歳	3,350	766	2,584	...	...	...
35～39歳	4,934	...	4,934	...	...	...
40～44歳	7,164	...	...	7,164	...	...
45～49歳	9,890	...	...	9,890	...	...
50～54歳	9,984	...	...	...	9,984	...
55～59歳	10,065	...	...	...	10,065	...
60～64歳	10,913	...	...	...	...	10,913
65～69歳	13,473	...	...	...	...	13,473
70～74歳	14,859	...	...	...	...	...
75～79歳	8,877	...	...	...	...	...
80～84歳	4,596	...	...	...	...	...
85歳～	1,896	...	...	...	...	...
（年齢10歳階級A）						
～34歳	3,350	766	2,584	...	...	...
35～44歳	12,097	...	4,934	7,164	...	...
45～54歳	19,874	...	...	9,890	9,984	...
55～64歳	20,978	...	...	...	10,065	10,913
65～74歳	28,332	...	...	...	...	13,473
75～84歳	13,472	...	...	...	...	...
85歳～	1,896	...	...	...	...	...
（再掲）65歳～	43,700	...	...	...	...	13,473
（年齢10歳階級B）						
～29歳	766	766	...	...	...	...
30～39歳	7,518	...	7,518	...	...	...
40～49歳	17,054	...	...	17,054	...	...
50～59歳	20,050	...	...	...	20,050	...
60～69歳	24,386	...	...	...	...	24,386
70～79歳	23,735	...	...	...	...	...
80歳～	6,492	...	...	...	...	...
（再掲）60歳～	54,613	...	...	...	...	24,386
（再掲）70歳～	30,227	...	...	...	...	...
世帯主の勤めか自営かの別世帯数						
雇用されている人（勤労者）	54,724	709	6,739	14,628	15,836	12,441
会社などの役員	5,212	14	284	854	1,437	1,664
自営業主・その他	10,912	37	407	1,320	2,117	3,485
非就業（無職）	29,152	6	87	252	660	6,795
住居の種類別世帯数						
持ち家	85,173	294	4,835	13,542	17,110	21,879
うち住宅ローンあり	30,125	244	4,206	10,443	9,157	4,335
民営の賃貸住宅	8,439	343	1,814	2,257	1,807	1,271
公営の賃貸住宅	2,659	38	229	327	403	645
都市再生機構・公社等の賃貸住宅	1,312	23	91	205	226	273
給与住宅	1,182	50	380	406	242	74
その他	1,154	18	169	306	246	219
年間収入階級別世帯数						
200万円未満	6,584	17	189	412	661	1,778
200万円以上300万円未満	12,648	71	287	705	804	3,413
300　～　400	14,429	103	707	1,075	1,263	3,977
400　～　500	12,159	151	1,042	1,771	1,656	3,732
500　～　600	10,488	128	1,236	2,132	1,969	2,625
600　～　700	8,963	80	1,159	2,324	1,985	2,000
700　～　800	7,922	82	885	2,229	2,055	1,618
800　～　900	6,408	39	622	1,873	2,086	1,134
900　～　1,000	4,984	23	381	1,290	1,776	940
1,000　～　1,250	6,767	42	611	1,595	2,675	1,213
1,250　～　1,500	3,325	15	205	819	1,432	631
1,500　～　2,000	2,113	6	69	375	1,015	451
2,000万円以上	1,214	5	45	203	396	384
在学者の有無別世帯数						
いる世帯	29,065	149	4,364	13,025	8,607	1,912
いない世帯	70,935	617	3,154	4,029	11,443	22,473

年齢階級別世帯分布（二人以上の世帯）
by Age Group of Household Head (Two-or-more-person Households)

単位 10万分比 Numbers per 100,000

70～79歳	80歳～	Item
years old	years old	
23,735	6,492	Distribution of households (rate to the whole = 100,000)
4,835	1,308	Number of tabulated households
2.43	2.38	Number of persons per household (persons)
		Number of households by number of household members
...	...	1 person
16,913	4,836	2 persons
4,809	1,150	3 persons
1,246	295	4 persons
346	125	5 persons
422	86	6 or more persons
		Number of households by employed persons
10,177	4,173	0 person
7,740	1,501	1 person
4,393	568	2 persons
1,426	250	3 or more persons
		Number of households by age group of household head
		(5-Year Age Group)
...	...	-34 years old
...	...	35-39
...	...	40-44
...	...	45-49
...	...	50-54
...	...	55-59
...	...	60-64
...	...	65-69
14,859	...	70-74
8,877	...	75-79
...	4,596	80-84
...	1,896	85-
		(10-Year Age Group A)
...	...	-34 years old
...	...	35-44
...	...	45-54
...	...	55-64
14,859	...	65-74
8,877	4,596	75-84
...	1,896	85-
23,735	6,492	(Regrouped) 65 years old or more
		(10-Year Age Group B)
...	...	-29 years old
...	...	30-39
...	...	40-49
...	...	50-59
...	...	60-69
23,735	...	70-79
...	6,492	80-
23,735	6,492	(Regrouped) 60 years old or more
23,735	6,492	(Regrouped) 70 years old or more
		Number of households by occupation of household head
4,215	156	Employee
866	93	Corporative administrators
2,982	565	Individual proprietors and others
15,673	5,678	No-occupation
		Number of households by kind of residence
21,614	5,900	Owned houses
1,509	230	of which household paying back debts for houses and/or land
784	164	Privately owned rented houses
762	255	Publicly owned rented houses
359	136	Rented houses owned by Urban Renaissance Agency or public corporation
31	1	Issued houses
171	25	Others
		Number of households by yearly income group
2,542	987	- 1,999,999 yen
5,713	1,656	2,000,000- 2,999,999
5,690	1,615	3,000,000- 3,999,999
3,128	680	4,000,000- 4,999,999
1,975	424	5,000,000- 5,999,999
1,165	250	6,000,000- 6,999,999
858	195	7,000,000- 7,999,999
555	100	8,000,000- 8,999,999
449	123	9,000,000- 9,999,999
509	122	10,000,000- 12,499,999
181	43	12,500,000- 14,999,999
176	23	15,000,000- 19,999,999
147	33	20,000,000-
		Number of households by presence of student
843	166	Households with student
22,892	6,326	Households without student

第５－３表　世帯主の勤めか自営かの別世帯分布（総世帯）
Table 5-3　Distribution of Households by Occupation of Household Head (Total Households)

2021年平均
2021 Average

単位　10万分比　Numbers per 100,000

| 項　目 | 平均 | 就業 Occupation | | | 非就業（無職） | Item |
| | | 雇用されている人（勤労者） | 会社などの役員 | 自営業主・その他 | | |
	Average	Employee	Corporative administrators	(a)	No-occupation	
世帯数分布（１０万分比）	100,000	52,827	4,175	9,541	33,456	Distribution of households (rate to the whole = 100,000)
集計世帯数	21,829	11,368	1,067	2,323	7,071	Number of tabulated households
世帯人員（人）	2.25	2.47	2.63	2.47	1.80	Number of persons per household (persons)
世帯人員別世帯数						Number of households by number of household members
１人	35,412	17,482	809	2,493	14,628	1 person
２人	29,608	11,685	1,460	3,204	13,260	2 persons
３人	16,852	10,066	881	1,915	3,990	3 persons
４人	12,685	9,768	668	1,196	1,054	4 persons
５人	3,882	2,896	260	445	281	5 persons
６人～	1,561	930	98	288	244	6 or more persons
就業者数別世帯数						Number of households by employed persons
０人	26,389	...	...	...	26,389	0 person
１人	39,326	27,944	1,685	4,253	5,445	1 person
２人	26,060	19,227	1,819	3,678	1,337	2 persons
３人～	8,226	5,656	672	1,611	287	3 or more persons
世帯主の年齢階級別世帯数						Number of households by age group of household head
（年齢５歳階級）						(5-Year Age Group)
～３４歳	9,289	8,203	180	342	564	-34 years old
３５～３９歳	3,976	3,427	147	240	161	35-39
４０～４４歳	5,735	4,820	286	442	187	40-44
４５～４９歳	8,074	6,819	398	569	289	45-49
５０～５４歳	9,087	7,218	428	870	571	50-54
５５～５９歳	9,930	7,284	685	1,120	840	55-59
６０～６４歳	9,760	6,005	643	1,219	1,893	60-64
６５～６９歳	12,760	4,831	584	1,674	5,671	65-69
７０～７４歳	15,369	3,290	521	1,855	9,704	70-74
７５～７９歳	9,374	768	236	793	7,577	75-79
８０～８４歳	4,749	129	54	308	4,258	80-84
８５歳～	1,899	33	15	110	1,741	85-
（年齢１０歳階級Ａ）						(10-Year Age Group A)
～３４歳	9,289	8,203	180	342	564	-34 years old
３５～４４歳	9,711	8,248	433	682	348	35-44
４５～５４歳	17,161	14,037	826	1,439	860	45-54
５５～６４歳	19,689	13,289	1,328	2,339	2,733	55-64
６５～７４歳	28,129	8,120	1,105	3,529	15,375	65-74
７５～８４歳	14,123	897	289	1,102	11,835	75-84
８５歳～	1,899	33	15	110	1,741	85-
（再掲）６５歳～	44,151	9,051	1,409	4,741	28,951	(Regrouped) 65 years old or more
（年齢１０歳階級Ｂ）						(10-Year Age Group B)
～２９歳	4,339	3,731	38	177	394	-29 years old
３０～３９歳	8,925	7,900	289	404	332	30-39
４０～４９歳	13,809	11,638	684	1,011	476	40-49
５０～５９歳	19,017	14,502	1,113	1,990	1,411	50-59
６０～６９歳	22,519	10,836	1,227	2,893	7,564	60-69
７０～７９歳	24,743	4,058	756	2,648	17,282	70-79
８０歳～	6,648	162	69	418	5,999	80-
（再掲）６０歳～	53,911	15,056	2,052	5,959	30,844	(Regrouped) 60 years old or more
（再掲）７０歳～	31,391	4,220	825	3,066	23,281	(Regrouped) 70 years old or more
世帯主の勤めか自営かの別世帯数						Number of households by occupation of household head
雇用されている人（勤労者）	52,827	52,827	...	...	...	Employee
会社などの役員	4,175	...	4,175	...	...	Corporative administrators
自営業主・その他	9,541	...	...	9,541	...	Individual proprietors and others
非就業（無職）	33,456	...	...	...	33,456	No-occupation
住居の種類別世帯数						Number of households by kind of residence
持ち家	74,980	35,505	3,592	7,726	28,157	Owned houses
うち住宅ローンあり	22,203	17,319	1,454	1,963	1,467	(b)
民営の賃貸住宅	16,865	12,433	388	1,207	2,837	Privately owned rented houses
公営の賃貸住宅	3,322	1,684	52	188	1,397	Publicly owned rented houses
都市再生機構・公社等の賃貸住宅	1,266	648	20	77	522	(c)
給与住宅	1,858	1,730	63	57	8	Issued houses
その他	1,566	746	54	283	483	Others
年間収入階級別世帯数						Number of households by yearly income group
200万円未満	18,204	4,628	99	1,532	11,945	- 1,999,999 yen
200万円以上300万円未満	16,087	6,008	181	1,540	8,359	2,000,000- 2,999,999
300 ～ 400	14,117	6,989	433	1,299	5,396	3,000,000- 3,999,999
400 ～ 500	10,732	6,475	341	1,228	2,687	4,000,000- 4,999,999
500 ～ 600	9,143	6,381	400	893	1,469	5,000,000- 5,999,999
600 ～ 700	6,787	4,956	346	577	907	6,000,000- 6,999,999
700 ～ 800	5,766	4,230	373	582	581	7,000,000- 7,999,999
800 ～ 900	4,542	3,478	337	345	383	8,000,000- 8,999,999
900 ～ 1,000	3,457	2,497	314	335	311	9,000,000- 9,999,999
1,000 ～ 1,250	4,739	3,510	498	440	291	10,000,000-12,499,999
1,250 ～ 1,500	2,199	1,668	268	177	85	12,500,000-14,999,999
1,500 ～ 2,000	1,418	932	253	164	70	15,000,000-19,999,999
2,000万円以上	856	329	282	179	65	20,000,000-
在学者の有無別世帯数						Number of households by presence of student
いる世帯	18,773	15,250	1,075	1,633	816	Households with student
いない世帯　1)	81,227	37,577	3,100	7,909	32,641	Households without student 1)

1) 在学者のいない世帯には，単身世帯を含む。
(a) Individual proprietors and others
(b) of which household paying back debts for houses and/or land
(c) Rented houses owned by Urban Renaissance Agency or public corporation

1) It includes one-person households.

第５−３表　世帯主の勤めか自営かの別世帯分布（二人以上の世帯）
Table 5-3　Distribution of Households by Occupation of Household Head (Two-or-more-person Households)

2021年平均
2021 Average　　　　　　　　　　　　　　　　　　　　　　　　　　　単位　10万分比　Numbers per 100,000

項　目	平均 Average	就業 Occupation 雇用されている人（勤労者）Employee	会社などの役員 Corporate administrators	自営業主・その他 (a)	非就業（無職）No-occupation	Item
世帯数分布（１０万分比）	100,000	54,724	5,212	10,912	29,152	Distribution of households (rate to the whole = 100,000)
集計世帯数	19,770	10,643	1,023	2,169	5,936	Number of tabulated households
世帯人員（人）	2.94	3.20	3.02	2.99	2.43	Number of persons per household (persons)
世帯人員別世帯数						Number of households by number of household members
１人	...	...	...	...	...	1 person
２人	45,842	18,092	2,260	4,960	20,530	2 persons
３人	26,092	15,585	1,364	2,966	6,178	3 persons
４人	19,639	15,123	1,034	1,852	1,631	4 persons
５人	6,011	4,484	402	689	436	5 persons
６人～	2,416	1,440	152	446	377	6 or more persons
就業者数別世帯数						Number of households by employed persons
０人	18,209	...	...	...	18,209	0 person
１人	28,707	16,198	1,356	2,724	8,430	1 person
２人	40,349	29,769	2,816	5,695	2,069	2 persons
３人～	12,736	8,757	1,041	2,494	444	3 or more persons
世帯主の年齢階級別世帯数						Number of households by age group of household head
（年齢５歳階級）						(5-Year Age Group)
～３４歳	3,350	3,034	109	172	35	-34 years old
３５～３９歳	4,934	4,414	189	272	58	35-39
４０～４４歳	7,164	6,179	351	534	101	40-44
４５～４９歳	9,890	8,449	503	786	151	45-49
５０～５４歳	9,984	8,148	635	934	268	50-54
５５～５９歳	10,065	7,688	802	1,183	392	55-59
６０～６４歳	10,913	7,173	921	1,449	1,370	60-64
６５～６９歳	13,473	5,267	743	2,036	5,426	65-69
７０～７４歳	14,859	3,406	616	2,058	8,778	70-74
７５～７９歳	8,877	809	250	923	6,895	75-79
８０～８４歳	4,596	127	74	432	3,963	80-84
８５歳～	1,896	30	19	132	1,715	85-
（年齢１０歳階級Ａ）						(10-Year Age Group A)
～３４歳	3,350	3,034	109	172	35	-34 years old
３５～４４歳	12,097	10,593	540	806	159	35-44
４５～５４歳	19,874	16,597	1,138	1,720	419	45-54
５５～６４歳	20,978	14,862	1,723	2,631	1,762	55-64
６５～７４歳	28,332	8,674	1,359	4,095	14,204	65-74
７５～８４歳	13,472	935	324	1,356	10,857	75-84
８５歳～	1,896	30	19	132	1,715	85-
（再掲）６５歳～	43,700	9,639	1,702	5,583	26,777	(Regrouped) 65 years old or more
（年齢１０歳階級Ｂ）						(10-Year Age Group B)
～２９歳	766	709	14	37	6	-29 years old
３０～３９歳	7,518	6,739	284	407	87	30-39
４０～４９歳	17,054	14,628	854	1,320	252	40-49
５０～５９歳	20,050	15,836	1,437	2,117	660	50-59
６０～６９歳	24,386	12,441	1,664	3,485	6,795	60-69
７０～７９歳	23,735	4,215	866	2,982	15,673	70-79
８０歳～	6,492	156	93	565	5,678	80-
（再掲）６０歳～	54,613	16,812	2,623	7,032	28,146	(Regrouped) 60 years old or more
（再掲）７０歳～	30,227	4,371	959	3,546	21,351	(Regrouped) 70 years old or more
世帯主の勤めか自営かの別世帯数						Number of households by occupation of household head
雇用されている人（勤労者）	54,724	54,724	...	...	...	Employee
会社などの役員	5,212	...	5,212	...	...	Corporate administrators
自営業主・その他	10,912	...	...	10,912	...	Individual proprietors and others
非就業（無職）	29,152	...	...	...	29,152	No-occupation
住居の種類別世帯数						Number of households by kind of residence
持ち家	85,173	44,544	4,705	9,563	26,361	Owned houses
うち住宅ローンあり	30,125	23,664	2,014	2,761	1,687	(b)
民営の賃貸住宅	8,439	6,362	274	817	986	Privately owned rented houses
公営の賃貸住宅	2,659	1,363	36	224	1,037	Publicly owned rented houses
都市再生機構・公社等の賃貸住宅	1,312	673	30	94	515	(c)
給与住宅	1,182	1,069	78	31	4	Issued houses
その他	1,154	681	80	181	213	Others
年間収入階級別世帯数						Number of households by yearly income group
200万円未満	6,584	1,630	93	1,001	3,860	-　1,999,999 yen
200万円以上300万円未満	12,648	3,351	151	1,332	7,814	2,000,000-　2,999,999
300　～　400	14,429	5,432	284	1,642	7,071	3,000,000-　3,999,999
400　～　500	12,159	6,604	415	1,549	3,591	4,000,000-　4,999,999
500　～　600	10,488	6,743	500	1,157	2,088	5,000,000-　5,999,999
600　～　700	8,963	6,416	445	800	1,302	6,000,000-　6,999,999
700　～　800	7,922	5,755	493	779	894	7,000,000-　7,999,999
800　～　900	6,408	4,915	459	475	559	8,000,000-　8,999,999
900　～　1,000	4,984	3,610	458	483	433	9,000,000-　9,999,999
1,000　～　1,250	6,767	5,045	652	644	427	10,000,000-12,499,999
1,250　～　1,500	3,325	2,547	395	255	129	12,500,000-14,999,999
1,500　～　2,000	2,113	1,391	388	239	95	15,000,000-19,999,999
2,000万円以上	1,214	498	401	267	47	20,000,000-
在学者の有無別世帯数						Number of households by presence of student
いる世帯	29,065	23,611	1,665	2,528	1,262	Households with student
いない世帯	70,935	31,113	3,547	8,385	27,890	Households without student

(a) Individual proprietors and others
(b) of which household paying back debts for houses and/or land
(c) Rented houses owned by Urban Renaissance Agency or public corporation

2021年平均
2021 Average

項　　目	平均	世帯人員別　by Number of household members					
		1人	2人	3人	4人	5人	6人～
	Average	person	persons	persons	persons	persons	persons
世帯数分布（１０万分比）	100,000	35,412	29,608	16,852	12,685	3,882	1,561
集計世帯数	21,829	2,059	9,495	4,998	3,635	1,193	449
世帯人員（人）	2.25	1.00	2.00	3.00	4.00	5.00	6.41
世帯人員別世帯数							
1人	35,412	35,412	...	...	...	...	...
2人	29,608	...	29,608	...	...	...	...
3人	16,852	...	...	16,852	...	...	...
4人	12,685	...	...	...	12,685	...	...
5人	3,882	...	...	...	...	3,882	...
6人～	1,561	...	...	...	...	...	1,561
就業者数別世帯数							
0人	26,389	14,628	10,528	1,029	162	21	20
1人	39,326	20,785	10,074	5,194	2,460	612	201
2人	26,060	...	9,006	7,548	6,930	2,053	523
3人～	8,226	...	...	3,081	3,132	1,196	817
世帯主の年齢階級別世帯数							
（年齢５歳階級）							
～３４歳	9,289	7,124	532	719	682	180	51
３５～３９歳	3,976	789	424	779	1,363	478	144
４０～４４歳	5,735	1,108	604	1,055	1,986	797	186
４５～４９歳	8,074	1,686	1,060	1,768	2,508	793	259
５０～５４歳	9,087	2,639	1,618	1,974	2,122	537	198
５５～５９歳	9,930	3,428	2,407	2,220	1,411	347	117
６０～６４歳	9,760	2,711	3,572	2,176	929	253	119
６５～６９歳	12,760	4,058	5,346	2,314	689	195	159
７０～７４歳	15,369	5,773	6,627	2,018	599	136	217
７５～７９歳	9,374	3,641	4,297	1,087	206	87	56
８０～８４歳	4,749	1,781	2,234	538	121	47	29
８５歳～	1,899	674	890	205	70	34	26
（年齢１０歳階級Ａ）							
～３４歳	9,289	7,124	532	719	682	180	51
３５～４４歳	9,711	1,897	1,027	1,834	3,349	1,275	329
４５～５４歳	17,161	4,325	2,678	3,742	4,630	1,329	458
５５～６４歳	19,689	6,139	5,979	4,395	2,340	600	236
６５～７４歳	28,129	9,831	11,972	4,333	1,288	331	376
７５～８４歳	14,123	5,422	6,531	1,625	327	135	85
８５歳～	1,899	674	890	205	70	34	26
（再掲）６５歳～	44,151	15,927	19,392	6,163	1,684	498	487
（年齢１０歳階級Ｂ）							
～２９歳	4,339	3,844	186	171	103	26	9
３０～３９歳	8,925	4,070	769	1,326	1,941	633	186
４０～４９歳	13,809	2,794	1,664	2,823	4,494	1,589	445
５０～５９歳	19,017	6,067	4,025	4,194	3,533	883	315
６０～６９歳	22,519	6,769	8,917	4,490	1,618	448	277
７０～７９歳	24,743	9,414	10,923	3,106	804	224	273
８０歳～	6,648	2,455	3,123	743	191	81	56
（再掲）６０歳～	53,911	18,638	22,964	8,338	2,613	752	606
（再掲）７０歳～	31,391	11,869	14,047	3,849	995	304	328
世帯主の勤めか自営かの別世帯数							
雇用されている人（勤労者）	52,827	17,482	11,685	10,066	9,768	2,896	930
会社などの役員	4,175	809	1,460	881	668	260	98
自営主・その他	9,541	2,493	3,204	1,915	1,196	445	288
非就業（無職）	33,456	14,628	13,260	3,990	1,054	281	244
住居の種類別世帯数							
持ち家	74,980	19,969	24,851	14,282	11,020	3,438	1,420
うち住宅ローンあり	22,203	2,746	4,183	5,454	6,931	2,172	718
民営の賃貸住宅	16,865	11,415	2,530	1,534	1,034	266	87
公営の賃貸住宅	3,322	1,604	1,138	348	157	57	18
都市再生機構・公社等の賃貸住宅	1,266	419	513	196	105	26	7
給与住宅	1,858	1,095	207	274	219	49	14
その他	1,566	821	340	200	144	47	14
年間収入階級別世帯数							
200万円未満	18,204	13,951	3,229	731	219	45	29
200万円以上300万円未満	16,087	7,918	6,216	1,313	431	157	52
300　～　400	14,117	4,798	6,281	1,859	789	278	113
400　～　500	10,732	2,879	3,858	2,091	1,375	358	171
500　～　600	9,143	2,369	2,628	1,988	1,492	485	182
600　～　700	6,787	998	1,551	2,009	1,588	460	181
700　～　800	5,766	649	1,310	1,685	1,482	487	153
800　～　900	4,542	403	990	1,271	1,315	405	158
900　～　1,000	3,457	238	827	933	1,023	309	128
1,000　～　1,250	4,739	368	983	1,335	1,464	436	154
1,250　～　1,500	2,199	51	485	672	701	205	85
1,500　～　2,000	1,418	54	343	414	410	129	69
2,000万円以上	856	72	265	213	197	67	42
在学者の有無別世帯数							
いる世帯	18,773	...	491	5,122	8,779	3,117	1,264
いない世帯　1）	81,227	35,412	29,117	11,731	3,906	765	297

1）在学者のいない世帯には，単身世帯を含む。

世帯分布（総世帯）
Members and Employed Persons (Total Households)

単位　10万分比　Numbers per 100,000

就業者数別	by Employed Persons			Item
0人	1人	2人	3人～	
person	person	persons	persons	
26,389	39,326	26,060	8,226	Distribution of households (rate to the whole = 100,000)
4,895	6,632	7,869	2,434	Number of tabulated households
1.50	1.80	3.14	4.02	Number of persons per household (persons)
				Number of households by number of household members
14,628	20,785	...	...	1 person
10,528	10,074	9,006	...	2 persons
1,029	5,194	7,548	3,081	3 persons
162	2,460	6,930	3,132	4 persons
21	612	2,053	1,196	5 persons
20	201	523	817	6 or more persons
				Number of households by employed persons
26,389	...	...	...	0 person
...	39,326	...	...	1 person
...	...	26,060	...	2 persons
...	...	...	8,226	3 or more persons
				Number of households by age group of household head
				(5-Year Age Group)
553	7,276	1,410	50	-34 years old
145	1,648	2,098	85	35-39
152	2,275	3,093	215	40-44
246	3,117	3,932	779	45-49
459	3,703	3,413	1,512	50-54
666	4,296	3,150	1,817	55-59
1,399	3,724	3,058	1,579	60-64
4,010	4,940	2,704	1,106	65-69
7,547	5,057	2,071	694	70-74
6,185	2,197	765	227	75-79
3,591	786	265	107	80-84
1,436	307	102	54	85-
				(10-Year Age Group A)
553	7,276	1,410	50	-34 years old
297	3,923	5,191	300	35-44
705	6,820	7,345	2,291	45-54
2,065	8,020	6,208	3,397	55-64
11,557	9,998	4,775	1,800	65-74
9,776	2,983	1,030	334	75-84
1,436	307	102	54	85-
22,769	13,287	5,907	2,188	(Regrouped) 65 years old or more
				(10-Year Age Group B)
392	3,591	341	16	-29 years old
305	5,333	3,167	119	30-39
398	5,392	7,025	994	40-49
1,125	7,999	6,563	3,330	50-59
5,409	8,664	5,761	2,685	60-69
13,732	7,254	2,837	921	70-79
5,027	1,093	367	161	80-
24,168	17,011	8,965	3,767	(Regrouped) 60 years old or more
18,759	8,347	3,203	1,082	(Regrouped) 70 years old or more
				Number of households by occupation of household head
...	27,944	19,227	5,656	Employee
...	1,685	1,819	672	Corporative administrators
...	4,253	3,678	1,611	Individual proprietors and others
26,389	5,445	1,337	287	No-occupation
				Number of households by kind of residence
21,719	24,161	21,528	7,574	Owned houses
758	6,643	11,359	3,443	of which household paying back debts for houses and/or land
2,579	10,962	2,935	390	Privately owned rented houses
1,197	1,464	563	98	Publicly owned rented houses
420	506	283	58	Rented houses owned by Urban Renaissance Agency or public corporation
6	1,410	405	37	Issued houses
422	752	328	64	Others
				Number of households by yearly income group
11,328	5,998	786	92	-　1,999,999 yen
7,235	7,099	1,516	237	2,000,000-　2,999,999
4,093	7,118	2,445	461	3,000,000-　3,999,999
1,638	5,232	3,098	764	4,000,000-　4,999,999
676	4,474	3,166	828	5,000,000-　5,999,999
279	2,604	3,064	840	6,000,000-　6,999,999
115	1,944	2,811	895	7,000,000-　7,999,999
105	1,286	2,336	816	8,000,000-　8,999,999
88	910	1,739	720	9,000,000-　9,999,999
57	1,177	2,365	1,140	10,000,000- 12,499,999
23	316	1,235	625	12,500,000- 14,999,999
32	247	696	443	15,000,000- 19,999,999
51	209	388	207	20,000,000-
				Number of households by presence of student
214	4,591	11,150	2,818	Households with student
26,175	34,736	14,910	5,407	Households without student 1)

1) It includes one-person households.

2021年平均
2021 Average

項　　目	平均	世帯人員別 by Number of household members					
		1人	2人	3人	4人	5人	6人～
	Average	person	persons	persons	persons	persons	persons
世帯数分布（10万分比）	100,000	...	45,842	26,092	19,639	6,011	2,416
集計世帯数	19,770	...	9,495	4,998	3,635	1,193	449
世帯人員（人）	2.94	...	2.00	3.00	4.00	5.00	6.41
世帯人員別世帯数							
1人	...	...	...	...	...	...	...
2人	45,842	...	45,842	...	...	...	...
3人	26,092	...	...	26,092	...	...	...
4人	19,639	...	...	...	19,639	...	...
5人	6,011	...	...	...	...	6,011	...
6人～	2,416	...	...	...	...	...	2,416
就業者数別世帯数							
0人	18,209	...	16,300	1,594	251	33	32
1人	28,707	...	15,598	8,042	3,808	948	311
2人	40,349	...	13,944	11,687	10,730	3,178	810
3人～	12,736	...	...	4,770	4,850	1,852	1,264
世帯主の年齢階級別世帯数							
（年齢5歳階級）							
～34歳	3,350	...	823	1,113	1,056	279	79
35～39歳	4,934	...	655	1,205	2,110	741	223
40～44歳	7,164	...	935	1,634	3,075	1,233	288
45～49歳	9,890	...	1,641	2,737	3,884	1,227	401
50～54歳	9,984	...	2,505	3,056	3,285	831	307
55～59歳	10,065	...	3,726	3,437	2,184	537	181
60～64歳	10,913	...	5,531	3,369	1,438	392	184
65～69歳	13,473	...	8,277	3,583	1,066	301	246
70～74歳	14,859	...	10,260	3,125	927	211	336
75～79歳	8,877	...	6,653	1,684	319	135	86
80～84歳	4,596	...	3,459	833	187	73	45
85歳～	1,896	...	1,377	317	108	52	41
（年齢10歳階級A）							
～34歳	3,350	...	823	1,113	1,056	279	79
35～44歳	12,097	...	1,590	2,839	5,184	1,974	510
45～54歳	19,874	...	4,146	5,793	7,169	2,058	709
55～64歳	20,978	...	9,257	6,805	3,623	929	365
65～74歳	28,332	...	18,537	6,708	1,993	512	581
75～84歳	13,472	...	10,111	2,517	506	208	131
85歳～	1,896	...	1,377	317	108	52	41
（再掲）65歳～	43,700	...	30,026	9,542	2,607	772	753
（年齢10歳階級B）							
～29歳	766	...	288	265	160	39	14
30～39歳	7,518	...	1,191	2,054	3,006	980	288
40～49歳	17,054	...	2,576	4,371	6,958	2,460	689
50～59歳	20,050	...	6,232	6,493	5,470	1,367	488
60～69歳	24,386	...	13,807	6,951	2,505	693	429
70～79歳	23,735	...	16,913	4,809	1,246	346	422
80歳～	6,492	...	4,836	1,150	295	125	86
（再掲）60歳～	54,613	...	35,556	12,910	4,046	1,164	937
（再掲）70歳～	30,227	...	21,749	5,959	1,541	471	508
世帯主の勤めか自営かの別世帯数							
雇用されている人（勤労者）	54,724	...	18,092	15,585	15,123	4,484	1,440
会社などの役員	5,212	...	2,260	1,364	1,034	402	152
自営業主・その他	10,912	...	4,960	2,966	1,852	689	446
非就業（無職）	29,152	...	20,530	6,178	1,631	436	377
住居の種類別世帯数							
持ち家	85,173	...	38,478	22,113	17,061	5,324	2,198
うち住宅ローンあり	30,125	...	6,476	8,445	10,731	3,362	1,111
民営の賃貸住宅	8,439	...	3,916	2,375	1,601	412	135
公営の賃貸住宅	2,659	...	1,762	538	244	88	27
都市再生機構・公社等の賃貸住宅	1,312	...	794	304	162	40	11
給与住宅	1,182	...	321	425	339	75	22
その他	1,154	...	526	310	223	73	22
年間収入階級別世帯数							
200万円未満	6,584	...	5,000	1,132	340	69	44
200万円以上300万円未満	12,648	...	9,624	2,033	668	244	80
300　～　400	14,429	...	9,724	2,878	1,221	431	175
400　～　500	12,159	...	5,975	3,237	2,129	554	265
500　～　600	10,488	...	4,069	3,078	2,310	750	282
600　～　700	8,963	...	2,401	3,111	2,459	712	281
700　～　800	7,922	...	2,028	2,609	2,294	754	237
800　～　900	6,408	...	1,534	1,967	2,036	627	245
900　～　1,000	4,984	...	1,280	1,445	1,583	478	199
1,000　～　1,250	6,767	...	1,522	2,067	2,267	674	238
1,250　～　1,500	3,325	...	751	1,040	1,085	318	131
1,500　～　2,000	2,113	...	531	641	635	199	107
2,000万円以上	1,214	...	409	330	306	104	65
在学者の有無別世帯数							
いる世帯	29,065	...	760	7,929	13,593	4,826	1,957
いない世帯	70,935	...	45,082	18,163	6,047	1,185	459

世帯分布（二人以上の世帯）
Members and Employed Persons (Two-or-more-person Households)

単位　10万分比　Numbers per 100,000

就業者数別	by Employed Persons			
0人	1人	2人	3人～	Item
person	person	persons	persons	
18,209	28,707	40,349	12,736	Distribution of households (rate to the whole = 100,000)
3,759	5,708	7,869	2,434	Number of tabulated households
2.13	2.69	3.14	4.02	Number of persons per household (persons)
				Number of households by number of household members
...	...	...	...	1 person
16,300	15,598	13,944	...	2 persons
1,594	8,042	11,687	4,770	3 persons
251	3,808	10,730	4,850	4 persons
33	948	3,178	1,852	5 persons
32	311	810	1,264	6 or more persons
				Number of households by employed persons
18,209	...	...	...	0 person
...	28,707	...	...	1 person
...	...	40,349	...	2 persons
...	...	...	12,736	3 or more persons
				Number of households by age group of household head
				(5-Year Age Group)
17	1,073	2,182	77	-34 years old
33	1,520	3,249	132	35-39
47	1,995	4,788	333	40-44
85	2,511	6,088	1,206	45-49
94	2,265	5,284	2,341	50-54
123	2,252	4,877	2,814	55-59
605	3,129	4,734	2,445	60-64
2,855	4,720	4,186	1,712	65-69
5,437	5,139	3,207	1,075	70-74
4,740	2,601	1,185	351	75-79
2,929	1,091	410	166	80-84
1,244	410	158	84	85-
				(10-Year Age Group A)
17	1,073	2,182	77	-34 years old
80	3,515	8,037	465	35-44
179	4,776	11,372	3,547	45-54
727	5,381	9,612	5,259	55-64
8,293	9,859	7,393	2,786	65-74
7,668	3,692	1,595	518	75-84
1,244	410	158	84	85-
17,205	13,961	9,146	3,387	(Regrouped) 65 years old or more
				(10-Year Age Group B)
4	210	527	25	-29 years old
46	2,383	4,904	185	30-39
133	4,506	10,876	1,539	40-49
217	4,516	10,162	5,155	50-59
3,460	7,849	8,920	4,156	60-69
10,177	7,740	4,393	1,426	70-79
4,173	1,501	568	250	80-
17,810	17,091	13,880	5,832	(Regrouped) 60 years old or more
14,350	9,241	4,960	1,676	(Regrouped) 70 years old or more
				Number of households by occupation of household head
...	16,190	29,769	8,757	Employee
...	1,356	2,816	1,041	Corporative administrators
...	2,724	5,695	2,494	Individual proprietors and others
18,209	8,430	2,069	444	No-occupation
				Number of households by kind of residence
16,393	23,722	33,332	11,726	Owned houses
590	6,618	17,587	5,330	of which household paying back debts for houses and/or land
586	2,705	4,544	603	Privately owned rented houses
728	908	872	152	Publicly owned rented houses
357	428	438	89	Rented houses owned by Urban Renaissance Agency or public corporation
1	498	627	57	Issued houses
118	429	508	99	Others
				Number of households by yearly income group
2,905	2,320	1,216	142	-　1,999,999 yen
6,074	3,861	2,347	367	2,000,000-　2,999,999
5,054	4,875	3,786	714	3,000,000-　3,999,999
1,966	4,214	4,797	1,182	4,000,000-　4,999,999
860	3,445	4,903	1,282	5,000,000-　5,999,999
330	2,588	4,744	1,301	6,000,000-　6,999,999
174	2,010	4,352	1,386	7,000,000-　7,999,999
128	1,401	3,616	1,264	8,000,000-　8,999,999
87	1,091	2,692	1,115	9,000,000-　9,999,999
63	1,278	3,662	1,764	10,000,000-12,499,999
33	413	1,913	967	12,500,000-14,999,999
37	312	1,077	686	15,000,000-19,999,999
26	267	601	320	20,000,000-
				Number of households by presence of student
331	7,106	17,264	4,363	Households with student
17,878	21,600	23,085	8,373	Households without student

2021年平均
2021 Average

項　目	平均 Average	200万円 未満 2 million yen under	200万円 以上 300万円 未満 2 million yen - 3 million yen	300〜400 3 million yen - 4 million yen	400〜500 4 million yen - 5 million yen	500〜600 5 million yen - 6 million yen	600〜700 6 million yen - 7 million yen	700〜800 7 million yen - 8 million yen
世帯数分布（10万分比）	100,000	18,204	16,087	14,117	10,732	9,143	6,787	5,766
集計世帯数	21,829	2,369	3,104	3,153	2,544	2,157	1,788	1,561
世帯人員（人）	2.25	1.31	1.69	2.00	2.35	2.53	2.94	3.06
世帯人員別世帯数								
1人	35,412	13,951	7,918	4,798	2,879	2,369	998	649
2人	29,608	3,229	6,216	6,281	3,858	2,628	1,551	1,310
3人	16,852	731	1,313	1,859	2,091	1,988	2,009	1,685
4人	12,685	219	431	789	1,375	1,492	1,588	1,482
5人	3,882	45	157	278	358	485	460	487
6人〜	1,561	29	52	113	171	182	181	153
就業者数別世帯数								
0人	26,389	11,328	7,235	4,093	1,638	676	279	115
1人	39,326	5,998	7,099	7,118	5,232	4,474	2,604	1,944
2人	26,060	786	1,516	2,445	3,098	3,166	3,064	2,811
3人〜	8,226	92	237	461	764	828	840	895
世帯主の年齢階級別世帯数								
（年齢5歳階級）								
〜34歳	9,289	1,165	1,761	2,192	1,495	1,379	477	210
35〜39歳	3,976	233	254	422	530	607	556	440
40〜44歳	5,735	251	373	526	723	758	831	646
45〜49歳	8,074	489	482	593	849	967	961	949
50〜54歳	9,087	769	683	783	784	956	879	833
55〜59歳	9,930	1,356	921	827	781	912	727	894
60〜64歳	9,760	1,883	1,154	1,144	1,248	908	691	552
65〜69歳	12,760	2,863	2,562	2,067	1,585	962	693	511
70〜74歳	15,369	4,439	3,625	2,573	1,502	963	540	402
75〜79歳	9,374	2,809	2,477	1,721	746	444	261	197
80〜84歳	4,749	1,474	1,290	859	334	203	119	93
85歳〜	1,899	474	503	410	158	85	53	39
（年齢10歳階級A）								
〜34歳	9,289	1,165	1,761	2,192	1,495	1,379	477	210
35〜44歳	9,711	484	627	948	1,252	1,365	1,387	1,086
45〜54歳	17,161	1,257	1,165	1,376	1,632	1,922	1,839	1,782
55〜64歳	19,689	3,239	2,076	1,971	2,028	1,821	1,417	1,446
65〜74歳	28,129	7,302	6,188	4,640	3,088	1,925	1,233	913
75〜84歳	14,123	4,283	3,767	2,581	1,080	647	380	289
85歳〜	1,899	474	503	410	158	85	53	39
（再掲）65歳〜	44,151	12,059	10,458	7,630	4,325	2,657	1,667	1,242
（年齢10歳階級B）								
〜29歳	4,339	854	1,215	1,228	333	432	52	53
30〜39歳	8,925	543	800	1,386	1,692	1,555	981	597
40〜49歳	13,809	740	856	1,119	1,571	1,724	1,792	1,595
50〜59歳	19,017	2,124	1,604	1,610	1,564	1,868	1,605	1,727
60〜69歳	22,519	4,745	3,717	3,211	2,833	1,871	1,384	1,063
70〜79歳	24,743	7,248	6,102	4,295	2,248	1,407	801	599
80歳〜	6,648	1,948	1,794	1,269	491	288	172	132
（再掲）60歳〜	53,911	13,942	11,612	8,774	5,572	3,565	2,357	1,794
（再掲）70歳〜	31,391	9,197	7,895	5,563	2,739	1,694	973	731
世帯主の勤めか自営かの別世帯数								
雇用されている人（勤労者）	52,827	4,628	6,008	6,989	6,475	6,381	4,956	4,230
会社などの役員	4,175	99	181	433	341	400	346	373
自営業主・その他	9,541	1,532	1,540	1,299	1,228	893	577	582
非就業（無職）	33,456	11,945	8,359	5,396	2,687	1,469	907	581
住居の種類別世帯数								
持ち家	74,980	12,310	11,514	9,920	7,903	6,591	5,465	4,878
うち住宅ローンあり	22,203	708	986	1,623	2,415	2,774	2,731	2,516
民営の賃貸住宅	16,865	3,765	3,003	2,853	2,072	1,834	944	601
公営の賃貸住宅	3,322	1,354	731	633	218	159	46	51
都市再生機構・公社等の賃貸住宅	1,266	236	289	209	133	94	81	44
給与住宅	1,858	11	263	353	151	386	156	140
その他	1,566	510	263	146	255	76	92	51
年間収入階級別世帯数								
200万円未満	18,204	18,204	...	...	...	...	...	...
200万円以上300万円未満	16,087	...	16,087	...	...	...	...	...
300　〜　400	14,117	...	...	14,117	...	...	...	...
400　〜　500	10,732	...	...	...	10,732	...	...	...
500　〜　600	9,143	...	...	...	...	9,143	...	...
600　〜　700	6,787	...	...	...	...	...	6,787	...
700　〜　800	5,766	...	...	...	...	...	...	5,766
800　〜　900	4,542	...	...	...	...	...	...	...
900　〜　1,000	3,457	...	...	...	...	...	...	...
1,000　〜　1,250	4,739	...	...	...	...	...	...	...
1,250　〜　1,500	2,199	...	...	...	...	...	...	...
1,500　〜　2,000	1,418	...	...	...	...	...	...	...
2,000万円以上	856	...	...	...	...	...	...	...
在学者の有無別世帯数								
いる世帯	18,773	520	701	1,257	1,954	2,183	2,421	2,209
いない世帯　1）	81,227	17,684	15,385	12,860	8,778	6,960	4,366	3,557

1）在学者のいない世帯には，単身世帯を含む。

世帯分布（総世帯）
Income Group (Total Households)

単位　10万分比　Numbers per 100,000

800~900 8 million yen - 9 million yen	900~1,000 9 million yen - 10 million yen	1,000~1,250 10 million yen - 12.5 million yen	1,250~1,500 12.5 million yen - 15 million yen	1,500~2,000 15 million yen - 20 million yen	2,000万円 以　上 20 million yen or more	Item
4,542	3,457	4,739	2,199	1,418	856	Distribution of households (rate to the whole = 100,000)
1,246	963	1,277	619	388	227	Number of tabulated households
3.19	3.23	3.24	3.37	3.32	3.09	Number of persons per household (persons)
						Number of households by number of household members
403	238	368	51	54	72	1 person
990	827	983	485	343	265	2 persons
1,271	933	1,335	672	414	213	3 persons
1,315	1,023	1,464	701	410	197	4 persons
405	309	436	205	129	67	5 persons
158	128	154	85	69	42	6 or more persons
						Number of households by employed persons
105	88	57	23	32	51	0 person
1,286	910	1,177	316	247	209	1 person
2,336	1,739	2,365	1,235	696	388	2 persons
816	720	1,140	625	443	207	3 or more persons
						Number of households by age group of household head (5-Year Age Group)
153	98	149	61	17	6	-34 years old
274	190	279	81	31	27	35-39
530	329	364	185	92	42	40-44
790	566	705	352	152	89	45-49
802	643	943	468	311	116	50-54
764	598	1,007	463	376	156	55-59
447	366	496	279	219	166	60-64
322	256	340	155	90	115	65-69
259	209	270	88	74	83	70-74
133	107	102	40	41	30	75-79
39	76	48	15	10	20	80-84
28	18	36	13	4	7	85-
						(10-Year Age Group A)
153	98	149	61	17	6	-34 years old
804	519	643	266	123	69	35-44
1,593	1,210	1,648	819	463	205	45-54
1,211	964	1,503	742	596	321	55-64
581	465	610	243	164	198	65-74
173	183	150	55	51	50	75-84
28	18	36	13	4	7	85-
782	667	796	310	220	255	(Regrouped) 65 years old or more
						(10-Year Age Group B)
25	15	28	10	4	3	-29 years old
402	273	401	132	44	29	30-39
1,320	895	1,069	536	244	131	40-49
1,566	1,242	1,950	931	687	271	50-59
770	622	836	434	309	280	60-69
392	317	372	128	115	113	70-79
67	94	84	28	15	27	80-
1,229	1,033	1,292	590	439	420	(Regrouped) 60 years old or more
460	411	456	156	129	140	(Regrouped) 70 years old or more
						Number of households by occupation of household head
3,478	2,497	3,510	1,668	932	329	Employee
337	314	498	268	253	282	Corporative administrators
345	335	440	177	164	179	Individual proprietors and others
383	311	291	85	70	65	No-occupation
						Number of households by kind of residence
3,858	2,972	4,096	1,978	1,278	779	Owned houses
2,232	1,652	2,266	1,084	618	298	of which household paying back debts for houses and/or land
482	301	438	141	88	47	Privately owned rented houses
21	7	2	5	12	-	Publicly owned rented houses
34	37	51	16	9	16	Rented houses owned by Urban Renaissance Agency or public corporation
113	98	103	49	23	8	Issued houses
32	40	46	10	9	6	Others
						Number of households by yearly income group
...	...	...	...	...	...	- 1,999,999 yen
...	...	...	...	...	...	2,000,000- 2,999,999
...	...	...	...	...	...	3,000,000- 3,999,999
	...	...	...	...	...	4,000,000- 4,999,999
...	...	...	...	...	...	5,000,000- 5,999,999
...	...	...	...	...	...	6,000,000- 6,999,999
...	...	...	...	...	...	7,000,000- 7,999,999
4,542	...	...	...	...	...	8,000,000- 8,999,999
...	3,457	...	...	...	...	9,000,000- 9,999,999
...	...	4,739	...	...	...	10,000,000- 12,499,999
...	...	...	2,199	...	...	12,500,000- 14,999,999
...	...	...	...	1,418	...	15,000,000- 19,999,999
...	...	...	...	...	856	20,000,000-
						Number of households by presence of student
1,976	1,461	2,020	942	587	297	Households with student
2,566	1,996	2,719	1,257	832	559	Households without student 1)

1) It includes one-person households.

2021年平均
2021 Average

項　目	平均 Average	200万円未満 2 million yen under	200万円以上300万円未満 2 million yen - 3 million yen	300〜400 3 million yen - 4 million yen	400〜500 4 million yen - 5 million yen	500〜600 5 million yen - 6 million yen	600〜700 6 million yen - 7 million yen	700〜800 7 million yen - 8 million yen
世帯数分布（10万分比）	100,000	6,584	12,648	14,429	12,159	10,488	8,963	7,922
集計世帯数	19,770	1,361	2,622	2,952	2,432	2,079	1,745	1,531
世帯人員（人）	2.94	2.34	2.35	2.51	2.85	3.07	3.28	3.33
世帯人員別世帯数								
1人	...	...	...	...	...	...	...	...
2人	45,842	5,000	9,624	9,724	5,975	4,069	2,401	2,028
3人	26,092	1,132	2,033	2,878	3,237	3,078	3,111	2,609
4人	19,639	340	668	1,221	2,129	2,310	2,459	2,294
5人	6,011	69	244	431	554	750	712	754
6人〜	2,416	44	80	175	265	282	281	237
就業者数別世帯数								
0人	18,209	2,905	6,074	5,054	1,966	860	330	174
1人	28,707	2,320	3,861	4,875	4,214	3,445	2,588	2,010
2人	40,349	1,216	2,347	3,786	4,797	4,903	4,744	4,352
3人〜	12,736	142	367	714	1,182	1,282	1,301	1,386
世帯主の年齢階級別世帯数								
（年齢5歳階級）								
〜34歳	3,350	94	175	349	508	603	519	325
35〜39歳	4,934	111	184	461	685	760	720	642
40〜44歳	7,164	157	305	521	781	1,016	1,010	1,000
45〜49歳	9,890	255	400	554	990	1,117	1,314	1,230
50〜54歳	9,984	327	350	623	853	998	1,077	1,012
55〜59歳	10,065	333	454	641	803	971	909	1,043
60〜64歳	10,913	819	1,028	1,387	1,559	1,201	965	854
65〜69歳	13,473	959	2,385	2,590	2,172	1,423	1,035	764
70〜74歳	14,859	1,497	3,350	3,455	2,078	1,340	787	605
75〜79歳	8,877	1,045	2,362	2,234	1,050	635	378	253
80〜84歳	4,596	707	1,224	1,095	497	296	177	144
85歳〜	1,896	279	432	520	183	128	74	51
（年齢10歳階級A）								
〜34歳	3,350	94	175	349	508	603	519	325
35〜44歳	12,097	268	489	982	1,465	1,776	1,731	1,642
45〜54歳	19,874	582	750	1,176	1,843	2,114	2,390	2,241
55〜64歳	20,978	1,152	1,482	2,028	2,363	2,173	1,873	1,897
65〜74歳	28,332	2,456	5,735	6,045	4,251	2,764	1,822	1,370
75〜84歳	13,472	1,752	3,586	3,329	1,547	931	554	397
85歳〜	1,896	279	432	520	183	128	74	51
（再掲）65歳〜	43,700	4,487	9,753	9,894	5,980	3,822	2,450	1,817
（年齢10歳階級B）								
〜29歳	766	17	71	103	151	128	80	82
30〜39歳	7,518	189	287	707	1,042	1,236	1,159	885
40〜49歳	17,054	412	705	1,075	1,771	2,132	2,324	2,229
50〜59歳	20,050	661	804	1,263	1,656	1,969	1,985	2,055
60〜69歳	24,386	1,778	3,413	3,977	3,732	2,625	2,000	1,618
70〜79歳	23,735	2,542	5,713	5,690	3,128	1,975	1,165	858
80歳〜	6,492	987	1,656	1,615	680	424	250	195
（再掲）60歳〜	54,613	5,307	10,781	11,281	7,540	5,023	3,415	2,671
（再掲）70歳〜	30,227	3,528	7,368	7,305	3,808	2,399	1,415	1,053
世帯主の勤めか自営かの別世帯数								
雇用されている人（勤労者）	54,724	1,630	3,351	5,432	6,604	6,743	6,416	5,755
会社などの役員	5,212	93	151	284	415	500	445	493
自営業主・その他	10,912	1,001	1,332	1,642	1,549	1,157	800	779
非就業（無職）	29,152	3,860	7,814	7,071	3,591	2,088	1,302	894
住居の種類別世帯数								
持ち家	85,173	4,742	10,473	12,369	10,401	8,906	7,750	6,865
うち住宅ローンあり	30,125	443	993	1,873	3,206	3,660	3,920	3,603
民営の賃貸住宅	8,439	728	975	1,077	1,072	1,095	782	701
公営の賃貸住宅	2,659	747	748	481	294	142	57	61
都市再生機構・公社等の賃貸住宅	1,312	167	244	246	166	83	92	68
給与住宅	1,182	17	19	65	95	142	165	164
その他	1,154	179	171	187	131	114	112	64
年間収入階級別世帯数								
200万円未満	6,584	6,584	...	...	...	...	...	...
200万円以上300万円未満	12,648	...	12,648	...	...	...	...	...
300　〜　400	14,429	...	...	14,429	...	...	...	...
400　〜　500	12,159	...	...	...	12,159	...	...	...
500　〜　600	10,488	...	...	...	...	10,488	...	...
600　〜　700	8,963	...	...	...	...	...	8,963	...
700　〜　800	7,922	...	...	...	...	...	...	7,922
800　〜　900	6,408	...	...	...	...	...		
900　〜　1,000	4,984							
1,000　〜　1,250	6,767							
1,250　〜　1,500	3,325							
1,500　〜　2,000	2,113							
2,000万円以上	1,214							
在学者の有無別世帯数								
いる世帯	29,065	805	1,086	1,946	3,025	3,380	3,749	3,419
いない世帯	70,935	5,778	11,563	12,483	9,134	7,108	5,215	4,503

世帯分布（二人以上の世帯）
Income Group (Two-or-more-person Households)

単位　10万分比　Numbers per 100,000

800～900	900～1,000	1,000～1,250	1,250～1,500	1,500～2,000	2,000万円 以 上	Item
8 million yen - 9 million yen	9 million yen - 10 million yen	10 million yen - 12.5 million yen	12.5 million yen - 15 million yen	15 million yen - 20 million yen	20 million yen or more	
6,408	4,984	6,767	3,325	2,113	1,214	Distribution of households (rate to the whole = 100,000)
1,226	952	1,258	615	385	221	Number of tabulated households
3.40	3.39	3.43	3.43	3.41	3.27	Number of persons per household (persons)
						Number of households by number of household members
...	...	...	...	...	...	1 person
1,534	1,280	1,522	751	531	409	2 persons
1,967	1,445	2,067	1,040	641	330	3 persons
2,036	1,583	2,267	1,085	635	306	4 persons
627	478	674	318	199	104	5 persons
245	199	238	131	107	65	6 or more persons
						Number of households by employed persons
128	87	63	33	37	26	0 person
1,401	1,091	1,278	413	312	267	1 person
3,616	2,692	3,662	1,913	1,077	601	2 persons
1,264	1,115	1,764	967	686	320	3 or more persons
						Number of households by age group of household head (5-Year Age Group)
237	152	231	95	27	9	-34 years old
424	253	423	126	48	41	35-39
760	481	559	275	139	65	40-44
1,113	809	1,036	545	236	139	45-49
1,017	925	1,302	724	481	155	50-54
1,069	852	1,373	707	533	241	55-59
653	544	748	412	311	243	60-64
480	397	465	218	140	140	65-69
366	297	362	119	113	113	70-74
188	153	147	62	62	35	75-79
56	101	70	23	16	22	80-84
44	22	51	20	7	11	85-
						(10-Year Age Group A)
237	152	231	95	27	9	-34 years old
1,184	734	982	400	187	106	35-44
2,130	1,734	2,338	1,269	717	294	45-54
1,722	1,396	2,121	1,120	844	484	55-64
847	693	827	337	253	253	65-74
245	254	218	85	78	57	75-84
44	22	51	20	7	11	85-
1,135	969	1,096	442	338	321	(Regrouped) 65 years old or more
						(10-Year Age Group B)
39	23	42	15	6	5	-29 years old
622	381	611	205	69	45	30-39
1,873	1,290	1,595	819	375	203	40-49
2,086	1,776	2,675	1,432	1,015	396	50-59
1,134	940	1,213	631	451	384	60-69
555	449	509	181	176	147	70-79
100	123	122	43	23	33	80-
1,788	1,513	1,843	855	649	564	(Regrouped) 60 years old or more
655	572	631	224	198	180	(Regrouped) 70 years old or more
						Number of households by occupation of household head
4,915	3,610	5,045	2,547	1,391	498	Employee
459	458	652	395	388	401	Corporative administrators
475	483	644	255	239	267	Individual proprietors and others
559	433	427	129	95	47	No-occupation
						Number of households by kind of residence
5,592	4,413	5,933	2,998	1,912	1,117	Owned houses
3,226	2,493	3,263	1,651	927	449	of which household paying back debts for houses and/or land
543	392	528	218	135	64	Privately owned rented houses
19	10	3	7	7	-	Publicly owned rented houses
52	37	78	25	14	12	Rented houses owned by Urban Renaissance Agency or public corporation
153	90	160	61	32	12	Issued houses
45	38	62	16	14	10	Others
						Number of households by yearly income group
...	...	...	...	...	...	- 1,999,999 yen
...	...	...	...	...	...	2,000,000- 2,999,999
...	...	...	...	...	...	3,000,000- 3,999,999
...	...	...	...	...	...	4,000,000- 4,999,999
...	...	...	...	...	...	5,000,000- 5,999,999
...	...	...	...	...	...	6,000,000- 6,999,999
...	...	...	...	...	...	7,000,000- 7,999,999
6,408	...	...	...	...	...	8,000,000- 8,999,999
...	4,984	...	...	...	...	9,000,000- 9,999,999
...	...	6,767	...	...	...	10,000,000- 12,499,999
...	...	...	3,325	...	...	12,500,000- 14,999,999
...	...	...	...	2,113	...	15,000,000- 19,999,999
...	...	...	...	...	1,214	20,000,000-
						Number of households by presence of student
3,060	2,262	3,127	1,459	909	459	Households with student
3,349	2,723	3,640	1,867	1,204	754	Households without student

2021年平均
2021 Average

項　　目	全国	地　　方						
		北海道	東北	関東	北陸	東海	近畿	中国
	All Japan	Hokkaido	Tohoku	Kanto	Hokuriku	Tokai	Kinki	Chugoku
世帯数分布（抽出率調整）	10,000	423	752	3,579	400	1,241	1,614	570
特定50品目の支出があった世帯								
集計世帯数	19,753	965	1,520	6,507	929	2,381	3,220	1,293
世帯人員（人）	2.31	2.17	2.24	2.32	2.44	2.31	2.33	2.33
有業人員（人）	1.23	1.12	1.25	1.25	1.32	1.24	1.18	1.20
世帯主の年齢（歳）	58.6	59.8	57.3	57.9	58.9	57.7	59.4	60.3
50品目計	82,697	73,517	76,680	86,935	91,191	86,988	81,956	80,748
通信								
01　スマートフォン・携帯電話などの通信、通話使用料	12,218	11,429	12,859	12,181	12,978	12,318	11,673	12,081
02　インターネット接続料	6,311	6,252	5,881	6,523	6,324	5,992	6,404	5,990
03　スマートフォン・携帯電話の本体価格	45,321	43,815	40,362	46,756	47,471	40,069	44,427	45,264
旅行関係								
04　航空運賃	42,656	41,574	34,309	46,074	36,463	48,698	40,301	44,480
05　宿泊料	35,551	28,332	24,623	39,142	36,049	36,159	40,275	30,881
06　パック旅行費（国内）	70,227	87,165	51,086	77,240	54,186	76,184	65,143	35,261
07　パック旅行費（外国）	48,942	–	–	2,030	1,000	50,292	12,100	–
教育、教養娯楽								
08　国公立授業料等（幼稚園〜大学、専修学校）	33,212	37,465	41,061	36,657	38,250	26,543	32,555	31,107
09　私立授業料等（幼稚園〜大学、専修学校）	158,480	141,094	119,443	170,429	150,160	156,317	209,269	115,812
10　補習教育費	37,872	27,387	33,679	42,098	32,415	34,323	40,649	29,292
11　自動車教習料	126,558	168,688	124,622	123,382	142,467	145,270	125,094	133,046
12　スポーツ施設使用料	11,986	10,002	8,739	14,047	9,461	10,769	11,581	10,527
衣類等								
13　背広服	36,000	39,987	36,272	36,058	31,697	40,449	34,937	39,812
14　婦人用スーツ・ワンピース	20,321	19,719	16,950	21,134	23,569	20,158	19,343	20,282
15　和服	82,985	133,732	76,694	95,661	123,598	85,027	67,583	69,405
16　腕時計	31,975	30,966	28,428	35,477	19,387	29,459	29,635	26,654
17　装身具（アクセサリー類）	41,856	57,200	32,322	47,518	37,685	37,912	41,855	42,155
医療								
18　出産入院料	255,843	75,709	122,772	238,386	183,957	179,169	253,064	186,749
19　出産以外の入院料	91,082	66,484	86,337	103,830	90,281	89,439	92,552	81,179
家具等								
20　たんす	26,994	18,882	17,953	28,942	18,850	27,303	24,660	30,882
21　ベッド	55,801	78,605	69,388	57,713	55,239	63,000	55,681	62,049
22　布団	19,817	17,993	19,384	19,454	30,863	21,901	18,256	22,839
23　机・いす（事務用・学習用）	21,140	24,480	23,900	22,296	22,822	21,300	20,927	18,783
24　食器戸棚	37,015	40,680	33,387	38,618	36,335	26,358	45,944	43,833
25　食卓セット	25,490	38,925	32,302	30,093	24,465	19,515	25,083	29,908
26　応接セット	75,373	49,455	62,369	86,850	70,373	76,797	64,145	74,957
27　楽器（部品を含む）	34,137	16,572	26,322	38,784	55,369	37,027	25,884	40,825
家電等								
28　冷蔵庫	119,204	101,814	90,846	125,525	116,114	123,910	123,652	125,870
29　掃除機	27,973	30,453	26,679	29,347	30,742	28,918	25,703	28,183
30　洗濯機	90,667	96,198	84,559	94,331	97,579	88,279	96,283	100,612
31　エアコン	150,499	163,305	161,410	153,659	135,837	168,959	143,562	150,772
32　パソコン（タブレット型を含む。周辺機器・ソフトは除く）	84,622	93,407	85,590	82,735	84,748	87,263	84,927	89,196
33　テレビ	101,516	105,710	103,481	98,447	92,102	110,076	106,145	97,396
34　ビデオデッキ	34,003	31,554	32,696	33,817	30,350	33,958	35,567	37,944
35　ゲーム機（ソフトは除く）	33,918	32,133	31,006	33,711	32,632	29,501	35,616	28,824
36　カメラ（交換レンズのみを含む。使い捨てのカメラは除く）	61,873	61,304	50,815	65,998	48,915	58,833	64,520	54,816
37　ビデオカメラ	41,692	12,826	24,109	36,570	19,061	38,718	21,034	17,924
住宅関係								
38　家屋に関する設備費・工事費・修理費	321,576	215,720	348,962	359,704	241,019	333,524	300,539	356,873
39　給排水関係工事費	107,106	96,791	91,692	110,832	108,584	102,208	132,301	86,214
40　庭・植木の手入れ代	43,639	105,363	29,816	50,051	46,942	43,595	38,286	43,138
自動車等関係								
41　自動車（新車）	2,481,162	2,501,988	2,407,581	2,616,994	2,301,842	2,414,728	2,619,492	2,379,313
42　自動車（中古車）	1,107,756	1,130,016	1,096,814	1,229,739	1,301,181	1,068,352	990,690	1,109,023
43　自動車保険料（自賠責）	22,166	21,036	21,218	22,829	22,473	22,452	22,334	22,638
44　自動車保険料（任意）	23,836	16,420	18,512	25,088	25,307	25,911	31,214	23,326
45　自動車以外の原動機付輸送機器	242,195	113,538	132,507	235,680	147,143	282,922	250,835	168,979
46　自動車整備費	58,461	48,926	59,467	62,258	59,728	56,314	58,189	57,660
その他								
47　挙式・披露宴費用	569,576	410,455	504,714	656,162	390,089	461,857	453,799	435,853
48　葬儀・法事費用	442,471	401,478	534,027	434,902	411,596	430,420	455,711	330,556
49　信仰関係費	35,343	16,419	36,984	54,136	21,957	19,917	42,740	24,916
50　仕送り金	78,261	86,744	91,848	74,356	91,431	78,190	70,391	84,981
インターネットを通じて注文をした世帯								
集計世帯数	10,692	465	689	3,985	455	1,256	1,853	654
世帯人員（人）	2.53	2.36	2.42	2.49	2.77	2.54	2.59	2.66
有業人員（人）	1.46	1.35	1.47	1.44	1.62	1.49	1.45	1.51
世帯主の年齢（歳）	53.0	53.1	50.7	53.0	52.8	51.7	54.1	54.0
インターネットを利用した支出総額（22品目計）	33,469	34,065	27,685	37,257	29,249	32,005	33,432	26,912
贈答用								
51　贈答品	12,526	10,676	16,984	12,565	11,018	11,571	12,063	11,719
自宅用								
自宅用計	32,266	33,044	26,020	35,939	28,623	31,154	32,225	25,908
52〜54計（食料）	16,272	13,321	13,189	17,926	14,465	15,265	16,205	13,135
52　食料品	16,132	13,721	13,662	17,744	14,760	14,616	16,391	12,631
53　飲料	7,031	6,759	6,611	7,327	6,365	6,708	7,151	6,479
54　出前	7,852	5,920	6,508	8,095	7,504	8,389	7,594	7,596
55　家電	20,210	24,383	19,132	21,725	18,120	19,710	18,285	17,586
56　家具	14,677	19,542	12,652	14,907	17,004	15,135	13,561	14,226
57〜59計（衣類・履物）	13,255	12,040	12,683	13,302	12,611	14,033	13,878	11,799
57　紳士用衣類	11,746	11,177	11,465	11,512	12,592	13,542	12,080	10,875
58　婦人用衣類	11,953	10,736	12,016	11,986	10,509	12,361	12,308	10,190
59　履物・その他の衣類	7,794	7,516	7,510	7,721	7,835	8,016	8,016	7,636
60〜61計（保健・医療）	8,081	7,326	7,914	8,174	7,908	8,106	7,959	8,350
60　医薬品	5,660	4,804	5,837	5,654	5,355	5,613	5,949	5,462
61　健康食品	8,079	7,498	7,972	8,160	8,148	8,354	7,711	8,477
62　化粧品	7,961	8,056	7,271	7,841	8,407	8,466	8,156	7,845
63　自動車等関係用品	17,030	19,581	18,628	17,111	19,417	15,725	17,109	17,472
64　書籍	4,428	3,755	4,150	4,867	4,229	4,423	3,978	4,075
65　音楽・映像ソフト、パソコン用ソフト、ゲームソフト	8,469	9,532	8,438	8,562	7,665	9,075	7,545	7,714
66〜67計（デジタルコンテンツ）	6,063	5,634	3,833	5,923	3,965	5,634	6,534	4,455
66　電子書籍	4,945	4,605	3,218	4,854	4,512	4,846	4,036	4,577
67　ダウンロード版の音楽・映像、アプリなど	5,261	3,819	3,362	4,974	2,668	5,233	6,870	3,324
68　保険	20,758	17,908	21,314	19,857	21,009	24,212	21,098	24,702
69〜70計（旅行関係）	38,890	39,717	28,114	41,768	42,841	38,123	40,307	29,003
69　宿泊料、運賃、パック旅行費（インターネット上での決済）	37,600	40,251	29,610	40,119	40,580	33,841	40,208	27,938
70　宿泊料、運賃、パック旅行費（上記以外の決済）	34,411	29,313	22,811	37,248	44,749	41,025	33,076	24,287
71　チケット	10,259	10,095	9,575	10,548	9,206	9,305	11,787	7,923
72　上記に当てはまらない商品・サービス	13,906	14,836	13,346	14,652	15,213	13,344	13,297	13,353

当たり1か月間の支出金額（総世帯）
All Japan, Districts and City Groups (Total Households)

単位　円　In Yen

Districts		都市階級　City Groups				
四国 Shikoku	九州・沖縄 Kyushu & Okinawa	大都市 Major cities	中都市 Middle cities	小都市A Small cities A	小都市B・ 町村 Small cities B. Towns & villages	Item
302	1,121	3,002	3,152	2,335	1,511	Distribution of households
						Households expending on specific goods and services (50 items)
637	2,301	5,264	6,316	4,867	3,306	Number of tabulated households
2.26	2.30	2.32	2.30	2.30	2.33	Number of persons per household (persons)
1.18	1.20	1.26	1.19	1.22	1.23	Number of earners per household (persons)
59.4	59.9	56.8	58.6	59.2	61.1	Age of household head (years old)
78,190	72,286	80,568	82,361	84,621	84,769	Total expenditure on specific goods and services (50 items)
						Communication
13,078	12,472	12,158	12,101	12,342	12,399	01 Mobile telephones charges
6,053	6,282	6,263	6,360	6,349	6,237	02 Internet connection charges
38,977	53,163	46,229	43,493	47,347	43,361	03 Mobile telephones unit prices
						Travel-related costs
41,215	44,449	45,864	46,673	40,998	32,251	04 Airplane fares
26,251	27,193	39,050	35,681	31,910	30,743	05 Accommodation services
55,042	53,348	78,669	69,513	55,980	64,947	06 Package tour costs (domestic)
–	–	13,172	1,000	51,250	–	07 Package tour costs (overseas)
						Education, Culture and recreation
26,826	28,668	36,702	34,131	27,586	32,205	08 Tuition (kindergarten-university) (public)
98,382	102,606	167,104	146,016	165,510	154,861	09 Tuition (kindergarten-university) (private)
29,361	33,461	43,719	36,130	33,271	30,931	10 Tutorial fees
92,319	118,064	151,966	129,477	98,781	128,551	11 Lesson fees, driving school
9,212	10,367	12,893	12,570	10,873	9,196	12 Rental fees for sports facilities
						Clothing
31,133	32,101	38,173	34,716	34,762	33,529	13 Men's suits
18,546	20,417	20,639	20,949	18,083	22,076	14 Women's one-piece dresses and suits
49,621	128,663	92,834	60,587	82,018	70,493	15 Japanese clothing
30,565	34,512	35,030	35,122	29,318	25,144	16 Wrist watches
32,572	36,269	43,192	42,233	39,058	36,113	17 Accessories
						Medical care
88,871	194,524	229,648	288,372	244,169	267,720	18 Delivery fees
100,779	74,656	101,637	89,437	85,522	87,023	19 Hospital charges (excluding delivery)
						Furniture, etc.
20,211	23,864	24,642	27,492	29,965	24,680	20 Chests of drawers
39,248	48,253	58,694	56,046	54,589	53,749	21 Beds
25,788	18,896	19,423	18,924	21,415	21,443	22 Quilts
13,016	18,450	22,124	20,707	21,896	20,689	23 Desks and chairs (for work or study)
54,700	36,579	36,576	47,341	35,563	35,777	24 Sideboards
13,405	26,930	27,409	30,384	22,821	20,757	25 Dining tables and chairs
87,623	71,156	86,320	72,981	69,753	70,762	26 Drawing room suites
14,288	36,708	38,719	28,943	37,375	41,860	27 Musical instruments (including parts of instruments)
						Home electric appliances, etc.
112,576	123,274	122,033	119,966	120,111	111,511	28 Refrigerators
27,404	27,124	29,080	27,511	27,513	27,483	29 Vacuum cleaners
90,088	84,003	95,795	93,992	86,747	82,961	30 Washing machines
150,536	130,648	150,171	149,780	151,888	157,295	31 Air conditioners
89,576	93,815	88,810	81,673	82,813	88,538	32 Personal computers (including tablet devices, excluding peripherals and software)
114,222	97,602	100,878	101,592	94,729	113,561	33 TV
29,870	28,889	35,923	32,142	34,557	32,606	34 Video recorders (DVD or Blu-ray recorder, player, etc.)
26,964	34,112	32,798	32,321	35,082	32,983	35 Video game hardware (excluding software)
13,598	68,690	67,006	58,499	56,658	63,116	36 Cameras (including lenses only, excluding disposable cameras)
15,329	39,659	43,584	44,265	35,758	26,011	37 Video cameras
						Housing
302,600	265,106	302,749	328,540	333,505	311,128	38 House-related equipping/ construction/ repair costs
60,275	106,827	107,266	107,174	116,374	93,278	39 Water supply and drainage construction costs
39,677	39,717	54,480	43,765	36,488	41,765	40 Gardens, trees and plants tending costs
						Motor cars-related costs
1,894,185	2,326,215	2,764,400	2,494,589	2,436,360	2,291,827	41 Automobiles (new)
880,049	1,014,267	1,249,684	1,031,402	1,155,596	999,735	42 Automobiles (second-hand)
21,956	21,531	22,145	22,187	22,266	22,069	43 Automotive insurance premium (compulsion)
27,161	20,298	23,492	23,584	23,770	24,742	44 Automotive insurance premium (option)
85,623	304,764	277,071	244,644	248,672	190,770	45 Motorized vehicles other than automobiles
56,816	56,235	60,807	60,215	57,728	54,721	46 Automotive maintenance and repairs
						Others
12,500	267,870	849,725	460,197	517,132	593,676	47 Wedding ceremony and reception costs
297,416	448,175	451,686	430,035	443,245	464,559	48 Funeral service costs
38,341	23,036	46,154	33,040	34,085	26,581	49 Religion related costs
70,392	82,451	77,061	76,288	82,112	79,262	50 Remittance
						Households ordering over the Internet
307	1,028	3,295	3,452	2,474	1,471	Number of tabulated households
2.55	2.58	2.46	2.55	2.56	2.65	Number of persons per household (persons)
1.46	1.45	1.44	1.42	1.48	1.53	Number of earners per household (persons)
53.8	53.5	51.6	53.5	53.3	55.1	Age of household head (years old)
28,311	29,145	37,513	32,374	30,706	29,204	Total expenditure on goods and services ordered over the Internet (22 items)
						For gift
11,016	12,876	13,251	11,666	12,509	12,582	51 gift items
						For home
27,534	27,812	36,009	31,410	29,562	28,118	Total expenditure for home
13,296	14,881	17,276	16,072	15,416	14,543	52-54 Total (Food)
13,348	14,453	16,904	16,158	15,594	14,286	52 Foods
6,487	6,660	7,496	6,705	6,705	6,657	53 Beverages
7,268	8,165	7,910	7,717	7,497	9,285	54 Deliveries
17,036	19,617	20,490	19,963	20,074	20,406	55 Home electronics
12,913	13,730	15,227	14,431	14,449	14,252	56 Furniture
14,230	12,543	14,507	12,518	12,513	12,492	57-59 Total (Clothing, footwear)
10,513	9,857	12,887	10,993	10,624	11,868	57 Men's clothing
14,102	12,136	12,996	11,159	11,730	10,927	58 Women's clothing
8,033	7,669	8,160	7,728	7,290	7,788	59 Footwears and other clothing
7,643	8,492	8,459	7,942	7,817	7,816	60-61 Total (Medical care)
6,083	5,440	5,950	5,438	5,513	5,535	60 Medicines
7,264	8,706	8,440	7,986	7,818	7,815	61 Health foods
7,192	8,425	7,858	8,110	7,874	8,085	62 Cosmetics
19,650	14,368	16,843	17,775	16,545	16,831	63 Private transportation
4,061	3,820	4,604	4,345	3,933	4,950	64 Books and other reading materials
9,745	8,428	8,242	8,948	7,791	9,030	65 Software (music, video, personal computer, TV game)
9,986	8,191	6,107	6,228	6,531	4,373	66 67 Total (Digital contents)
4,190	8,530	4,988	5,000	5,166	3,826	66 Digital books
11,403	5,708	5,335	5,299	5,668	4,031	67 Download music, video, applications
19,599	20,208	19,588	20,759	23,162	20,883	68 Insurance
33,834	34,399	42,119	37,685	35,847	33,410	69-70 Total (Travel-related costs)
31,976	35,494	40,119	36,368	35,606	32,607	69 Accommodation services, fares, package tours(payment on the Internet)
33,511	28,147	38,031	34,107	31,147	27,703	70 Accommodation services, fares, package tours(payment on-site)
8,956	9,518	10,543	10,066	9,932	9,919	71 Tickets
11,757	12,453	14,215	13,774	13,566	13,996	72 Other goods and services

2021年平均
2021 Average

項　目	全国 All Japan	地方						
		北海道 Hokkaido	東北 Tohoku	関東 Kanto	北陸 Hokuriku	東海 Tokai	近畿 Kinki	中国 Chugoku
世帯数分布（抽出率調整）	10,000	416	668	3,695	396	1,201	1,645	575
特定50品目の支出があった世帯								
集計世帯数	18,077	881	1,378	5,980	859	2,171	2,949	1,182
世帯人員（人）	2.96	2.77	3.10	2.92	3.14	3.04	2.95	2.97
有業人員（人）	1.53	1.38	1.64	1.52	1.70	1.58	1.48	1.53
世帯主の年齢（歳）	59.7	59.3	60.3	59.3	59.5	59.4	60.0	59.8
50品目計	99,734	86,961	99,447	103,278	113,737	106,381	95,893	98,705
通信								
01　スマートフォン・携帯電話などの通信、通話使用料	14,533	13,442	16,103	14,350	15,501	14,485	13,750	14,881
02　インターネット接続料	6,525	6,467	6,309	6,747	6,524	6,179	6,614	6,149
03　スマートフォン・携帯電話の本体価格	47,519	41,506	48,283	49,289	49,702	44,598	47,037	45,746
旅行関係								
04　航空運賃	47,387	38,103	43,191	52,924	36,463	59,755	40,947	47,976
05　宿泊料	38,742	29,926	28,084	43,336	41,060	38,428	40,206	33,400
06　パック旅行費（国内）	74,619	75,382	51,174	80,917	54,328	76,376	76,795	36,273
07　パック旅行費（外国）	48,976	-	-	2,030	1,000	50,292	11,142	-
教育、教養娯楽								
08　国公立授業料等（幼稚園～大学、専修学校）	31,451	35,535	32,511	37,114	38,250	25,712	27,347	31,107
09　私立授業料等（幼稚園～大学、専修学校）	158,143	141,000	119,443	172,977	150,160	148,391	207,670	115,812
10　補習教育費	38,095	28,710	32,418	42,715	32,142	34,725	40,256	29,493
11　自動車教習代	136,097	183,453	128,432	135,154	142,467	154,311	132,127	138,053
12　スポーツ施設使用料	12,388	10,331	9,642	14,303	9,183	11,551	11,836	10,791
衣類等								
13　背広服	36,365	39,465	36,764	37,846	33,891	36,657	35,484	36,007
14　婦人用スーツ・ワンピース	19,821	17,288	20,994	20,869	20,752	17,885	18,643	21,668
15　和服	86,430	139,883	76,694	87,569	129,470	79,103	71,923	72,323
16　腕時計	33,100	29,967	32,572	35,849	20,217	30,242	30,664	21,300
17　装身具（アクセサリー類）	41,609	61,430	36,791	40,817	40,636	43,884	44,505	42,511
医療								
18　出産入院料	257,423	75,709	122,772	238,386	183,957	179,169	253,064	184,873
19　出産以外の入院料	92,144	69,121	85,097	102,148	89,248	91,020	91,563	84,117
家具等								
20　たんす	26,577	18,550	18,432	30,074	17,837	26,997	21,822	30,882
21　ベッド	58,909	83,521	65,736	60,060	55,239	69,480	54,854	62,896
22　布団	20,875	19,484	21,351	20,528	25,603	21,167	19,396	25,379
23　机・いす（事務用・学習用）	22,342	24,480	21,775	23,144	24,940	22,085	21,691	22,684
24　食器戸棚	42,575	40,935	33,387	41,447	37,002	28,740	45,410	62,957
25　食卓セット	31,449	40,542	38,464	33,491	26,062	24,782	32,695	32,227
26　応接セット	79,714	50,935	63,772	93,686	72,961	76,313	65,282	76,274
27　楽器（部品を含む）	39,470	20,599	27,575	42,242	55,369	50,786	30,253	40,825
家電等								
28　冷蔵庫	126,501	104,446	102,576	131,333	126,169	126,356	128,740	123,530
29　掃除機	28,981	28,655	28,955	29,358	32,768	28,815	27,858	30,124
30　洗濯機	99,405	92,881	96,312	103,197	99,614	92,690	102,946	97,375
31　エアコン	152,943	164,553	166,879	152,669	136,052	157,377	158,181	152,759
32　パソコン（ﾀﾌﾞﾚｯﾄ型を含む。周辺機器・ｿﾌﾄは除く）	89,319	94,695	87,571	89,332	85,278	91,000	87,681	89,884
33　テレビ	104,239	102,117	107,331	104,816	99,020	100,584	108,061	95,010
34　ビデオデッキ	35,128	33,888	33,199	35,371	29,634	36,185	37,374	36,789
35　ゲーム機（ソフトは除く）	32,549	33,049	28,443	30,875	32,360	32,918	35,365	28,277
36　カメラ（交換ﾚﾝｽﾞのみを含む。使い捨てのｶﾒﾗは除く）	63,957	57,240	53,428	62,123	48,915	64,491	64,298	61,879
37　ビデオカメラ	42,549	12,826	24,109	37,209	19,061	23,632	21,034	17,924
住宅関係								
38　家屋に関する設備費・工事費・修理費	317,105	224,865	321,482	356,952	261,329	340,589	288,046	352,797
39　給排水関係工事費	110,028	107,236	96,287	111,138	119,919	100,553	133,442	92,440
40　庭・植木の手入れ代	46,009	113,821	36,563	47,971	41,693	46,942	40,150	45,127
自動車等関係								
41　自動車（新車）	2,543,903	2,454,050	2,257,135	2,682,357	2,387,346	2,510,439	2,689,961	2,549,025
42　自動車（中古車）	1,172,905	1,147,313	1,060,305	1,311,130	1,301,181	1,042,153	1,158,632	1,109,023
43　自動車保険料（自賠責）	22,555	21,694	21,894	22,869	23,648	22,632	22,598	22,700
44　自動車保険料（任意）	25,475	16,727	21,576	26,138	27,870	29,590	30,159	25,843
45　自動車以外の原動機付輸送機器	243,267	113,538	132,508	232,166	137,965	270,719	243,796	114,078
46　自動車整備費	60,668	54,281	62,275	62,917	60,256	60,088	60,390	60,660
その他								
47　挙式・披露宴費用	638,409	410,455	504,714	753,416	340,784	475,822	426,753	435,853
48　葬儀・法事費用	438,822	406,388	554,800	455,660	400,410	386,979	418,433	315,328
49　信仰関係費	35,624	17,789	47,567	54,262	23,076	21,094	30,932	30,525
50　仕送り金	78,391	77,622	96,626	74,780	93,434	84,615	69,684	81,961
インターネットを通じて注文をした世帯								
集計世帯数	10,129	437	648	3,768	439	1,188	1,756	626
世帯人員（人）	3.15	2.99	3.32	3.08	3.37	3.26	3.15	3.20
有業人員（人）	1.73	1.61	1.84	1.69	1.91	1.80	1.69	1.77
世帯主の年齢（歳）	55.6	54.5	56.5	55.6	55.3	55.0	55.8	55.8
インターネットを利用した支出総額（22品目計）	35,470	31,866	30,531	40,126	29,491	32,016	35,748	29,566
贈答用								
51　贈答品	12,410	13,063	13,839	12,447	11,016	12,132	11,689	12,325
自宅用								
自宅用計	34,189	30,695	29,333	38,735	28,652	30,956	34,465	28,351
52～54計（食料）	17,668	15,644	16,343	19,743	14,769	15,293	17,228	13,891
52　食料品	17,585	15,820	16,321	19,621	14,745	14,973	17,328	13,261
53　飲料	7,424	6,964	7,297	7,750	7,183	7,064	7,368	6,801
54　出前	7,891	7,526	7,762	8,093	7,931	7,430	7,751	8,189
55　家電	20,767	22,944	21,715	21,653	19,365	21,051	19,465	19,095
56　家具	15,740	16,727	14,497	16,467	15,860	16,023	14,197	15,873
57～59計（衣類・履物）	13,345	12,693	13,011	13,705	12,638	12,472	13,921	12,936
57　紳士用衣類	11,036	11,180	11,615	11,043	11,728	10,446	11,677	10,700
58　婦人用衣類	11,731	11,275	11,501	12,001	10,626	11,288	11,853	11,608
59　履物・その他の衣類	7,855	7,845	7,552	7,930	7,663	7,503	8,126	7,789
60～61計（保健・医療）	8,210	8,037	8,210	8,197	7,989	8,488	8,089	8,486
60　医薬品	5,743	5,509	5,851	5,851	5,564	6,090	5,849	5,862
61　健康食品	8,223	8,106	8,294	8,210	8,221	8,523	8,015	8,489
62　化粧品	8,315	8,125	8,393	8,243	8,195	8,842	8,154	8,195
63　自動車等関係用品	17,499	20,446	20,471	17,696	20,911	15,922	17,801	16,852
64　書籍	4,401	4,166	3,989	4,630	4,286	4,181	4,226	4,458
65　音楽・映像ソフト、パソコン用ソフト、ゲームソフト	7,800	9,578	6,903	7,901	7,271	7,742	7,742	7,820
66～67計（デジタルコンテンツ）	4,616	4,526	4,856	4,901	3,551	4,458	4,251	4,127
66　電子書籍	4,002	4,074	3,721	4,212	4,144	3,622	3,653	4,106
67　ダウンロード版の音楽・映像、アプリなど	3,960	3,926	4,520	4,060	2,755	4,220	3,685	3,374
68　保険	21,982	18,480	25,193	20,993	19,806	25,453	22,123	23,437
69～70計（旅行関係費）	41,821	35,200	33,082	45,969	44,034	44,080	38,986	28,660
69　宿泊料、運賃、パック旅行費（インターネット上での決済）	40,824	33,851	33,050	44,534	39,875	45,127	37,118	28,386
70　宿泊料、運賃、パック旅行費（上記以外の決済）	36,564	33,308	26,994	39,752	46,070	36,419	35,439	24,787
71　チケット	10,508	10,455	9,126	10,680	9,092	10,017	11,382	8,722
72　上記に当てはまらない商品・サービス	13,862	14,363	13,711	14,486	13,022	13,011	13,770	14,155

当たり1か月間の支出金額（二人以上の世帯）
All Japan, Districts and City Groups (Two-or-more-person Households)

単位 円　In Yen

Districts 四国 Shikoku	九州・沖縄 Kyushu & Okinawa	都市階級 City Groups 大都市 Major cities	中都市 Middle cities	小都市A Small cities A	小都市B・町村 Small cities B, Towns & villages	Item
299	1,106	3,079	3,154	2,290	1,477	Distribution of households
						Households expending on specific goods and services (50 items)
584	2,092	4,829	5,786	4,448	3,015	Number of tabulated households
2.87	2.97	2.92	2.95	3.00	3.02	Number of persons per household (persons)
1.49	1.52	1.54	1.50	1.53	1.59	Number of earners per household (persons)
60.4	60.5	58.5	59.8	60.3	61.3	Age of household head (years old)
93,014	88,538	98,611	97,741	103,152	101,090	Total expenditure on specific goods and services (50 items)
						Communication
15,481	15,035	14,172	14,374	14,743	15,324	01 Mobile telephones charges
6,274	6,394	6,439	6,632	6,552	6,428	02 Internet connection charges
44,727	48,232	49,361	46,347	46,432	47,553	03 Mobile telephones unit prices
						Travel-related costs
35,551	41,000	50,428	49,974	41,270	40,602	04 Airplane fares
28,764	31,361	42,188	38,861	35,206	32,737	05 Accommodation services
54,102	59,087	78,584	77,832	64,962	60,878	06 Package tour costs (domestic)
–	–	13,172	1,000	50,292	–	07 Package tour costs (overseas)
						Education, Culture and recreation
26,908	28,999	33,555	31,703	27,942	31,763	08 Tuition (kindergarten-university) (public)
98,382	103,253	166,432	144,587	169,125	151,650	09 Tuition (kindergarten-university) (private)
30,065	33,495	44,186	36,000	33,619	31,159	10 Tutorial fees
92,319	137,454	162,173	133,163	107,101	143,295	11 Lesson fees, driving school
10,451	10,667	13,656	12,499	11,041	10,092	12 Rental fees for sports facilities
						Clothing
31,477	33,550	38,734	36,263	33,641	33,968	13 Men's suits
19,418	19,117	20,910	19,433	18,119	20,371	14 Women's one-piece dresses and suits
49,621	141,102	96,249	64,760	86,431	76,677	15 Japanese clothing
32,546	36,966	37,985	32,546	29,963	27,061	16 Wrist watches
33,416	36,652	45,464	37,271	38,875	43,345	17 Accessories
						Medical care
88,871	194,524	229,648	292,463	244,169	267,720	18 Delivery fees
95,193	82,593	99,916	94,424	86,442	83,151	19 Hospital charges (excluding delivery)
						Furniture, etc.
18,730	27,574	27,443	26,121	28,176	21,896	20 Chests of drawers
39,248	54,696	59,711	59,556	58,816	53,558	21 Beds
25,773	19,291	21,536	20,141	20,005	23,203	22 Quilts
13,359	20,048	22,000	22,615	22,257	23,126	23 Desks and chairs (for work or study)
54,700	41,217	41,680	46,987	43,827	34,220	24 Sideboards
13,405	27,558	32,295	32,809	31,854	24,218	25 Dining tables and chairs
87,623	69,290	89,740	73,724	81,203	71,619	26 Drawing room suites
14,288	36,378	44,729	32,399	39,888	25,991	27 Musical instruments (including parts of instruments)
						Home electric appliances, etc.
110,911	127,056	132,851	123,535	128,467	118,075	28 Refrigerators
28,322	28,311	29,479	28,897	28,980	28,175	29 Vacuum cleaners
97,105	98,771	104,587	102,699	94,674	88,772	30 Washing machines
153,793	137,199	150,457	152,959	153,075	159,279	31 Air conditioners
88,024	91,345	92,414	85,875	90,721	87,016	32 Personal computers (including tablet devices, excluding peripherals and software)
108,119	106,536	104,517	107,942	98,602	103,468	33 TV
28,306	31,570	37,244	33,941	35,081	32,550	34 Video recorders (DVD or Blu-ray recorder, player, etc.)
26,964	32,159	32,006	32,406	34,669	29,762	35 Video game hardware (excluding software)
13,598	78,299	67,467	64,885	56,698	63,293	36 Cameras (including lenses only, excluding disposable cameras)
15,329	43,277	43,872	41,737	35,758	29,786	37 Video cameras
						Housing
252,873	252,665	319,248	317,736	319,232	305,927	38 House-related equipping/ construction/ repair costs
67,715	109,125	112,754	104,339	119,300	102,927	39 Water supply and drainage construction costs
48,480	46,697	48,088	43,118	46,301	48,183	40 Gardens, trees and plants tending costs
						Motor cars-related costs
1,882,159	2,406,960	2,820,666	2,561,251	2,510,737	2,311,299	41 Automobiles (new)
880,049	1,153,069	1,318,744	1,108,535	1,210,763	1,073,323	42 Automobiles (second-hand)
22,448	21,775	22,586	22,529	22,625	22,487	43 Automotive insurance premium (compulsion)
31,683	21,150	24,258	25,388	26,301	26,001	44 Automotive insurance premium (option)
85,623	307,992	274,177	226,616	226,975	215,599	45 Motorized vehicles other than automobiles
56,947	58,374	61,784	62,030	59,763	58,083	46 Automotive maintenance and repairs
						Others
12,500	403,111	849,725	475,330	544,896	572,885	47 Wedding ceremony and reception costs
368,005	435,067	420,937	440,947	500,890	393,360	48 Funeral service costs
51,449	25,496	37,635	34,277	37,629	32,709	49 Religion-related costs
73,080	72,245	76,639	78,212	78,223	82,189	50 Remittance
						Households ordering over the Internet
292	975	3,112	3,271	2,349	1,397	Number of tabulated households
3.09	3.20	3.07	3.15	3.22	3.28	Number of persons per household (persons)
1.74	1.73	1.70	1.69	1.76	1.82	Number of earners per household (persons)
55.7	56.1	54.8	55.6	56.1	57.2	Age of household head (years old)
28,818	30,675	40,270	33,798	32,964	30,197	Total expenditure on goods and services ordered over the Internet (22 items)
						For gift
11,961	13,636	12,660	12,042	12,302	12,785	51 gift items
						For home
27,829	29,233	38,732	32,649	31,804	29,074	Total expenditure for home
13,429	15,674	19,168	16,779	17,018	15,630	52-54 Total (Food)
13,555	15,785	18,615	17,107	17,195	15,774	52 Foods
6,939	6,794	7,986	6,889	7,168	7,088	53 Beverages
7,569	7,739	8,273	7,434	7,628	7,877	54 Deliveries
18,211	19,589	20,742	20,518	21,251	20,664	55 Home electronics
13,139	15,540	16,726	14,727	15,547	15,446	56 Furniture
13,774	12,540	14,230	12,842	12,855	12,740	57-59 Total (Clothing,footwear)
10,960	10,138	11,390	10,648	11,069	10,837	57 Men's clothing
12,364	11,430	12,673	11,159	11,123	11,290	58 Women's clothing
8,278	7,610	7,990	7,809	7,621	7,957	59 Footwears and other clothing
8,249	8,204	8,416	8,080	7,951	8,377	60-61 Total (Medical care)
6,222	5,502	5,790	5,628	5,782	5,871	60 Medicines
7,840	8,326	8,483	8,109	7,878	8,346	61 Health foods
8,329	8,390	8,153	8,384	8,254	8,741	62 Cosmetics
16,581	14,099	17,361	18,093	16,964	17,314	63 Private transportation
4,530	4,036	4,619	4,268	4,152	4,419	64 Books and other reading materials
9,414	7,446	8,019	7,725	7,704	7,439	65 Software (music, video, personal computer, TV game)
5,651	4,232	4,957	4,339	4,390	4,430	66-67 Total (Digital contents)
4,435	3,727	4,367	3,646	3,643	4,117	66 Digital books
5,433	3,860	4,076	3,830	4,021	3,739	67 Download music, video, applications
21,172	22,303	20,593	21,495	24,560	23,698	68 Insurance
34,520	38,401	45,668	40,525	38,505	34,960	69-70 Total (Travel-related costs)
32,489	39,452	43,716	39,979	38,162	34,293	69 Accommodation services, fares, package tours(payment on the Internet)
33,387	29,114	40,090	35,042	33,281	33,004	70 Accommodation services, fares, package tours(payment on-site)
8,963	10,203	10,807	10,420	10,060	9,904	71 Tickets
12,025	12,761	14,275	13,733	13,398	13,804	72 Other goods and services

2021年平均
2021 Average

項目	全国	地方						
		北海道	東北	関東	北陸	東海	近畿	中国
	All Japan	Hokkaido	Tohoku	Kanto	Hokuriku	Tokai	Kinki	Chugoku
世帯数分布（抽出率調整）	10,000	423	752	3,579	400	1,241	1,614	570
特定50品目の支出があった世帯								
集計世帯数	19,753	965	1,520	6,507	929	2,381	3,220	1,293
世帯人員（人）	2.31	2.17	2.24	2.32	2.44	2.31	2.33	2.33
有業人員（人）	1.23	1.12	1.25	1.25	1.32	1.24	1.18	1.20
世帯主の年齢（歳）	58.6	59.8	57.3	57.9	58.9	57.7	59.4	60.3
50品目計	8,870	8,807	8,790	8,873	8,921	8,944	8,853	8,982
通信								
01 スマートフォン・携帯電話などの通信、通話使用料	8,385	8,292	8,066	8,443	8,456	8,427	8,359	8,576
02 インターネット接続料	5,917	5,160	4,955	6,335	5,980	6,121	6,185	5,677
03 スマートフォン・携帯電話の本体価格	304	238	259	332	315	303	309	278
旅行関係								
04 航空運賃	70	219	44	86	11	44	46	32
05 宿泊料	343	470	337	382	303	328	362	253
06 パック旅行費（国内）	73	49	29	89	38	59	97	36
07 パック旅行費（外国）	0	-	-	0	1	0	1	-
教育、教養娯楽								
08 国公立授業料等（幼稚園～大学、専修学校）	391	302	342	287	645	504	428	523
09 私立授業料等（幼稚園～大学、専修学校）	311	249	212	369	227	321	280	305
10 補習教育費	658	429	373	753	607	695	732	673
11 自動車教習料	38	33	55	36	40	32	38	37
12 スポーツ施設使用料	727	595	546	835	699	655	849	627
衣類等								
13 背広服	114	101	83	149	102	111	89	75
14 婦人用スーツ・ワンピース	223	180	188	227	200	221	240	212
15 和服	21	14	8	21	19	25	25	22
16 腕時計	78	67	71	89	86	77	76	76
17 装身具（アクセサリー類）	112	87	69	125	84	124	130	86
医療								
18 出産入院料	7	6	4	8	6	7	7	6
19 出産以外の入院料	164	160	152	160	158	124	173	172
家具等								
20 たんす	36	24	21	45	56	32	35	27
21 ベッド	38	41	32	37	27	41	34	30
22 布団	166	129	134	178	139	182	171	159
23 机・いす（事務用・学習用）	75	52	74	91	61	57	78	58
24 食器戸棚	24	20	15	26	23	24	24	15
25 食卓セット	52	39	38	51	60	52	61	33
26 応接セット	22	23	19	23	24	21	24	17
27 楽器（部品を含む）	41	58	17	54	32	43	43	28
家電等								
28 冷蔵庫	56	68	50	57	75	65	50	44
29 掃除機	115	125	103	121	116	101	131	108
30 洗濯機	66	48	60	67	64	69	68	57
31 エアコン	77	38	60	83	76	80	82	64
32 パソコン（タブレット型を含む。周辺機器・ソフトは除く）	112	82	68	147	76	113	116	99
33 テレビ	72	63	72	76	76	73	60	74
34 ビデオデッキ	45	40	46	46	39	45	45	44
35 ゲーム機（ソフトは除く）	49	50	33	52	31	49	48	27
36 カメラ（交換レンズのみを含む。使い捨てのカメラは除く）	22	57	13	30	11	24	12	19
37 ビデオカメラ	4	4	3	5	5	6	2	3
住宅関係								
38 家屋に関する設備費・工事費・修理費	193	188	191	194	254	188	191	199
39 給排水関係工事費	175	143	181	169	201	170	168	216
40 庭・植木の手入れ代	122	61	100	118	142	126	120	134
自動車等関係								
41 自動車（新車）	42	34	36	38	68	56	39	54
42 自動車（中古車）	31	46	41	22	33	50	24	30
43 自動車保険料（自賠責）	267	277	338	222	384	326	227	303
44 自動車保険料（任意）	1,194	1,916	1,751	960	1,371	1,379	797	1,365
45 自動車以外の原動機付輸送機器	12	6	5	12	14	12	13	15
46 自動車整備費	518	633	602	459	743	584	430	586
その他								
47 挙式・披露宴費用	8	6	8	8	13	8	9	8
48 葬儀・法事費用	58	38	62	61	73	48	58	67
49 信仰関係費	371	654	355	270	600	323	452	396
50 仕送り金	280	383	261	282	322	261	201	366
インターネットを通じて注文をした世帯								
集計世帯数	10,692	465	689	3,985	455	1,256	1,853	654
世帯人員（人）	2.53	2.36	2.42	2.49	2.77	2.54	2.59	2.66
有業人員（人）	1.46	1.35	1.47	1.44	1.62	1.49	1.45	1.51
世帯主の年齢（歳）	53.0	53.1	50.7	53.0	52.8	51.7	54.1	54.0
インターネットを利用した支出総額（22品目計）	4,781	4,251	4,075	5,448	4,134	4,676	4,923	4,319
贈答用								
51 贈答品	636	569	491	792	423	462	682	523
自宅用								
自宅用計	4,707	4,187	4,005	5,366	4,063	4,630	4,845	4,244
52～54計（食料）	2,111	1,636	1,544	2,700	1,467	2,062	2,217	1,509
52 食料品	1,421	1,086	1,030	1,819	1,028	1,372	1,499	1,087
53 飲料	917	595	587	1,234	703	854	920	575
54 出前	632	506	398	875	213	674	631	313
55 家電	596	574	413	730	499	560	651	426
56 家具	293	234	252	344	352	268	312	236
57～59計（衣類・履物）	1,383	1,132	1,201	1,579	1,279	1,381	1,438	1,247
57 紳士用衣類	415	420	311	509	444	426	391	282
58 婦人用衣類	752	567	704	838	611	734	824	763
59 履物・その他の衣類	574	392	441	664	506	556	632	509
60～61計（保健・医療）	1,033	899	759	1,238	763	942	1,144	838
60 医薬品	348	244	257	456	216	317	369	256
61 健康食品	790	724	566	924	598	702	897	664
62 化粧品	774	675	674	826	551	795	841	807
63 自動車等関係用品	217	208	188	239	206	280	204	179
64 書籍	890	759	633	1,137	612	817	876	810
65 音楽・映像ソフト、パソコン用ソフト、ゲームソフト	557	585	399	690	484	535	508	455
66～67計（デジタルコンテンツ）	951	879	706	1,226	761	954	791	748
66 電子書籍	497	459	350	692	386	427	397	382
67 ダウンロード版の音楽・映像、アプリなど	628	646	463	783	481	676	519	453
68 保険	339	294	218	428	211	310	342	241
69～70計（旅行関係費）	322	442	272	386	188	313	333	194
69 宿泊料、運賃、パック旅行費（インターネット上での決済）	225	314	167	272	92	217	235	142
70 宿泊料、運賃、パック旅行費（上記以外の決済）	121	210	113	142	97	125	119	66
71 チケット	384	302	278	534	190	343	374	238
72 上記に当てはまらない商品・サービス	1,905	1,845	1,477	2,221	1,706	1,767	2,000	1,787

世帯の割合（10000世帯当たり）(総世帯)
All Japan, Districts and City Groups (Total Households)

単位 世帯 Households

Districts		都市階級 City Groups				
四国	九州・沖縄	大都市	中都市	小都市A	小都市B・町村	Item
Shikoku	Kyushu & Okinawa	Major cities	Middle cities	Small cities A	Small cities B. Towns & villages	
302	1,121	3,002	3,152	2,335	1,511	Distribution of households
						Households expending on specific goods and services (50 items)
637	2,301	5,264	6,316	4,867	3,306	Number of tabulated households
2.26	2.30	2.32	2.30	2.30	2.33	Number of persons per household (persons)
1.18	1.20	1.26	1.19	1.22	1.23	Number of earners per household (persons)
59.4	59.9	56.8	58.6	59.2	61.1	Age of household head (years old)
8,697	8,851	8,900	8,923	8,851	8,726	Total expenditure on specific goods and services (50 items)
						Communication
8,276	8,350	8,399	8,481	8,364	8,189	01 Mobile telephones charges
5,214	5,192	6,362	6,026	5,764	5,045	02 Internet connection charges
303	274	345	299	288	259	03 Mobile telephones unit prices
						Travel-related costs
81	84	84	56	69	76	04 Airplane fares
200	262	416	341	297	271	05 Accommodation services
64	77	96	65	68	53	06 Package tour costs (domestic)
–	–	0	0	1	–	07 Package tour costs (overseas)
						Education, Culture and recreation
508	417	391	414	387	349	08 Tuition (kindergarten-university) (public)
302	283	385	340	254	188	09 Tuition (kindergarten-university) (private)
586	510	829	653	601	414	10 Tutorial fees
35	42	28	41	40	47	11 Lesson fees, driving school
653	541	858	782	658	458	12 Rental fees for sports facilities
						Clothing
101	98	148	106	102	84	13 Men's suits
265	229	278	206	206	174	14 Women's one-piece dresses and suits
21	23	24	22	20	13	15 Japanese clothing
50	64	89	77	78	61	16 Wrist watches
93	98	151	102	93	87	17 Accessories
						Medical care
6	5	9	7	4	5	18 Delivery fees
204	207	151	156	166	207	19 Hospital charges (excluding delivery)
						Furniture, etc.
64	22	44	34	35	28	20 Chests of drawers
34	53	39	32	44	37	21 Beds
141	155	169	162	173	156	22 Quilts
61	70	81	76	79	56	23 Desks and chairs (for work or study)
13	31	32	18	27	15	24 Sideboards
39	68	58	50	56	38	25 Dining tables and chairs
13	23	22	22	25	19	26 Drawing room suites
17	23	49	49	34	20	27 Musical instruments (including parts of instruments)
						Home electric appliances, etc.
51	51	54	57	54	60	28 Refrigerators
117	98	119	113	118	110	29 Vacuum cleaners
79	68	62	65	69	68	30 Washing machines
74	82	75	81	74	78	31 Air conditioners
77	67	141	106	105	79	32 Personal computers (including tablet devices, excluding peripherals and software)
91	71	69	71	74	80	33 TV
42	41	51	45	39	38	34 Video recorders (DVD or Blu-ray recorder, player, etc.)
28	75	47	42	61	51	35 Video game hardware (excluding software)
7	11	27	22	18	19	36 Cameras (including lenses only, excluding disposable cameras)
4	4	4	4	3	5	37 Video cameras
						Housing
192	177	165	191	219	212	38 House-related equipping/ construction/ repair costs
208	173	139	162	207	220	39 Water supply and drainage construction costs
127	154	82	121	142	171	40 Gardens, trees and plants tending costs
						Motor cars-related costs
50	36	27	46	48	56	41 Automobiles (new)
27	36	23	31	32	47	42 Automobiles (second-hand)
331	268	177	272	312	361	43 Automotive insurance premium (compulsion)
1,179	1,514	830	1,261	1,382	1,487	44 Automotive insurance premium (option)
10	13	11	12	11	14	45 Motorized vehicles other than automobiles
588	535	379	512	598	687	46 Automotive maintenance and repairs
						Others
1	13	7	8	11	8	47 Wedding ceremony and reception costs
67	48	51	59	58	66	48 Funeral service costs
285	459	334	359	373	464	49 Religion related costs
410	296	264	269	317	281	50 Remittance
						Households ordering over the Internet
307	1,028	3,295	3,452	2,474	1,471	Number of tabulated households
2.55	2.58	2.46	2.55	2.56	2.65	Number of persons per household (persons)
1.46	1.45	1.44	1.42	1.48	1.53	Number of earners per household (persons)
53.8	53.5	51.6	53.5	53.3	55.1	Age of household head (years old)
3,972	3,914	5,654	4,731	4,410	3,722	Total expenditure on goods and services ordered over the Internet (22 items)
						For gift
467	560	821	602	556	462	51 gift items
						For home
3,897	3,838	5,583	4,649	4,342	3,653	Total expenditure for home
1,426	1,407	2,837	2,011	1,795	1,363	52-54 Total (Food)
928	927	1,849	1,373	1,234	963	52 Foods
646	628	1,280	876	716	586	53 Beverages
309	414	1,029	552	486	235	54 Deliveries
440	427	730	611	526	410	55 Home electronics
261	200	370	308	242	189	56 Furniture
1,241	1,040	1,725	1,333	1,244	1,022	57-59 Total (Clothing, footwear)
297	295	521	405	376	286	57 Men's clothing
725	550	968	707	665	555	58 Women's clothing
526	449	702	564	518	424	59 Footwears and other clothing
908	783	1,247	999	955	802	60-61 Total (Medical care)
232	237	449	337	307	235	60 Medicines
762	616	933	763	740	637	61 Health foods
845	635	972	746	681	581	62 Cosmetics
196	146	221	215	227	198	63 Private transportation
688	619	1,157	861	767	607	64 Books and other reading materials
376	451	700	534	499	413	65 Software (music, video, personal computer, TV game)
689	729	1,282	879	823	640	66-67 Total (Digital contents)
303	357	684	481	445	239	66 Digital books
500	516	833	580	542	457	67 Download music, video, applications
263	294	425	337	279	263	68 Insurance
151	256	466	293	251	208	69-70 Total (Travel-related costs)
109	189	334	195	174	147	69 Accommodation services, fares, package tours(payment on the Internet)
45	80	167	116	92	86	70 Accommodation services, fares, package tours(payment on-site)
234	254	601	339	270	226	71 Tickets
1,531	1,444	2,200	1,951	1,768	1,430	72 Other goods and services

第６−２表　全国・地方・都市階級別支出
Table 6-2　The Ratio of Household Expended on Items by

2021年平均
2021 Average

項　目	全国	地　方						
		北海道	東北	関東	北陸	東海	近畿	中国
	All Japan	Hokkaido	Tohoku	Kanto	Hokuriku	Tokai	Kinki	Chugoku
世帯数分布（抽出率調整）	10,000	416	668	3,695	396	1,201	1,645	575
特定５０品目の支出があった世帯								
集計世帯数	18,077	881	1,378	5,980	859	2,171	2,949	1,182
世帯人員（人）	2.96	2.77	3.10	2.92	3.14	3.04	2.95	2.97
有業人員（人）	1.53	1.38	1.64	1.52	1.70	1.58	1.48	1.53
世帯主の年齢（歳）	59.7	59.3	60.3	59.3	59.5	59.4	60.0	59.8
５０品目計	9,156	9,141	9,039	9,142	9,340	9,181	9,133	9,287
通信								
01　スマートフォン・携帯電話などの通信、通話使用料	8,772	8,687	8,647	8,777	8,946	8,806	8,735	8,917
02　インターネット接続料	6,769	6,265	5,893	6,968	6,903	7,006	7,124	6,834
03　スマートフォン・携帯電話の本体価格	338	304	286	370	307	337	332	339
旅行関係								
04　航空運賃	68	152	30	80	18	31	65	43
05　宿泊料	389	480	376	438	383	330	424	290
06　パック旅行費（国内）	82	55	40	97	55	82	96	47
07　パック旅行費（外国）	0	−	−	0	1	1	1	−
教育、教養娯楽								
08　国公立授業料等（幼稚園〜大学、専修学校）	596	468	561	422	1,009	805	643	801
09　私立授業料等（幼稚園〜大学、専修学校）	473	381	370	539	355	504	420	466
10　補習教育費	977	620	616	1,077	939	1,091	1,065	1,006
11　自動車教習料	48	38	43	46	62	47	51	50
12　スポーツ施設使用料	824	630	560	931	765	780	922	803
衣類等								
13　背広服	131	147	118	144	132	128	120	105
14　婦人用スーツ・ワンピース	261	214	163	288	226	246	278	236
15　和服	24	19	14	24	26	22	31	27
16　腕時計	92	87	90	100	88	94	89	89
17　装身具（アクセサリー類）	121	91	92	135	108	110	130	109
医療								
18　出産入院料	10	9	7	12	9	11	11	6
19　出産以外の入院料	197	210	188	190	207	162	200	216
家具等								
20　たんす	45	33	34	51	41	47	48	41
21　ベッド	48	49	45	49	42	48	45	43
22　布団	190	147	185	197	185	187	195	180
23　机・いす（事務用・学習用）	86	83	58	99	76	83	94	66
24　食器戸棚	27	26	26	28	28	21	27	20
25　食卓セット	55	46	48	60	55	51	59	40
26　応接セット	29	26	25	29	30	30	30	24
27　楽器（部品を含む）	42	26	25	47	49	44	51	43
家電等								
28　冷蔵庫	66	84	57	62	82	80	59	61
29　掃除機	133	128	117	140	129	130	138	124
30　洗濯機	80	67	75	81	83	86	81	70
31　エアコン	97	54	84	100	116	107	100	80
32　パソコン（ﾀﾌﾞﾚｯﾄ型を含む。周辺機器・ｿﾌﾄは除く）	132	106	107	150	114	132	141	132
33　テレビ	85	87	92	82	94	87	74	94
34　ビデオデッキ	51	38	52	52	53	56	48	53
35　ゲーム機（ソフトは除く）	47	51	35	51	45	45	54	40
36　カメラ（交換レンズのみを含む。使い捨てのカメラは除く）	22	25	19	29	16	24	17	26
37　ビデオカメラ	5	6	5	6	8	3	3	4
住宅関係								
38　家屋に関する設備費・工事費・修理費	229	198	269	228	303	223	217	235
39　給排水関係工事費	206	157	230	206	258	198	191	264
40　庭・植木の手入れ代	119	62	103	118	140	129	114	132
自動車等関係								
41　自動車（新車）	53	51	55	47	84	73	46	55
42　自動車（中古車）	37	52	66	27	51	46	27	46
43　自動車保険料（自賠責）	320	328	401	271	419	388	274	384
44　自動車保険料（任意）	1,369	2,199	1,988	1,117	1,555	1,505	994	1,534
45　自動車以外の原動機付輸送機器	15	9	9	15	14	16	17	13
46　自動車整備費	609	604	726	541	859	719	519	698
その他								
47　挙式・披露宴費用	11	9	14	10	17	11	12	13
48　葬儀・法事費用	53	41	59	53	66	53	47	65
49　信仰関係費	365	518	351	274	664	360	434	389
50　仕送り金	312	368	358	268	437	320	258	449
インターネットを通じて注文をした世帯								
集計世帯数	10,129	437	648	3,768	439	1,188	1,756	626
世帯人員（人）	3.15	2.99	3.32	3.08	3.37	3.26	3.15	3.20
有業人員（人）	1.73	1.61	1.84	1.69	1.91	1.80	1.69	1.77
世帯主の年齢（歳）	55.6	54.5	56.5	55.6	55.3	55.0	55.8	55.8
インターネットを利用した支出総額（２２品目計）	5,267	4,569	4,354	5,858	4,810	5,085	5,544	4,985
贈答用								
51　贈答品	742	515	493	911	552	613	812	650
自宅用								
自宅用計	5,189	4,513	4,294	5,768	4,738	5,020	5,467	4,913
52〜54計（食料）	2,380	1,686	1,587	2,984	1,750	2,159	2,570	1,919
52　食料品	1,659	1,125	1,111	2,096	1,229	1,554	1,758	1,403
53　飲料	1,031	739	701	1,358	755	833	1,064	736
54　出前	663	474	350	897	295	515	775	368
55　家電	681	554	472	820	583	597	758	552
56　家具	324	224	245	389	267	286	369	290
57〜59計（衣類・履物）	1,656	1,269	1,324	1,884	1,538	1,573	1,765	1,553
57　紳士用衣類	488	426	407	573	492	447	504	395
58　婦人用衣類	939	670	732	1,079	807	876	1,036	882
59　履物・その他の衣類	729	494	543	832	662	681	792	727
60〜61計（保健・医療）	1,183	949	908	1,384	972	1,072	1,273	992
60　医薬品	407	265	306	508	299	340	447	308
61　健康食品	898	759	682	1,033	739	825	960	780
62　化粧品	923	767	695	998	727	928	1,012	894
63　自動車等関係用品	259	231	276	286	267	278	245	196
64　書籍	995	770	734	1,249	743	874	1,030	798
65　音楽・映像ソフト、パソコン用ソフト、ゲームソフト	563	522	424	655	599	534	571	538
66〜67計（デジタルコンテンツ）	915	743	653	1,184	738	785	903	851
66　電子書籍	459	319	278	646	278	362	447	395
67　ダウンロード版の音楽・映像、アプリなど	602	519	469	759	539	519	600	569
68　保険	406	306	256	505	281	351	438	297
69〜70計（旅行関係費）	363	377	260	446	273	289	406	264
69　宿泊料、運賃、パック旅行費（インターネット上での決済）	249	260	174	310	142	194	275	185
70　宿泊料、運賃、パック旅行費（上記以外の決済）	138	134	101	169	141	115	158	92
71　チケット	424	320	261	574	243	359	480	264
72　上記に当てはまらない商品・サービス	2,184	1,887	1,694	2,476	1,988	2,106	2,319	2,113

世帯の割合 （10000世帯当たり）（二人以上の世帯）
All Japan, Districts and City Groups (Two-or-more-person Households)

単位 世帯 Households

Districts		都市階級 City Groups				
四国	九州・沖縄	大都市	中都市	小都市A	小都市B・町村	
	Kyushu &	Major	Middle	Small	Small cities B.	Item
Shikoku	Okinawa	cities	cities	cities A	Towns & villages	
299	1,106	3,079	3,154	2,290	1,477	Distribution of households
						Households expending on specific goods and services (50 items)
584	2,092	4,829	5,786	4,448	3,015	Number of tabulated households
2.87	2.97	2.92	2.95	3.00	3.02	Number of persons per household (persons)
1.49	1.52	1.54	1.50	1.53	1.59	Number of earners per household (persons)
60.4	60.5	58.5	59.8	60.3	61.3	Age of household head (years old)
9,174	9,153	9,200	9,197	9,116	9,042	Total expenditure on specific goods and services (50 items)
						Communication
8,771	8,743	8,837	8,840	8,723	8,567	01 Mobile telephones charges
6,435	6,049	7,171	6,885	6,606	5,936	02 Internet connection charges
341	298	370	337	327	290	03 Mobile telephones unit prices
						Travel-related costs
57	96	90	66	56	42	04 Airplane fares
238	307	467	389	352	282	05 Accommodation services
70	76	111	74	70	58	06 Package tour costs (domestic)
-	-	1	0	0	-	07 Package tour costs (overseas)
						Education, Culture and recreation
790	644	584	631	596	546	08 Tuition (kindergarten-university) (public)
472	440	575	516	391	296	09 Tuition (kindergarten-university) (private)
891	761	1,198	988	876	647	10 Tutorial fees
55	56	38	51	53	59	11 Lesson fees, driving school
716	659	983	854	764	518	12 Rental fees for sports facilities
						Clothing
114	127	155	123	119	117	13 Men's suits
277	258	329	240	237	200	14 Women's one-piece dresses and suits
33	18	31	23	21	18	15 Japanese clothing
73	80	105	92	84	79	16 Wrist watches
138	111	146	121	104	98	17 Accessories
						Medical care
8	8	13	10	7	8	18 Delivery fees
225	230	174	188	214	235	19 Hospital charges (excluding delivery)
						Furniture, etc.
51	30	52	43	44	35	20 Chests of drawers
53	54	53	44	49	43	21 Beds
215	185	196	193	189	174	22 Quilts
84	66	100	85	78	71	23 Desks and chairs (for work or study)
19	32	30	24	29	22	24 Sideboards
61	47	61	56	49	46	25 Dining tables and chairs
20	33	26	31	30	26	26 Drawing room suites
27	30	54	39	43	25	27 Musical instruments (including parts of instruments)
						Home electric appliances, etc.
69	65	65	62	66	75	28 Refrigerators
144	124	134	136	132	131	29 Vacuum cleaners
94	77	77	79	83	83	30 Washing machines
84	98	98	96	96	97	31 Air conditioners
109	95	155	135	113	107	32 Personal computers (including tablet devices, excluding peripherals and software)
109	94	79	88	89	88	33 TV
54	49	56	52	47	47	34 Video recorders (DVD or Blu-ray recorder, player, etc.)
43	40	52	46	48	40	35 Video game hardware (excluding software)
11	11	25	23	22	16	36 Cameras (including lenses only, excluding disposable cameras)
6	6	6	5	4	5	37 Video cameras
						Housing
230	212	207	222	254	249	38 House-related equipping/ construction/ repair costs
216	192	176	188	240	254	39 Water supply and drainage construction costs
123	130	90	123	131	149	40 Gardens, trees and plants tending costs
						Motor cars-related costs
59	48	37	52	64	73	41 Automobiles (new)
42	44	26	37	42	53	42 Automobiles (second-hand)
408	338	215	327	382	430	43 Automotive insurance premium (compulsion)
1,216	1,820	1,043	1,411	1,542	1,687	44 Automotive insurance premium (option)
16	17	14	15	13	17	45 Motorized vehicles other than automobiles
677	625	454	614	708	765	46 Automotive maintenance and repairs
						Others
1	7	11	9	11	11	47 Wedding ceremony and reception costs
70	50	52	52	48	67	48 Funeral service costs
318	419	338	361	360	448	49 Religion-related costs
453	331	299	316	319	323	50 Remittance
						Households ordering over the Internet
292	975	3,112	3,271	2,349	1,397	Number of tabulated households
3.09	3.20	3.07	3.15	3.22	3.28	Number of persons per household (persons)
1.74	1.73	1.70	1.69	1.76	1.82	Number of earners per household (persons)
55.7	56.1	54.8	55.6	56.1	57.2	Age of household head (years old)
4,585	4,388	6,030	5,268	4,892	4,255	Total expenditure on goods and services ordered over the Internet (22 items)
						For gift
559	616	944	724	651	501	51 gift items
						For home
4,507	4,313	5,952	5,182	4,816	4,195	Total expenditure for home
1,697	1,712	3,098	2,299	2,039	1,590	52-54 Total (Food)
1,089	1,136	2,134	1,599	1,446	1,125	52 Foods
707	757	1,410	958	848	681	53 Beverages
404	489	1,014	620	489	293	54 Deliveries
565	494	816	686	611	493	55 Home electronics
263	225	398	329	282	226	56 Furniture
1,441	1,321	1,989	1,614	1,500	1,292	57-59 Total (Clothing, footwear)
384	372	593	469	447	374	57 Men's clothing
825	728	1,142	909	851	717	58 Women's clothing
660	590	891	721	642	544	59 Footwears and other clothing
1,050	966	1,414	1,119	1,117	941	60-61 Total (Medical care)
309	311	511	385	380	277	60 Medicines
858	746	1,055	848	849	752	61 Health foods
913	822	1,109	894	837	734	62 Cosmetics
218	207	235	266	291	243	63 Private transportation
768	725	1,292	958	835	705	64 Books and other reading materials
473	398	693	543	509	418	65 Software (music, video, personal computer, TV game)
648	569	1,245	860	779	558	66-67 Total (Digital contents)
343	253	656	424	376	256	66 Digital books
398	380	811	571	511	376	67 Download music, video, applications
310	340	510	412	330	293	68 Insurance
206	286	502	346	296	214	69-70 Total (Travel-related costs)
153	206	355	238	194	137	69 Accommodation services, fares, package tours(payment on the Internet)
59	99	186	130	119	87	70 Accommodation services, fares, package tours(payment on-site)
192	256	640	397	330	179	71 Tickets
1,820	1,705	2,518	2,210	2,019	1,688	72 Other goods and services

家計消費状況調査の概要

I　調査の概要

1　調査の目的

この調査は、個人消費動向の更なる的確な把握に資するため、情報通信技術（ICT）関連の消費や購入頻度が少ない高額商品・サービスなどへの消費の実態を安定的に捉えることを目的とする。

2　調査の対象と調査世帯の選定方法

この調査は、施設等の世帯を除いた全国の世帯について行っている。調査世帯の選定方法は次のとおりである。なお、標本設計には、平成27年国勢調査の結果を用いている。

(1)　抽出単位

調査世帯の抽出には、層化2段抽出法を用いている。第1次抽出単位は調査地点（平成27年国勢調査のために設定された調査区で構成される）、第2次抽出単位は世帯としている。

(2)　層化と調査地点数の配分

①　全国を地方（9区分）及び都市階級（4区分）別に区分し、この区分を層とする。層の数は、四国地方で大都市に該当する市がないため、35となっている。地方及び都市階級の区分は次のとおり。

ア　地方…北海道（北海道）、東北（青森県、岩手県、宮城県、秋田県、山形県、福島県）、関東（茨城県、栃木県、群馬県、埼玉県、千葉県、東京都、神奈川県、山梨県、長野県）、北陸（新潟県、富山県、石川県、福井県）、東海（岐阜県、静岡県、愛知県、三重県）、近畿（滋賀県、京都府、大阪府、兵庫県、奈良県、和歌山県）、中国（鳥取県、島根県、岡山県、広島県、山口県）、四国（徳島県、香川県、愛媛県、高知県）、九州・沖縄（福岡県、佐賀県、長崎県、熊本県、大分県、宮崎県、鹿児島県、沖縄県）の9地方

イ　都市階級…大都市（政令指定都市及び東京都区部）、中都市（大都市を除く人口15万以上の市）、小都市A（人口5万以上15万未満の市）、小都市B・町村（人口5万未満の市及び町村）の4階級

②　調査地点数は全国で3,000とし、層別の調査地点数は各層の平成27年国勢調査に基づく一般世帯数により比例配分した数とする。

(3)　調査地点の選定

①　各層から、配分された調査地点数の4分の1の数の国勢調査の調査区（以下「基準地点」という。）を無作為に抽出し、抽出された基準地点が含まれる市町村を調査市町村とする。

②　選定された市町村において、抽出された基準地点が一つの場合は、当該市町村を担当ブロックとし、抽出された基準地点が二つ以上の場合は、当該市町村の国勢調査区を基準地点の数で分割し、それぞれを担当ブロックとする。分割に当たっては、分割された各ブロックに含まれる調査対象世帯数がほぼ同数になるようにする。

担当ブロックは、一人の調査員が担当する範囲を示し、全国で750の担当ブロックを設定する。

③　各担当ブロックは5年間継続して調査を行うため、それぞれのブロックに含まれる国勢調査区を五つに分割し、調査年ごとの担当ブロックとする。分割に当たっては、分割された各ブロックに含まれる調査対象世帯数がほぼ同数になるようにする。

④　一人の調査員が調査開始月の異なる四つの調査地点を受け持つため、③で分割した調査年ごとの担当ブロックを更に四つに分割の上、それぞれから無作為に国勢調査区を抽出し、調査地点とする。

(4)　調査世帯の選定

調査世帯の選定に当たっては、住民基本台帳（又は選挙人名簿）から、調査地点の世帯をリストにした調査対象世帯名簿を作成する。この名簿から、一定の統計上の抽出方法に基づき、調査世帯を10世帯（うち二人以上の世帯は9世帯、単身世帯は1世帯）抽出する。これにより、全国3,000地点から合計30,000世帯を抽出する。

地方・都市階級別の調査対象世帯数及び調査世帯数は、「表1　地方・都市階級別調査対象世帯数、調査世帯数」のとおり。

(5)　調査世帯の交替

調査世帯は、12か月間継続して調査し、(3)③及び④で抽出された別の調査地点の世帯に交替する。

また調査世帯は、12のグループに分けており、

原則として毎月1グループずつ調査世帯を交替している。個々のグループに含まれる調査世帯数は、調査世帯全体の12分の1の2,500世帯としている。

住居の移転等で調査を継続することができなくなった世帯は、調査予定期間が3か月以上残されている場合には、臨時的に代替の世帯を選定して残りの月の調査を行う。

3 調査事項
次に掲げる事項を調査する。
(1) 世帯の状況に関する事項（調査票A）
- 世帯に関する事項
- 電子マネーの利用状況
- インターネットを利用した購入状況
(2) 毎月の特定の財（商品）・サービスの消費等に関する事項（調査票B）
- 世帯に関する事項（前月との変更）
- 特定の財（商品）・サービスの購入金額
- インターネットを利用した財（商品）・サービスの購入金額

4 調査の方法
調査は、民間の調査機関に委託し、調査員による留置き調査法（オンラインも併用）とする。なお、調査票の回収は調査員による回収、郵送による回収及びオンライン調査システムによる回収の併用により実施する。

調査票は調査協力依頼時と調査員による調査票回収時に配布する。原則として、調査員による回収、郵送による回収は、調査1か月目分及び6か月目分は調査員による回収、それ以外の月分は郵送による回収とする。また、調査票は調査月の翌月上旬に回収する。

5 調査の時期
調査は毎月実施する。

6 集計
(1) 主な集計事項
- 世帯に関する事項
- 電子マネーの利用状況
- インターネットを利用した購入状況
- 特定の財（商品）・サービスへの1世帯当たり1か月間の支出金額
- インターネットを利用した1世帯当たり1か月間の支出金額
(2) 集計の手順
回収した調査票の内容は、独立行政法人 統計

センターの電子計算機により集計する。

(3) 推定式
全国平均や地方別平均の推計は、層別の抽出率の逆数（線形乗率）に対して労働力調査の世帯分布結果を基に補正を行ったものをウェイトに用いて行う。

ただし、単身世帯については、線形乗率を1として、労働力調査の世帯分布結果を基に補正を行って、結果を推定する。

四半期及び年平均については、月別結果の単純平均として算出する。

・世帯数の推定式

$$N = \sum_i \sum_j \sum_k \alpha_{ij} C_{ik}$$

N ：世帯数

α_{ij} ：i地方、j都市階級の線形乗率

C_{ik} ：i地方、k世帯人員別（単身世帯は男女年齢階級別）補正係数

・支出金額の月平均の推定式

$$\overline{X} = \frac{\sum_i \sum_j \sum_k \sum_p X_{ijkp} \alpha_{ij} C_{ik}}{N}$$

$\overline{X}$ ：m月の支出金額の平均

X_{ijkp} ：i地方、j都市階級、k世帯人員別（単身世帯は男女年齢階級別）p世帯のある項目の支出金額

(4) 推定値の標本誤差
毎月分の集計データを用いて、2021年平均値に対する標本誤差の推定を行った結果は、「表2 標準誤差及び標準誤差率」のとおり。

なお、標準誤差の推定方法は、以下のとおり。
① 月平均の標準誤差
月平均の標準誤差の推定は、副標本による推定方法で行っている。調査の対象世帯は、調査開始月により12のグループに分割できるため、これらのグループを副標本として、標準誤差を月別に以下の算式により算出する。

$$\hat{\sigma}\left(\overline{X}\right) = \sqrt{\frac{1}{12 \times (12-1)} \sum_{w=1}^{12} \left(\hat{X}_w - \overline{X}\right)^2}$$

$\hat{\sigma}\left(\overline{X}\right)$ ：月平均の標準誤差

$\hat{X}_w$ ：w副標本の月平均

$$\overline{X} \quad : 全標本の月平均$$

② 年平均の標準誤差

月平均の標準誤差を用いて、以下の算式に
より算出する。

$$\hat{\sigma}_{year}\left(\overline{X}\right) = \sqrt{\frac{\sum_{m=1}^{12} \hat{\sigma}\left(\overline{X}\right)_m^2}{(12)^2}}$$

$\hat{\sigma}_{year}\left(\overline{X}\right)$: 年平均の標準誤差

$\hat{\sigma}\left(\overline{X}\right)_m$: m月平均の標準誤差

なお、標準誤差率の算出は以下による。

標準誤差率 $\quad r_X = \hat{\sigma}\left(\overline{X}\right) \div \overline{X} \times 100$

(5) 有効回答率

2021年平均の有効回答率は72.8%であった。
2021年12月までの有効回答率の推移は「図
有効回答率の推移」のとおり。

7 調査結果の利用

この調査の結果は、内閣府が作成する国民経済計
算（ＧＤＰ）の四半期別速報（ＱＥ）において、民
間消費最終支出のうち「国内家計最終消費支出」の
推計に用いられている。

また、家計調査結果のうち購入頻度が少なく結果
が安定しにくい高額消費部分について、家計消費状
況調査結果等で補完して新たな結果を作成した後、
指数化した「世帯消費動向指数（ＣＴＩミクロ）」の
作成に用いられている。

なお、2021年の結果を用いて作成した結果表は、
「表3 結果表一覧」のとおり。

8 その他

この調査は、統計法（平成19年法律第53号）に
基づく一般統計調査として実施した。

表 1 地方・都市階級別調査対象世帯数、調査世帯数

地方	都市階級	調査対象世帯数 (注1)	調査世帯数 (注2)
01 北海道	1 大都市	920,415	480
	2 中都市	516,385	280
	3 小都市A	358,080	200
	4 小都市B・町村	643,326	360
02 東北	1 大都市	498,257	240
	2 中都市	1,046,818	600
	3 小都市A	973,730	600
	4 小都市B・町村	932,081	600
03 関東	1 大都市	8,379,407	4,000
	2 中都市	6,273,009	3,560
	3 小都市A	3,851,440	2,320
	4 小都市B・町村	1,517,009	960
04 北陸	1 大都市	321,028	200
	2 中都市	696,763	400
	3 小都市A	528,923	360
	4 小都市B・町村	421,429	280
05 東海	1 大都市	1,651,320	880
	2 中都市	1,768,248	1,080
	3 小都市A	1,805,256	1,120
	4 小都市B・町村	733,241	480
06 近畿	1 大都市	3,111,930	1,520
	2 中都市	2,956,161	1,720
	3 小都市A	2,006,279	1,240
	4 小都市B・町村	765,206	480
07 中国	1 大都市	839,755	440
	2 中都市	1,048,875	600
	3 小都市A	596,449	360
	4 小都市B・町村	573,201	360
08 四国	1 大都市	-	-
	2 中都市	746,733	400
	3 小都市A	342,216	200
	4 小都市B・町村	522,279	320
09 九州・沖縄	1 大都市	1,504,108	720
	2 中都市	1,360,529	760
	3 小都市A	1,605,599	960
	4 小都市B・町村	1,516,312	920
合計		53,331,797	30,000

（注1） 「調査対象世帯数」は平成27年国勢調査に基づく一般世帯数。なお、平成27年国勢調
査（平成27年10月1日）から平成29年4月1日までの間に廃置分合のあった市町村につ
いては、都市階級を組み替えて算出している。

（注2） 「調査世帯数」は、標本として配分した世帯数である。

図　有効回答率の推移

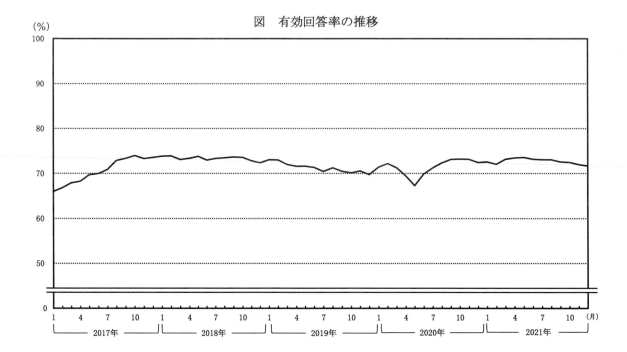

表2−1 標準誤差及び標準誤差率（特定の財（商品）・サービス）

(全国)

2021年平均	総世帯			二人以上の世帯			単身世帯		
	支出金額(円)	標準誤差(円)	標準誤差率(%)	支出金額(円)	標準誤差(円)	標準誤差率(%)	支出金額(円)	標準誤差(円)	標準誤差率(%)
世帯人員(人)	2.25	0.00	0.0	2.94	0.00	0.0	1.00	0.00	0.0
有業人員(人)	1.19	0.00	0.0	1.51	0.00	0.0	0.59	0.00	0.0
世帯主の年齢(歳)	59.2	0.1	0.2	60.2	0.1	0.2	57.4	0.2	0.3
50品目計	73,365	590	0.8	91,340	656	0.7	40,580	1,204	3.0
01 スマートフォン・携帯電話などの通信、通話使用料	10,245	38	0.4	12,748	35	0.3	5,679	52	0.9
02 インターネット接続料	3,734	15	0.4	4,417	14	0.3	2,488	29	1.2
03 スマートフォン・携帯電話の本体価格	1,371	42	3.1	1,609	33	2.1	937	98	10.5
04 航空運賃	301	16	5.3	324	14	4.3	259	35	13.5
05 宿泊料	1,211	26	2.1	1,512	22	1.5	665	56	8.4
06 パック旅行費(国内)	500	19	3.8	603	20	3.3	314	41	13.1
07 パック旅行費(外国)	3	1	33.3	4	2	50.0	0	0	−
08 国公立授業料等(幼稚園〜大学、専修学校)	1,312	52	4.0	1,895	43	2.3	246	116	47.2
09 私立授業料等(幼稚園〜大学、専修学校)	5,373	119	2.2	8,112	184	2.3	377	141	37.4
10 補習教育費	2,488	37	1.5	3,721	49	1.3	241	41	17.0
11 自動車教習料	481	34	7.1	662	29	4.4	150	90	60.0
12 スポーツ施設使用料	872	14	1.6	1,021	13	1.3	600	27	4.5
13 背広服	423	19	4.5	494	14	2.8	293	45	15.4
14 婦人用スーツ・ワンピース	457	14	3.1	525	12	2.3	332	30	9.0
15 和服	166	16	9.6	201	18	9.0	104	28	26.9
16 腕時計	249	17	6.8	308	20	6.5	142	31	21.8
17 装身具(アクセサリー類)	466	40	8.6	507	23	4.5	390	105	26.9
18 出産入院料	166	13	7.8	257	20	7.8	1	1	100.0
19 出産以外の入院料	1,495	36	2.4	1,810	40	2.2	919	68	7.4
20 たんす	95	8	8.4	116	7	6.0	56	19	33.9
21 ベッド	203	11	5.4	273	13	4.8	74	16	21.6
22 布団	327	11	3.4	394	12	3.0	206	26	12.6
23 机・いす(事務用・学習用)	161	10	6.2	194	8	4.1	100	26	26.0
24 食器戸棚	87	7	8.0	111	8	7.2	42	14	33.3
25 食卓セット	131	7	5.3	168	9	5.4	62	14	22.6
26 応接セット	169	11	6.5	232	15	6.5	53	11	20.8
27 楽器(部品を含む)	139	14	10.1	166	14	8.4	90	33	36.7
28 冷蔵庫	661	24	3.6	819	25	3.1	373	51	13.7
29 掃除機	322	9	2.8	386	8	2.1	207	20	9.7
30 洗濯機	589	17	2.9	786	22	2.8	229	29	12.7
31 エアコン	1,138	44	3.9	1,430	33	2.3	604	104	17.2
32 パソコン(タブレット型を含む。周辺機器・ソフトは除く)	953	31	3.3	1,196	31	2.6	509	67	13.2
33 テレビ	725	23	3.2	885	24	2.7	433	55	12.7
34 ビデオデッキ	154	9	5.8	180	7	3.9	106	23	21.7
35 ゲーム機(ソフトは除く)	170	16	9.4	155	6	3.9	199	40	20.1
36 カメラ(交換レンズのみを含む。使い捨てのカメラは除く)	133	20	15.0	143	9	6.3	113	53	46.9
37 ビデオカメラ	17	2	11.8	22	3	13.6	8	4	50.0
38 家屋に関する設備費・工事費・修理費	6,220	208	3.3	7,249	254	3.5	4,350	442	10.2
39 給排水関係工事費	1,869	69	3.7	2,262	73	3.2	1,152	130	11.3
40 庭・植木の手入れ代	526	24	4.6	537	21	3.9	505	53	10.5
41 自動車(新車)	10,472	366	3.5	13,494	380	2.8	4,955	760	15.3
42 自動車(中古車)	3,481	247	7.1	4,383	184	4.2	1,836	562	30.6
43 自動車保険料(自賠責)	591	9	1.5	724	10	1.4	348	19	5.5
44 自動車保険料(任意)	2,853	33	1.2	3,495	29	0.8	1,683	80	4.8
45 自動車以外の原動機付輸送機器	289	32	11.1	354	28	7.9	171	72	42.1
46 自動車整備費	3,027	46	1.5	3,691	47	1.3	1,814	103	5.7
47 挙式・披露宴費用	504	55	10.9	699	78	11.2	152	64	42.1
48 葬儀・法事費用	2,540	154	6.1	2,328	107	4.6	2,927	374	12.8
49 信仰関係費	1,316	73	5.5	1,293	66	5.1	1,356	176	13.0
50 仕送り金	2,195	54	2.5	2,448	42	1.7	1,733	134	7.7

注)1世帯1か月当たり支出金額

138

表2－2 標準誤差及び標準誤差率（インターネットを利用した財（商品）・サービス）

(全国)

2021年平均	総世帯			二人以上の世帯			単身世帯		
	支出金額(円)	標準誤差(円)	標準誤差率(%)	支出金額(円)	標準誤差(円)	標準誤差率(%)	支出金額(円)	標準誤差(円)	標準誤差率(%)
世帯人員(人)	2.25	0.00	0.0	2.94	0.00	0.0	1.00	0.00	0.0
有業人員(人)	1.19	0.00	0.0	1.51	0.00	0.0	0.59	0.00	0.0
世帯主の年齢(歳)	59.2	0.1	0.2	60.2	0.1	0.2	57.4	0.2	0.3
インターネットを利用した支出額	16,034	162	1.0	18,727	137	0.7	11,129	287	2.6
51 贈答品	819	25	3.1	951	14	1.5	581	69	11.9
自宅用計	15,215	156	1.0	17,776	134	0.8	10,548	276	2.6
52 食料品	2,302	31	1.3	2,929	33	1.1	1,160	48	4.1
53 飲料	644	10	1.6	767	8	1.0	421	21	5.0
54 出前	497	11	2.2	526	7	1.3	444	27	6.1
55 家電	1,209	41	3.4	1,413	27	1.9	836	92	11.0
56 家具	431	17	3.9	511	12	2.3	287	40	13.9
57 紳士用衣類	491	17	3.5	541	10	1.8	400	44	11.0
58 婦人用衣類	902	16	1.8	1,104	12	1.1	535	34	6.4
59 履物・その他の衣類	448	9	2.0	573	8	1.4	219	19	8.7
60 医薬品	197	5	2.5	234	4	1.7	131	11	8.4
61 健康食品	638	10	1.6	738	8	1.1	455	21	4.6
62 化粧品	616	8	1.3	768	7	0.9	339	16	4.7
63 自動車等関係用品	372	15	4.0	456	12	2.6	219	35	16.0
64 書籍	395	9	2.3	438	5	1.1	316	22	7.0
65 音楽・映像ソフト、パソコン用ソフト、ゲームソフト	473	14	3.0	439	7	1.6	533	37	6.9
66 電子書籍	246	12	4.9	184	3	1.6	358	35	9.8
67 ダウンロード版の音楽・映像、アプリなど	331	20	6.0	239	4	1.7	499	56	11.2
68 保険	704	16	2.3	891	17	1.9	362	27	7.5
69 宿泊料、運賃、パック旅行費（インターネット上での決済）	853	27	3.2	1,040	24	2.3	512	64	12.5
70 宿泊料、運賃、パック旅行費（上記以外の決済）	413	17	4.1	501	15	3.0	253	37	14.6
71 チケット	401	12	3.0	455	9	2.0	305	29	9.5
72 上記に当てはまらない商品・サービス	2,652	46	1.7	3,029	39	1.3	1,964	93	4.7

注) 1世帯1か月当たり支出金額

表3　結果表一覧

表番号	表名	月 総全	月 総勤	月 二全	月 二勤	月 単全	四半期 総全	四半期 総勤	四半期 二全	四半期 二勤	四半期 単全	年 総全	年 総勤	年 二全	年 二勤	年 単全	年度 総全	年度 総勤	年度 二全	年度 二勤	年度 単全
	支出関連項目① インターネットを利用した1世帯当たり1か月間の支出																				
1－1	全国・地方・都市階級別			●	●		●	●	●	●	●	●	●	●	●	●	●	●	●	●	●
1－2	世帯主の年齢階級別			●	●		●	●	●	●	●	●	●	●	●	●					
1－3	世帯主の勤めか自営かの別			●			●		●		●	●		●		●					
1－4	世帯人員・就業者数別			●	●		●	●	●	●	●	●	●	●	●	●					
1－5	年間収入階級別			●	●		●	●	●	●	●	●	●	●	●	●					
1－6	住居の種類別			●	●		●	●	●	●	●	●	●	●	●	●					
1－7	世帯主の勤め先企業規模別				●			●		●			●		●						
1－8	世帯構成別											●	●								
	ICT関連項目① 電子マネーの利用状況																				
2－1	全国・地方・都市階級別						●		●		●	●		●		●					
2－2	世帯主の年齢階級別											●		●		●					
2－3	世帯主の勤めか自営かの別											●		●		●					
2－4	世帯人員・就業者数別											●		●							
2－5	年間収入階級別											●		●		●					
2－6	住居の種類別											●		●		●					
2－7	世帯主の勤め先企業規模別												●		●						
2－8	世帯構成別											●									
	支出関連項目② 特定の財(商品)・サービスの1世帯当たり1か月間の支出																				
3－1	全国・地方・都市階級別			●	●		●	●	●	●	●	●	●	●	●	●	●	●	●	●	●
3－2	世帯主の年齢階級別			●	●		●	●	●	●	●	●	●	●	●	●					
3－3	世帯主の勤めか自営かの別			●			●		●		●	●		●		●					
3－4	世帯人員・就業者数別			●	●		●	●	●	●	●	●	●	●	●	●					
3－5	年間収入階級別			●	●		●	●	●	●	●	●	●	●	●	●					
3－6	住居の種類別			●	●		●	●	●	●	●	●	●	●	●	●					
3－7	世帯主の勤め先企業規模別				●			●		●			●		●						
3－8	世帯構成別											●	●								
	ICT関連項目② インターネットを利用した購入状況																				
4－1	全国・地方・都市階級別											●		●		●					
4－2	世帯主の年齢階級別											●		●		●					
4－3	世帯主の勤めか自営かの別											●		●							
4－4	世帯人員・就業者数別											●		●							
4－5	年間収入階級別											●		●		●					
4－6	住居の種類別											●		●		●					
4－7	世帯主の勤め先企業規模別												●		●						
4－8	世帯構成別											●									
	世帯分布																				
5－1	全国・地方・都市階級別			●	●		●	●	●	●	●	●	●	●	●	●					
5－2	世帯主の年齢階級別			●	●		●	●	●	●	●	●	●	●	●	●					
5－3	世帯主の勤めか自営かの別			●			●		●		●	●		●		●					
5－4	世帯人員・就業者数別			●	●		●	●	●	●	●	●	●	●	●	●					
5－5	年間収入階級別			●	●		●	●	●	●	●	●	●	●	●	●					
	支出世帯1世帯当たり1か月間の支出金額及び支出世帯の割合																				
6－1	全国・地方・都市階級別支出世帯1世帯当たり1か月間の支出金額			●	●		●	●	●	●	●	●	●	●	●	●					
6－2	全国・地方・都市階級別支出世帯の割合(10000世帯当たり)			●	●		●	●	●	●	●	●	●	●	●	●					

140

II 用語の説明

総世帯
二人以上の世帯と単身世帯を合わせたもの

地方
北海道
北海道
東北
青森県、岩手県、宮城県、秋田県、山形県、福島県
関東
茨城県、栃木県、群馬県、埼玉県、千葉県、東京都、
神奈川県、山梨県、長野県
北陸
新潟県、富山県、石川県、福井県
東海
岐阜県、静岡県、愛知県、三重県
近畿
滋賀県、京都府、大阪府、兵庫県、奈良県、和歌山県

中国
鳥取県、島根県、岡山県、広島県、山口県
四国
徳島県、香川県、愛媛県、高知県
九州・沖縄
福岡県、佐賀県、長崎県、熊本県、大分県、宮崎県、
鹿児島県、沖縄県

都市階級
全国の市町村及び東京都区部を人口規模により、四つ
の階級に分けて集計（人口は、平成 27 年国勢調査によ
る。）
大都市（政令指定都市及び東京都区部）
中都市（大都市を除く人口 15 万以上の市）
小都市A（人口 5 万以上 15 万未満の市）
小都市B・町村（人口 5 万未満の市及び町村）

（支出関連項目①）

インターネットを利用して購入した財（商品）・サービス
インターネット上で財（商品）・サービスの注文や予
約をした場合をいう。
店頭で直接注文や予約をした場合は含めない。

【贈答品】
自分の世帯（住居と生計を共にする人）以外の他
の世帯へ贈与する品物

【自宅用】
［食料］
食料品（健康食品は除く）
飲料・出前以外の食用のもの

飲料（酒類を含む）
薬用品以外の飲み物。粉末など形状は問わない。
また、缶・瓶・パック・ペットボトル入りも含む。

出前（弁当、宅配のピザなど）
飲食店から提供されるもの。インターネット予約
による外食も含む。

［家電］
家電（周辺機器や部品、消耗品を含む）
電子レンジなどの家事用耐久財、冷暖房用器具、
パソコンなどの教養娯楽用耐久財、ゲーム機本体な
どの教養娯楽用品、携帯電話などの通信機器

［家具］
家具（一般家具、室内装備・装飾品、寝具類など）
食卓セット、照明器具、ベッド、布団など。

［衣類・履物］
紳士用衣類
中学生以上の男性用の衣類。和服も含む。

婦人用衣類
中学生以上の女性用の衣類。和服も含む。

履物・その他の衣類（子供用衣類、帽子、ネクタイ、靴下など）
履物類、紳士用及び婦人用の衣類以外の身に着け
るもの。乳児から小学生までを対象とした子供用衣
類（和服も含む。）

［保健・医療］
医薬品（医薬部外品を含む）
医薬品及び医薬部外品。錠剤、ドリンク剤など形
状は問わない。

健康食品（サプリメントなど）
栄養成分の補給など保健・健康増進のために用い
る食品であって、錠剤、カプセル、か粒状、粉末状、
粒状、液（エキス）状など通常の医薬品に類似する
形態をとるもの

［化粧品］
化粧品
化粧クリーム、化粧水、ファンデーション、口紅、
香水、白髪染めなど。

［自動車等関係用品］
自動車等関係用品（自動車、オートバイ、自転車など
の本体や部品を含む）
自動車、オートバイ、自転車などの輸送機器（中

古品も含む。）それらの維持、使用のために必要な
商品及びサービスに関する支出を含む。

インターネットで購入又は手続きした各種保険
（コンビニエンスストアなどでの支払いも含む。）

［ 書籍 ］
　書籍（雑誌などの印刷物を含む。電子書籍は除く）
　　　新聞、雑誌、カレンダーなどの印刷物や書籍。古
　　本も含む。

［ 音楽・映像ソフト、パソコン用ソフト、ゲームソフト ］
　音楽・映像ソフト（CD、DVDなど）、パソコン用
　ソフト、ゲームソフト
　　　録音・録画されている各種記録媒体。レンタルし
　　たものも含む。

［ デジタルコンテンツ ］
　電子書籍（新聞・雑誌などを含む）
　　　パソコンや携帯電話、タブレット型端末などで読
　　むタイプの書籍。

　ダウンロード版の音楽・映像、アプリなど
　　　ダウンロードした音楽・映像、ソフト・アプリ。
　　レンタルしたものも含む。

［ 保険 ］
　保険（生命保険、医療保険、自動車保険、火災保険な
　ど）※掛け捨て型のみ

［ 宿泊料（ホテル、旅館など）、運賃（鉄道、航空運賃
など）、パック旅行費 ］
　インターネット上での決済
　　　宿泊料、運賃、パック旅行費（インターネットで
　　決済まで済ませた場合）

　上記以外の決済（インターネットでは予約のみ）
　　　宿泊料、運賃、パック旅行費（インターネットで
　　決済を行わなかった場合）

［ チケット ］
　チケット（映画、演劇、コンサート、スポーツ観戦な
　ど。商品券などは除く）
　　　入場チケット料金や、観覧チケット料金

［ その他 ］
　上記に当てはまらない商品・サービス
　　　上記の贈答品からチケットまでに該当しない全
　　てのもの。ただし、財産の購入・移動・投資・寄付
　　に当たるものは除く。

（ＩＣＴ関連項目）

電子マネー
　　　この調査での「電子マネーの利用」とは、事前に
　　現金と引換えに金銭的価値が発行されたＩＣカー
　　ドやプリペイドカード等（次の例を参照）の利用を
　　いう。
　　例）Suica、ICOCA、PASMO、nanaco、WAON、楽天Edy、
　　　　WebMoney、BitCash、クオカードなど
　　　電子マネーをチャージ（入金）しただけ又は定期券

としての利用だけで、他の利用がなかった場合は
電子マネーの利用に含まない。

［ 電子マネーの利用金額のうち鉄道及びバスでの
１世帯当たり平均利用金額 ］
　　　定期券の購入金額を除く。

（支出関連項目②）

特定の財（商品）・サービス
　［ 通信 ］
　スマートフォン・携帯電話などの通信、通話使用料
　　　スマートフォン・携帯電話・ＰＨＳや自動車
　　電話などの基本使用料及び通話料、オプション
　　サービスの利用料。パケット料金を含む。

　インターネット接続料（ケーブルテレビなどとセッ
　ト契約している場合も含む）
　　　インターネット接続料（ADSL、ISDN、
　　光ファイバーなど）の利用料や、プロバイダー
　　料金（加入料及びプロバイダーの契約が通信料

込みも含む。）

　スマートフォン・携帯電話の本体価格
　　　プリペイド携帯、機種変更に関する費用を含
　　む。
　　　なお、レンタル・リースは除く。

　［ 旅行関係 ］
　航空運賃（燃油サーチャージを含む）
　　　航空機利用に係る各種料金。回数券も含む。

なお、出張のために支払った費用は除く。

宿泊料
　　宿泊に係る各種料金。
　　なお、出張のために支払った費用は除く。

パック旅行費（国内・外国）
　　交通費、宿泊費など一括のもの。
　　なお、出張のために支払った費用は除く。

[教育、教養娯楽]
国公立授業料等（幼稚園～大学、専修学校）
私立授業料等（幼稚園～大学、専修学校）
　　幼稚園・保育園・認定こども園（3歳以上）、
　　小学校、中学校、高校、大学（短期大学、高等
　　専門学校、大学院を含む。）、専修学校（高等専
　　修学校、専門学校）が対象

補習教育費
　　学習塾月謝、補習のための通信添削の費用、
　　家庭教師への月謝、模擬テスト代

自動車教習料
　　自動車学校や自動車教習所の入学金、入所料
　　及び合宿料

スポーツ施設使用料
　　スポーツクラブの入会金・会員権・会費、フ
　　ィットネスクラブ使用料など。

[衣類等]
背広服（上着のみ、ズボンのみは除く）
　　中学生以上の男性用のスーツ、礼服。
　　制服や単品（上着のみ、ズボンのみ）などは除
　　く。

婦人用スーツ・ワンピース（上着のみ、スカートの
みは除く）
　　中学生以上の女性用のスーツ、ワンピース、
　　ドレス。
　　制服や単品（上着のみ、スカートのみ、スラ
　　ックスのみ）は除く。

和服（着物、帯など）
　　男性・女性用の和服。祭り用、和服用下着、
　　帯地、子供用着物を含む。

腕時計
　　懐中時計、ペンダント時計、指輪時計を含む。

装身具（アクセサリー類）
　　指輪、ネックレス、イヤリング、ブローチ、
　　宝石、貴金属類、ネクタイピン、装身具用造花
　　など。

[医療]
出産入院料
　　出産に伴う入院に係る一切の費用

出産以外の入院料
　　出産以外の入院に係る一切の費用、長期入院
　　（3か月以上）している世帯員以外の親族など
　　への入院費を直接支払っている場合を含む。
　　なお、人間ドックなどの健康診断のための入
　　院は除く。

[家具等]
たんす
　　チェスト、ワードローブ、ドレッサーを含む。

ベッド
　　ウォーターベッド、パイプベッド、子供用ベ
　　ッドを含む。

布団
　　組ふとん、かいまき、肌掛ふとんなど。
　　乳児用寝具は除く。

机・いす（事務用・学習用）
　　事務用机、学習用机、事務用いす、学習用い
　　すなど。
　　食卓及び座卓などは除く。

食器戸棚
　　サイドボード、茶だんす、ダイニングボード、
　　リビングボード、カップボードなど。

食卓セット
　　主に食卓用として利用するもの。単品（食卓
　　のみ、食卓用いすのみ）を含む。

応接セット
　　主に応接用として利用するもの。単品（ソフ
　　ァーのみ、テーブルのみ）を含む。

楽器（部品を含む）
　　アップライトピアノ、オルガン、電子楽器、
　　バイオリン、トランペット、ハーモニカ、ドラ
　　ム、琴、三味線など。

[家電等]
冷蔵庫（冷凍庫を含む）
　　冷蔵冷凍庫、低温貯蔵庫（米蔵、ワインセラ
　　ー）など。

掃除機
　　充電式も含む。

洗濯機（乾燥機、脱水機を含む）
　　乾燥機付き洗濯機、ガス乾燥機を含む。

エアコン
　冷房、暖房機能を備えたもの、冷房専用を含む。
　取付代は除く。

パソコン（タブレット型を含む。周辺機器・ソフトは除く）
　本体を購入した際にセットで購入したディスプレイやキーボード、バッテリーなどを含む。
　その他の周辺機器・パソコン用ソフト・消耗品を別に購入した場合は除く。

テレビ
　携帯型は除く。

ビデオデッキ（DVDやブルーレイのレコーダー、再生機など）
　テレビに接続して映像の録画・再生に使用するもの。携帯型は除く。オーディオ系機器との一体型及びスピーカー付きなどのセットは除く。

ゲーム機（ソフトは除く）
　テレビゲーム機本体。携帯型を含む。また、ソフトや付属品（コントローラーなど）とのセット販売のものも含む。ゲームソフトは除く。

カメラ（交換レンズのみを含む。使い捨てのカメラは除く）
　交換レンズのみを含む。
　周辺機器及び修理代は除く。

ビデオカメラ
　周辺機器及び修理代は除く。

[住宅関係]
家屋に関する設備費・工事費・修理費（内装・外装、門・塀・柵など。増改築は除く）
　家屋の内装・外装に関する設備、器具類及び設備工事費、修理のための費用。
　なお、修繕材料費は除く。

給排水関係工事費
　台所、浴室、洗面所、トイレ、水道、排水管などの水回り設備に関する工事費、修繕維持費、保守点検費

庭・植木の手入れ代
　植木や庭の維持、管理に必要なサービスに関するもの

[自動車等関係]
自動車（新車・中古車）
　購入時の標準装備品を含めた本体価格（自動車取得税を含む。）。なお、買替えによる下取りがある場合は、下取り額を差し引いた金額。
　新古車は中古車に含む。

自動車保険料（自賠責）
　自動車損害賠償責任保険（自賠責）の保険料。購入時及び車検時にかかる自動車保険料

自動車保険料（任意）
　自賠責以外の任意加入保険の保険料

自動車以外の原動機付輸送機器（オートバイなど）
　自動車以外の原動機付きの乗り物で、購入時の標準装備品を含めた本体価格（取得税を含む。）。中古購入を含む。

自動車整備費（修理代、車検などの技術料）
　自動車本体の整備、修理に必要なサービスに関するもの。
　自動車関連用品の取付代・修理代や自動車部品代は除く。

[その他]
挙式・披露宴などの婚礼費用（宿泊費、交通費、お祝い金は除く）
　新郎・新婦にかかる婚礼費用。世帯員以外の新郎又は新婦のために、直接式場などに支払った場合を含む。

葬儀・法事費用（施主にかかる費用。宿泊費、交通費、香典料は除く）
　葬儀・法事の施主として行った費用

信仰関係費（寺・神社などへの寄付、仏壇、神棚、墓石など）
　信仰関係にかかる一切の費用。祭具、墓石等も含む。

仕送り金
　世帯員以外の方に対し、生活費、家賃、授業料などのために継続的に送金したお金。
　家賃や授業料などを直接支払った場合は除く。

Ⅲ　調査票様式　調査票　A

政府統計
統計法に基づく国の
統計調査です。調査票
情報の秘密の保護に
万全を期します。

㊙　一般統計調査

単位区符号	市町村番号	地点番号	世帯番号

調査開始年月	年　　　月	調査員氏名	

総務省統計局

この調査は、総務省統計局が(一社)新情報センター
に委託して実施する統計調査です。
秘密の保護には万全を期していますので、ありのままをご記入ください。

調査実施:(一社)新情報センター
住所:東京都渋谷区恵比寿1−19−15
電話: 0120-00-4612(通話料無料)

家 計 消 費 状 況 調 査

調 査 票 A

（ 二 人 以 上 の 世 帯 ）

● 記入に当たっては『調査世帯のみなさまへ』などを参考にし、黒のボールペン又は鉛筆で記入してください。

● 選択肢に番号が付されている項目については、**当てはまるものの番号を○で囲んでください。**

◎ 「**世帯**」とは、住居と生計を共にする人の集まりをいいます。家族であっても、3か月以上、学業あるいは仕事
の関係などで自宅を不在にしている方や、入院をしている方は、この調査でいう「あなたの世帯」の世帯員には
含めないでください。

1．あなたの世帯について

あなたの世帯の調査開始月の15日の状況についてお答えください。

（1）世帯主の男女の別（「世帯主」とは、**家計の主たる収入を得ている人**をいいます）

1　男	2　女

（2）世帯主の年齢

	歳

（3）世帯主の就業・非就業の別
　　（ふだんパートタイムやアルバイト、内職をしている方は「**就業**」とします）

1　就業	2　非就業

「1 就業」と答えた方は、（**4**）へ、「2 非就業」と答えた方は、**次ページ(6)**へ進んでください

（4）世帯主の勤めか自営かの別

1　雇用されている人
2　会社などの役員
3　自営業主・その他

「2 会社などの役員」「3　自営業主・その他」と答えた方は、
次ページ(6)へ進んでください

「自営業主・その他」とは、個人で事業を経営している人
（農家などを含む）や自由業の人などをいいます

「1 雇用されている人」と答えた方のみ（**5**）へ進んでください

（5）勤め先の企業全体の従業者数

1　1人〜4人	2　5人〜9人	3　10人〜29人
4　30人〜99人	5　100人以上	6　官　公

労働者派遣事業所の派遣社
員の方は、**派遣先**の企業全
体の従業者数をお答えくださ
い

次ページへ進んでください

（6）世帯主の配偶者の有無

1　有	2　無

「2 無」と答えた方は**(8)**へ進んでください

（7）世帯主の配偶者の就業・非就業の別

1　就業	2　非就業

（ふだんパートタイムやアルバイト、内職をしている方は「**就業**」とします）

（8）年齢別世帯員の人数　（記入者を含む**世帯全体の状況**を記入してください）

	19歳以下	20歳〜39歳	40歳〜64歳	65歳以上
世帯員数	人	人	人	人
世帯員のうち就業者の数	人	人	人	人
世帯員のうち在学者の数	人	人	人	人

※学業や仕事の関係、又は入院などで3か月以上自宅に不在の方は、**含めない**でください
※**就業者**には、ふだんパートタイムやアルバイト、内職をしている方も含みます
※**在学者**には、3歳未満の保育園児、予備校生、遊学中の学生・生徒は含めないでください
※ふだん**アルバイトをしている在学者**は、就業者及び在学者の**それぞれに含めます**

（9）世帯全体の年間収入　（過去１年間の税込みの収入総額）

1	100万円未満	8	700万円　〜　800万円未満
2	100万円　〜　200万円未満	9	800万円　〜　900万円未満
3	200万円　〜　300万円未満	10	900万円　〜　1000万円未満
4	300万円　〜　400万円未満	11	1000万円　〜　1250万円未満
5	400万円　〜　500万円未満	12	1250万円　〜　1500万円未満
6	500万円　〜　600万円未満	13	1500万円　〜　2000万円未満
7	600万円　〜　700万円未満	14	2000万円以上

（10）住居の種類

1	持ち家	4	民営の賃貸住宅
2	都道府県・市区町村営の賃貸住宅	5	給与住宅（社宅・公務員住宅など）
3	都市再生機構・公社などの賃貸住宅	6	その他

（11）住宅ローンの有無

1　有	2　無

2．電子マネーの利用状況について

あなたの世帯における電子マネーの利用状況についてお答えください。

● ここでの「電子マネーの利用」とは、事前に現金と引き換えに金銭的価値が発行されたICカードやプリペイドカードなど（次の例を参照）の利用をいいます。

　例）Suica、PiTaPa（チャージ利用分のみ）、PASMO、nanaco、WAON、Edy、WebMoney、BitCash、クオカード

● なお、ここでの「電子マネーの利用」には、キャッシュカード、クレジットカード、デビットカードの利用や後払い（ポストペイ）方式のICカードなどの利用は**含めない**でください。

　また、図書カードなどのように特定の商品・サービスしか購入できないプリペイドカードなどの利用も含めないでください。

● 事業を営んでいる世帯で、事業で利用したものは含めないでください。

（1）電子マネーを持っている方がいますか。

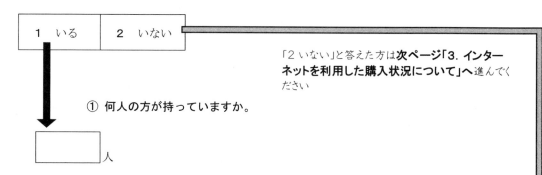

「2 いない」と答えた方は**次ページ「3．インターネットを利用した購入状況について」**へ進んでください

① 何人の方が持っていますか。

　　　　　人

（2）今月1か月間（1日〜末日）に電子マネーを利用した方がいますか。

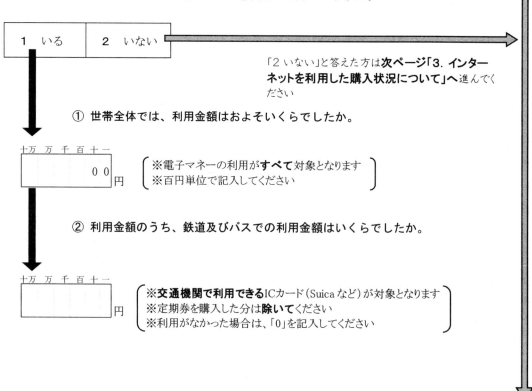

「2 いない」と答えた方は**次ページ「3．インターネットを利用した購入状況について」**へ進んでください

① 世帯全体では、利用金額はおよそいくらでしたか。

十万 万 千 百 十 一
　　　　　　　0 0 円

※電子マネーの利用が**すべて**対象となります
※百円単位で記入してください

② 利用金額のうち、鉄道及びバスでの利用金額はいくらでしたか。

十万 万 千 百 十 一
　　　　　　　　　円

※**交通機関で利用できる**ICカード（Suica など）が対象となります
※定期券を購入した分は**除いて**ください
※利用がなかった場合は、「0」を記入してください

次ページへ進んでください

３．インターネットを利用した購入状況について

（１）あなたの世帯では、今月１か月間（１日～末日）に、インターネットを利用して商品・サービスを購入しましたか。（インターネットを情報収集のみに利用した場合は**含めない**でください）

● スマートフォン・携帯電話・タブレット型端末などからの利用も含みます。

| 1 | した | 2 | しなかった | ⇒ 「２しなかった」と答えた方は、**記入は終わり**です |

（２）インターネットを利用して購入した方別に、インターネットを利用して商品・サービスを購入した際の、今月１か月間の購入金額（消費税込み）及び**最も多く**購入に使用した機器を記入してください。

● 購入金額の合計は、調査票B「３．インターネットを利用した商品・サービスの購入金額」の（２）の購入金額の合計と一致します。
● 購入金額の記入に当たっては、支払明細書やネット上の購入履歴を参照してください。
● 送料は除きます。（ただし、送料を除けない場合は、送料込みの購入金額を記入してください）
● 事業を営んでいる世帯で、事業用に購入したものは購入金額には含めないでください。

	購入金額	最も多く購入に使用した機器
世帯主	円	1 パソコン（家族所有） 2 パソコン（家族所有以外。公共スペースに置いてあるものなど） 3 スマートフォン・携帯電話 4 タブレット型端末 5 その他（インターネットに接続できるテレビ、家庭用ゲーム機など）
世帯主の配偶者	円	1 パソコン（家族所有） 2 パソコン（家族所有以外。公共スペースに置いてあるものなど） 3 スマートフォン・携帯電話 4 タブレット型端末 5 その他（インターネットに接続できるテレビ、家庭用ゲーム機など）
その他の世帯員（合計）	円	1 パソコン（家族所有） 2 パソコン（家族所有以外。公共スペースに置いてあるものなど） 3 スマートフォン・携帯電話 4 タブレット型端末 5 その他（インターネットに接続できるテレビ、家庭用ゲーム機など）
世帯合計	円	

［購入金額の合計は、調査票B「３．インターネットを利用した商品・サービスの購入金額」の（２）の購入金額の合計と**一致**します。］

ご協力ありがとうございました。記入もれがないかもう一度確認をお願いいたします。

通信欄（お気付きの点がありましたら、ご記入ください）

⑬

148

政府統計
統計法に基づく国の
統計調査です。調査票
情報の秘密の保護に
万全を期します。

 秘 一般統計調査

単位区符号	市町村番号	地点番号	世帯番号

調査開始年月	年 月	調査員氏名

総務省統計局

この調査は、総務省統計局が民間調査機関
に委託して実施する統計調査です。
秘密の保護には万全を期していますので、ありのままをご記入ください。

調査実施:
住所:
電話:

家 計 消 費 状 況 調 査

調 査 票 　 A

（ 単 身 世 帯 ）

● 記入に当たっては『調査世帯のみなさまへ』などを参考にし、黒のボールペン又は鉛筆で記入してください。

● 選択肢に番号が付されている項目については、**当てはまるものの番号を〇で囲んでください**。

■1．あなたについて

あなたの調査開始月の15日の状況についてお答えください。

（1）男女の別

1 男	2 女

（2）年齢

[　　　] 歳

（3）就業・非就業の別
（ふだんパートタイムやアルバイト、内職をしている方は「**就業**」とします）

1 就業	2 非就業

「1 就業」と答えた方は、**(4)**へ、「2 非就業」と答えた方は、**次ページ(6)**へ進んでください

（4）勤めか自営かの別

1 雇用されている人
2 会社などの役員
3 自営業主・その他

「2 会社などの役員」「3 自営業主・その他」と答えた方は、**次ページ(6)**へ進んでください

「自営業主・その他」とは、個人で事業を経営している人
（農家などを含む）や自由業の人などをいいます

「1 雇用されている人」と答えた方のみ**(5)**へ進んでください

（5）勤め先の企業全体の従業者数

1 1人～4人	2 5人～9人	3 10人～29人
4 30人～99人	5 100人以上	6 官 公

労働者派遣事業所の派遣社
員の方は、**派遣先**の企業全
体の従業者数をお答えくださ
い

次ページへ進んでください

（6）年間収入（過去1年間の税込みの収入総額）

1	100万円未満
2	100万円　〜　　200万円未満
3	200万円　〜　　300万円未満
4	300万円　〜　　400万円未満
5	400万円　〜　　500万円未満
6	500万円　〜　　600万円未満
7	600万円　〜　　700万円未満
8	700万円　〜　　800万円未満
9	800万円　〜　　900万円未満
10	900万円　〜　　1000万円未満
11	1000万円　〜　　1250万円未満
12	1250万円　〜　　1500万円未満
13	1500万円　〜　　2000万円未満
14	2000万円以上

（7）住居の種類

1	持ち家
2	都道府県・市区町村営の賃貸住宅
3	都市再生機構・公社などの賃貸住宅
4	民営の賃貸住宅
5	給与住宅（社宅・公務員住宅など）
6	その他

（8）住宅ローンの有無

1	有
2	無

■2．電子マネーの利用状況について

あなたの電子マネーの利用状況についてお答えください。

● ここでの「電子マネーの利用」とは、事前に現金と引き換えに金銭的価値が発行されたＩＣカードやプリペイドカードなど（次の例を参照）の利用をいいます。

例）Suica、PiTaPa（チャージ利用分のみ）、PASMO、nanaco、WAON、Edy、WebMoney、BitCash、クオカード

● なお、ここでの「電子マネーの利用」には、キャッシュカード、クレジットカード、デビットカードの利用や後払い（ポストペイ）方式のＩＣカードなどの利用は**含めない**でください。

また、図書カードなどのように特定の商品・サービスしか購入できないプリペイドカードなどの利用も含めないでください。

● 事業を営んでいる世帯で、事業で利用したものは含めないでください。

（1）電子マネーを持っていますか。

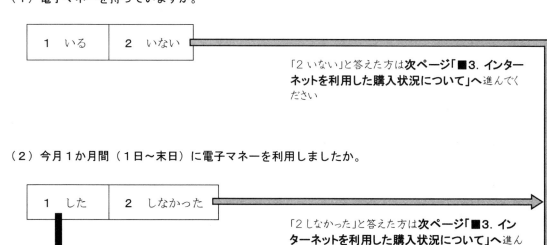

1 いる	2 いない

「2 いない」と答えた方は**次ページ「■3. インターネットを利用した購入状況について」**へ進んでください

（2）今月1か月間（1日～末日）に電子マネーを利用しましたか。

1 した	2 しなかった

「2 しなかった」と答えた方は**次ページ「■3. インターネットを利用した購入状況について」**へ進んでください

① 利用金額はおよそいくらでしたか。

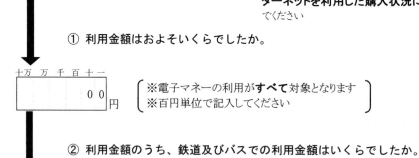

十万 万 千 百 十 一
　　　　　0 0 円

※電子マネーの利用が**すべて**対象となります
※百円単位で記入してください

② 利用金額のうち、鉄道及びバスでの利用金額はいくらでしたか。

十万 万 千 百 十 一
　　　　　　円

※**交通機関で利用できる**ICカード（Suicaなど）が対象となります
※定期券を購入した分は**除いて**ください
※利用がなかった場合は、「0」を記入してください

次ページへ進んでください

３．インターネットを利用した購入状況について

（１）あなたは、今月１か月間（１日〜末日）に、インターネットを利用して商品・サービスを購入しましたか。　（インターネットを情報収集のみに利用した場合は**含めない**でください）

● スマートフォン・携帯電話・タブレット型端末などからの利用も含みます。

1	した	2	しなかった

⟹　「２しなかった」と答えた方は、**記入は終わり**です

（２）インターネットを利用して商品・サービスを購入した際の、今月１か月間の購入金額（消費税込み）及び<u>最も多く</u>購入に使用した機器を記入してください。

● 購入金額の合計は、調査票Ｂ「３．インターネットを利用した商品・サービスの購入金額」の（２）の購入金額の合計と一致します。
● 購入金額の記入に当たっては、支払明細書やネット上の購入履歴を参照してください。
● 送料は除きます。　（ただし、送料を除けない場合は、送料込みの購入金額を記入してください）
● 事業を営んでいる世帯で、事業用に購入したものは購入金額には含めないでください。

購入金額	最も多く購入に使用した機器
円	1　パソコン（あなたの所有） 2　パソコン（上記以外。公共スペースに置いてあるものなど） 3　スマートフォン・携帯電話 4　タブレット型端末 5　その他（インターネットに接続できるテレビ、家庭用ゲーム機など）

［購入金額の合計は、調査票Ｂ「３．インターネットを利用した商品・サービスの購入金額」の（２）の購入金額の合計と**一致**します。］

ご協力ありがとうございました。記入もれがないかもう一度確認をお願いいたします。

通信欄（お気付きの点がありましたら、ご記入ください）

⑬

調査票　B

単位区符号	市町村番号	地点番号	世帯番号

（秘）政府統計　一般統計調査

調査開始年月	年　　月	調査員氏名	

総務省統計局

この調査は、総務省統計局が民間調査機関
に委託して実施する統計調査です。
秘密の保護には万全を期していますので、ありのままをご記入ください。

調査実施：
住所：
電話：

家 計 消 費 状 況 調 査

調 査 票　B

（ 訪問・郵送 ）　□□月分　　（二人以上の世帯、単身世帯共通）

● 記入に当たっては『調査世帯のみなさまへ』などを参考にし、黒のボールペン又は鉛筆で記入してください。
● 選択肢に番号が付されている項目については、**当てはまるものの番号を○で囲んでください。**

◎「**世帯**」とは、住居と生計を共にする人の集まりをいいます。家族であっても、3か月以上、学業あるいは仕事
の関係などで自宅を不在にしている方や、入院をしている方は、この調査でいう「あなたの世帯」の世帯員には
含めないでください。

■1．「あなたの世帯について」の前月からの変更　　調査開始月は、このページには何も記入しないでください

調査開始月に調査票Aでお答えいただいた、次の事項について、前月16日から今月15日の間に変更がありましたか。

＜調査票A　「■1．あなたの世帯について」でお答えいただいた事項＞
　世帯主の男女の別、世帯主の年齢、世帯主の就業・非就業の別、世帯主の勤めか自営かの別、世帯主の勤め先の企業
全体の従業者数、世帯全体の年間収入、住居の種類、住宅ローンの有無、（以下二人以上の世帯のみ）世帯主の配偶者
の有無、世帯主の配偶者の就業・非就業の別、年齢別世帯員の人数

1　変　更　は　ない（世帯主や世帯員の加齢による年齢の変更の場合は「1」とします）

2　単身世帯から二人以上の世帯となった、又は二人以上の世帯から単身世帯となった　＊

3　世帯主や配偶者に関する事項に変更があった　＊

4　次の(1)～(3)の事項についての変更があった
　（「2」・「3」の変更もあった場合は、「2」・「3」も○で囲んでください）

「1」「2」「3」と答えた方は、
次ページへ進んでください

＊「2」「3」と答えた方には、
後日、確認のための問い
合わせをいたします

（「4」の場合は、変更があった項目にのみ変更後の状況を記入してください）

（1）年齢別世帯員の人数

	19歳以下	20歳～39歳	40歳～64歳	65歳以上
世帯員数	人	人	人	人
世帯員のうち就業者の数	人	人	人	人
世帯員のうち在学者の数	人	人	人	人

※学業や仕事の関係、又は入院などで3か月以上自宅に不在の方は、**含めない**でください
※**就業者**には、ふだんパートタイムやアルバイト、内職をしている方も含みます
※**在学者**には、3歳未満の保育園児、予備校生、遊学中の学生・生徒は**含めない**でください
※ふだん**アルバイトをしている在学者**は、就業者及び在学者の**それぞれに含めます**

（2）住居の種類

1　持ち家	4　民営の賃貸住宅
2　都道府県・市区町村営の賃貸住宅	5　給与住宅（社宅など）
3　都市再生機構・公社などの賃貸住宅	6　その他

（3）住宅ローンの有無

1　有	2　無

次ページへ進んでください

２．特定の商品・サービスの購入金額

（１）あなたの世帯では、今月１か月間（１日～末日）に、０１から５０までの商品・サービスを購入しましたか。

1　した	2　しなかった

⇒ 「2しなかった」と答えた方は**4ページ「3. インターネットを利用した商品・サービスの購入金額」**へ進んでください

（２）０１から５０までの商品・サービスを購入した際の、今月１か月間の「購入金額」（世帯全体の合計。消費税込み）と「支払い方法、購入日など」を記入してください。

● クレジットカード、掛買い又は月賦で購入した場合は、月々の支払い金額ではなく、**購入した商品・サービスの総額を、購入した月**に記入してください。

● 事業を営んでいる世帯で、事業用に購入したものは購入金額には含めないでください。

商品・サービス名		購入金額（円）（　　月分）	支払い方法、購入日　など
◇　通信、旅行関係　（０１、０２については、支払いの有無のいずれかを○で囲んでください）			
０１ スマートフォン・携帯電話などの通信、通話使用料　有・無			
０２ インターネット接続料（ケーブルテレビなどとセット契約している場合も含む）　有・無			
０３ スマートフォン・携帯電話の本体価格			
０４ 航空運賃（燃油サーチャージを含む）			
０５ 宿泊料			
０６ パック旅行費	国内		
０７	外国		
◇　教育、教養娯楽			
０８ 授業料等（幼稚園～大学、専修学校）	国公立		
０９	私立		
１０ 補習教育費（学習塾・予備校・通信添削などにかかる費用）			
１１ 自動車教習料			
１２ スポーツ施設使用料			
◇　衣類など			
１３ 背広服（上着のみ、ズボンのみは除く）			
１４ 婦人用スーツ・ワンピース（上着のみ、スカートのみは除く）			
１５ 和服（着物、帯など）			
１６ 腕時計			
１７ 装身具（宝石、貴金属類、ネクタイピンなどを含むアクセサリー類）			
◇　医療			
１８ 入院料	出産入院料		
１９	出産以外の入院料		

商品・サービス名		購入金額（円）	支払い方法、購入日 など
◇　家具、家電			
20	たんす（チェスト、ワードローブ）		
21	ベッド		
22	布団		
23	机・いす（事務用・学習用）		
24	食器戸棚（サイドボード、茶だんす、カップボード）		
25	食卓セット（単品のみを含む）		
26	応接セット（単品のみを含む）		
27	楽器（部品を含む）		
28	冷蔵庫（冷凍庫を含む）		
29	掃除機（ロボット型・スティック型・ハンディ型を含む）		
30	洗濯機（乾燥機、脱水機を含む）		
31	エアコン		
32	パソコン（タブレット型を含む。周辺機器・ソフトは除く）		
33	テレビ		
34	ビデオデッキ（DVDやブルーレイのレコーダー、再生機など）		
35	ゲーム機（ソフトは除く）		
36	カメラ（交換レンズのみを含む。使い捨てのカメラは除く）		
37	ビデオカメラ		
◇　住宅、自動車			
38	家屋に関する設備費・工事費・修理費（内装、外装、門・塀・柵など。増改築は除く）		
39	給排水関係工事費（台所、浴室、トイレ、配水管の修繕維持・保守点検など）		
40	庭・植木の手入れ代（庭・植木のせん定代、造園料金など）		
41	自動車	新車　　※購入月に全額を記入		
42		中古車　※購入月に全額を記入		
43	自動車保険料	自賠責　※車検・購入時に要記入		
44		任意		
45	自動車以外の原動機付輸送機器（オートバイなど）		
46	自動車整備費（修理代、車検などの技術料）		
◇　冠婚葬祭、仕送り金			
47	挙式・披露宴などの婚礼費用(宿泊費、交通費、お祝い金は除く)		
48	葬儀・法事費用(施主にかかる費用。宿泊費、交通費、香典料は除く)		
49	信仰関係費(仏壇、神棚、墓石の費用、寺・神社などへの寄付など)		
50	仕送り金（世帯外の人への生活費、家賃、授業料などの継続的な送金。家賃や授業料を直接支払った場合は除く）		

次ページへ進んでください

3．インターネットを利用した商品・サービスの購入金額

（1）あなたの世帯では、今月1か月間（1日～末日）に、<u>インターネットを利用して</u>何か商品・サービスを購入しましたか。（スマートフォン・携帯電話・タブレット型端末などからの利用も含みます）

1　した	2　しなかった	→ 「2しなかった」と答えた方は、**記入は終わりです**

（2）<u>インターネットを利用して</u>商品・サービスを購入した際の、今月1か月間の購入金額（消費税込み）の総額を記入してください。（ポイント利用での支払い分は**含めず**、現金やクレジットカードなどでの購入分を記入してください）

● 購入金額の記入に当たっては、支払明細書やネット上の購入履歴を参照してください。
● 送料は除きます。（ただし、送料を除けない場合は、送料込みの購入金額を記入してください）
● 事業を営んでいる世帯で、事業用に購入したものは購入金額には含めないでください。

まず、贈答用として購入したものを記入してください

		（　　　月分）	購入金額（円）
51	贈答品（お中元・お歳暮、他の世帯へのお祝い品など）		

以下は自宅用として購入したものを記入してください

		商品・サービス名	購入金額（円）
52	食料	食料品（健康食品は61へ）	
53		飲料（酒類を含む）	
54		出前（弁当、宅配のピザなど。外食を含む）	
55	家電（ガス器具、電子楽器、周辺機器や部品、消耗品を含む）		
56	家具（一般家具、照明器具、カーテン、寝具類など）		
57	衣類・履物	紳士用衣類（中学生以上、和服を含む）	
58		婦人用衣類（中学生以上、和服を含む。アクセサリーは72へ）	
59		履物・その他の衣類（子供用衣類、帽子、ネクタイ、靴下など）	
60	保健・医療	医薬品（医薬部外品を含む）	
61		健康食品（サプリメントなど）	
62	化粧品（洗顔石けん、シャンプーなどは72へ）		
63	自動車等関係用品（自動車、オートバイ、自転車などの本体や部品を含む）		
64	書籍（新聞、雑誌、カレンダーなどの印刷物を含む。電子書籍は66へ）		
65	音楽・映像ソフト（CD、DVDなど）、パソコン用ソフト、ゲームソフト		
66	デジタルコンテンツ	電子書籍（新聞・雑誌などを含む）	
67		ダウンロード版の音楽・映像、アプリなど	
68	保険（生命保険、医療保険、自動車保険、火災保険など）※掛け捨て型のみ		
69	宿泊料（ホテル、旅館など）、運賃（鉄道、航空運賃など）、パック旅行費	インターネット上での決済	
70		上記以外の決済（インターネットでは予約のみ）	
71	チケット（映画、演劇、コンサート、スポーツ観戦など。商品券は72へ）		
72	上記に当てはまらない商品・サービス（アクセサリー、家事雑貨など）		
		自宅用（52～72）支出総額	円

ご協力ありがとうございました。記入もれがないかもう一度確認をお願いいたします。

通信欄（お気付きの点がありましたら、ご記入ください）

⑬

Outline of the Survey of Household Economy

I Outline of the Survey

1. Objectives
This survey is intended to grasp conditions surrounding consumption in terms of a) products related to information and communication technology, and b) expensive products and services with low frequency of consumption.

2. Universe and sampling
The survey unit is a household in Japan except institutional households. The sample households are selected as follows based on the 2015 Population Census:

a. Sampling Unit
   The sample households are selected based on the two-stage stratified sampling method. The sampling units at two stages are namely, primarily the survey unit area composed of the Enumeration District (abbreviated as ED hereinafter) of the 2015 Population Census, and secondly the household.

b. Stratification and Allocation of Survey Unit Areas to Strata
   i) Households in Japan are stratified by 9 districts and 4 city groups. The number of strata is 35 because there is no city corresponding to Major cities in the Shikoku district. The criteria of the districts and the city groups are as follows:
   a) Districts
      Hokkaido: Hokkaido;
      Tohoku: Aomori-ken, Iwate-ken, Miyagi-ken , Akita-ken , Yamagata-ken and Fukushima-ken;
      Kanto: Ibaraki-ken, Tochigi-ken, Gumma-ken , Saitama-ken , Chiba-ken, Tokyo-to, Kanagawa-ken, Yamanashi-ken and Nagano-ken;
      Hokuriku: Niigata-ken, Toyama-ken, Ishikawa-ken and Fukui-ken;
      Tokai: Gifu-ken , Shizuoka-ken , Aichi-ken and Mie-ken;
      Kinki: Shiga-ken, Kyoto-fu, Osaka-fu, Hyogo-ken , Nara-ken and Wakayama-ken;

Chugoku: Tottori-ken, Shimane-ken, Okayama-ken, Hiroshima-ken and Yamaguchi-ken;
Shikoku: Tokushima-ken , Kagawa-ken , Ehime-ken and Kochi-ken;
Kyushu and Okinawa: Fukuoka-ken, Saga-ken , Nagasaki-ken , Kumamoto-ken , Oita-ken , Miyazaki-ken, Kagoshima-ken and Okinawa-ken
   b) City groups
      Major cities: designated cities under the article 252-19 of the Local Autonomy Law and Ku-areas (ward) of Tokyo;
      Middle cities: cities with population of 150,000 or more, excluding Major cities;
      Small cities A: cities with population of 50,000 more but less than 150,000;
      Small cities B and Towns and villages: cities with population of less than 50,000, towns and villages
   ii) The number of the survey unit areas is 3,000. The survey unit areas are allocated to each stratum in proportion to the number of households in the stratum which is based on the 2015 Population Census.

c. Sampling the Survey Unit Areas
   i) The same number of EDs are randomly selected from each stratum (abbreviated as standard area hereinafter) as a quarter of the number of survey unit areas allocated in b. The municipalities with selected standard areas are selected municipalities.
   ii) When the standard area in a selected municipality is only one, the selected municipality is a survey block, which is the area one enumerator covers. When two or more, the selected municipality is divided into the same number of survey blocks as the number of the standard areas so that each block contains nearly equal number of households. The number of the survey blocks reaches 750 in

Japan.

iii) Since the survey is conducted for five years in a survey block, the EDs contained in the blocks are divided into five areas, for each survey year so that each area contains nearly equal number of households.

iv) A divided survey block in iii) is divided again into four areas. An enumerator covers four survey unit areas in which the beginning month of the survey differs.

d. Sampling the Households

When sample households are selected from a survey unit area, the list of the households in a survey unit area is prepared from the basic resident resister or the electoral roll. Ten households (of the two-or-more-person household is nine, one-person household is one) are randomly sampled from this list. As a result, 30,000 households in total are selected from 3,000 survey unit areas nationwide in Japan.

e. Rotation of sample

The sample households are continuously surveyed for 12 months, and then substituted with other households in another region divided in c. iii) and c. iv).

The sample households are divided into 12 groups. As a rule, one of the groups is replaced every month. Each group is composed of 2,500 households which are one-twelfth of all sample households.

Any household unable to continue with the survey due to moving or some other reasons is replaced by a substitute household for the remaining survey period if it is 3 months or more.

3. Survey items

The following items are surveyed:

a. Items related to the household conditions (Questionnaire A)
   - Items related to the household
   - Use state related to electronic money
   - Purchase situation using the internet

b. Items related to consumption of specific goods and services each month (Questionnaire B)
   - Items related to the household (changes from the previous month)
   - Expenditure over one month for specific goods and services
   - Expenditure over one month for goods

and services through the internet

4. Survey method

The survey is entrusted to a private survey institution. Enumerators will leave questionnaires with target households for them to answer, which will be collected later on. (On-line submission is also used.) Questionnaires shall be collected by enumerators, mailed by households, or answered through an on-line survey system by households.

Questionnaires are distributed when cooperation for the survey is requested and questionnaires of the previous month are collected. For paper questionnaires submission, as a rule, enumerators collect questionnaires in the first and sixth months of the survey and households mail private survey institution in the other months. Also, questionnaires are collected in the beginning of the following month of the survey.

5. Survey period

The survey is conducted every month.

6. Tabulation

a. Major tabulation items
   - Items related to the household
   - Use state related to electronic money
   - Purchase situation using the internet
   - Amount paid for specific goods and services
   - Amount paid purchase of goods and services through the internet (internet shopping)

b. Process for tabulation

The data are tabulated at the National Statistics Center, Japan.

c. Estimate formula

The national and regional averages are estimated as follows: There are differences in the sampling ratios of the covered households by stratum. Therefore, the reciprocals of the sampling ratios are used as the multiplication ratios (linear multiplication ratios) for the tabulation of the items used for the estimation of the household ratios. Using these ratios, the correction coefficients are obtained from the results of the Labour Force Survey. The results are estimated using these two multiplication ratios namely the linear multiplication ratios and the correction coefficients.

In case of one-person households, the linear multiplication ratio is fixed at one.

The quarterly and annual averages are obtained by the simple mean of monthly averages.

Monthly averages are estimated in the following formula:

· The number of households

$$N = \sum_i \sum_j \sum_k \alpha_{ij} C_{ik}$$

N : Number of households

α_{ij} : Linear multiplication ratio of district i and city group j

C_{ik} : Correction coefficient by district i and household members k (one-person households by sex and age)

· The expenditure of monthly average

$$\overline{X} = \frac{\sum_i \sum_j \sum_k \sum_p X_{ijkp} \alpha_{ij} C_{ik}}{N}$$

$\overline{X}$: Total expenditure

X_{ijkp} : Expenditure on given item by districts i, city group j, household members k and household p (one-person households by sex and age)

d. Sampling error of estimate

The result of the sampling error for 2021 annual average by using monthly tabulated data is shown in the table at the end titled "Standard error and standard error ratio".

The estimation method of the standard errors is as follows:

i) Standard error of monthly average

Standard error of monthly average is calculated by the following formula, regarding as the sample was composed of 12 sub-samples by the beginning month of the survey:

$$\hat{\sigma}(\overline{X}) = \sqrt{\frac{1}{12 \times (12-1)} \sum_{w=1}^{12} (\hat{X}_w - \overline{X})^2}$$

$\hat{\sigma}(\overline{X})$: Standard error of monthly average

$\hat{X}_w$: Estimation value by w sub-sample

$\overline{X}$: Estimation value by all samples

ii) Standard error of annual average

Standard error of annual average is calculated by the following formula using the standard errors of monthly average:

$$\hat{\sigma}_{year}(\overline{X}) = \sqrt{\frac{\sum_{m=1}^{12} \hat{\sigma}(\overline{X})_m^2}{(12)^2}}$$

$\hat{\sigma}_{year}(\overline{X})$: Standard error of annual average

$\hat{\sigma}(\overline{X})_m$: Standard error of monthly average in month m

Calculation of the ratio of standard error is as follows:

$$r_X = \frac{\hat{\sigma}(\overline{X})}{\overline{X}} \times 100$$

r_X : Ratio of standard error

e. Effective response rate

The effective response rate of 2021 is 72.8%.

7. Utilization of the results

The results of this survey are utilized as basic data for the Quarterly Estimates of GDP and the Household Consumption Trend Index for the Family Income and Expenditure Survey.

8. Notes

The survey was conducted as a general statistical survey in compliance with the Statistics Act (Act No. 53, 2007).

Table Standard error and Standard error ratio (Specific goods and services)

(All Japan)

2021 Average	Total Households			Two-or-more-person Households			One-person Households		
	Expenditure (In yen)	Standard error (In yen)	Standard error ratio (%)	Expenditure (In yen)	Standard error (In yen)	Standard error ratio (%)	Expenditure (In yen)	Standard error (In yen)	Standard error ratio (%)
Number of persons per household (persons)	2.25	0.00	0.0	2.94	0.00	0.0	1.00	0.00	0.0
Number of earners per household (persons)	1.19	0.00	0.0	1.51	0.00	0.0	0.59	0.00	0.0
Age of household head (years old)	59.2	0.1	0.2	60.2	0.1	0.2	57.4	0.2	0.3
Total expenditure on specific goods and services (50 items)	73,365	590	0.8	91,340	656	0.7	40,580	1,204	3.0
01 Mobile telephones charges	10,245	38	0.4	12,748	35	0.3	5,679	52	0.9
02 Internet connection charges	3,734	15	0.4	4,417	14	0.3	2,488	29	1.2
03 Mobile telephones unit prices	1,371	42	3.1	1,609	33	2.1	937	98	10.5
04 Airplane fares	301	16	5.3	324	14	4.3	259	35	13.5
05 Accommodation services	1,211	26	2.1	1,512	22	1.5	665	56	8.4
06 Package tour costs (domestic)	500	19	3.8	603	20	3.3	314	41	13.1
07 Package tour costs (overseas)	3	1	33.3	4	2	50.0	0	0	-
08 Tuition (kindergarten-university) (public)	1,312	52	4.0	1,895	43	2.3	246	116	47.2
09 Tuition (kindergarten-university) (private)	5,373	119	2.2	8,112	184	2.3	377	141	37.4
10 Tutorial fees	2,488	37	1.5	3,721	49	1.3	241	41	17.0
11 Lesson fees, driving school	481	34	7.1	662	29	4.4	150	90	60.0
12 Rental fees for sports facilities	872	14	1.6	1,021	13	1.3	600	27	4.5
13 Men's suits	423	19	4.5	494	14	2.8	293	45	15.4
14 Women's one-piece dresses and suits	457	14	3.1	525	12	2.3	332	30	9.0
15 Japanese clothing	166	16	9.6	201	18	9.0	104	28	26.9
16 Wrist watches	249	17	6.8	308	20	6.5	142	31	21.8
17 Accessories	466	40	8.6	507	23	4.5	390	105	26.9
18 Delivery fees	166	13	7.8	257	20	7.8	1	1	100.0
19 Hospital charges (excluding delivery)	1,495	36	2.4	1,810	40	2.2	919	68	7.4
20 Chests of drawers	95	8	8.4	116	7	6.0	56	19	33.9
21 Beds	203	11	5.4	273	13	4.8	74	16	21.6
22 Quilts	327	11	3.4	394	12	3.0	206	26	12.6
23 Desks and chairs (for work or study)	161	10	6.2	194	8	4.1	100	26	26.0
24 Sideboards	87	7	8.0	111	8	7.2	42	14	33.3
25 Dining tables and chairs	131	7	5.3	168	9	5.4	62	14	22.6
26 Drawing room suites	169	11	6.5	232	15	6.5	53	11	20.8
27 Musical instruments (including parts of instruments)	139	14	10.1	166	14	8.4	90	33	36.7
28 Refrigerators	661	24	3.6	819	25	3.1	373	51	13.7
29 Vacuum cleaners	322	9	2.8	386	8	2.1	207	20	9.7
30 Washing machines	589	17	2.9	786	22	2.8	229	29	12.7
31 Air conditioners	1,138	44	3.9	1,430	33	2.3	604	104	17.2
32 Personal computers (including tablet devices, excluding peripherals and software)	953	31	3.3	1,196	31	2.6	509	67	13.2
33 TV	725	23	3.2	885	24	2.7	433	55	12.7
34 Video recorders (DVD or Blu-ray recorder, player, etc.)	154	9	5.8	180	7	3.9	106	23	21.7
35 Video game hardware (excluding software)	170	16	9.4	155	6	3.9	199	40	20.1
36 Cameras (including lenses only, excluding disposable cameras)	133	20	15.0	143	9	6.3	113	53	46.9
37 Video cameras	17	2	11.8	22	3	13.6	8	4	50.0
38 House-related equipping/ construction/ repair costs	6,220	208	3.3	7,249	254	3.5	4,350	442	10.2
39 Water supply and drainage construction costs	1,869	69	3.7	2,262	73	3.2	1,152	130	11.3
40 Gardens, trees and plants tending costs	526	24	4.6	537	21	3.9	505	53	10.5
41 Automobiles (new)	10,472	366	3.5	13,494	380	2.8	4,955	760	15.3
42 Automobiles (second-hand)	3,481	247	7.1	4,383	184	4.2	1,836	562	30.6
43 Automotive insurance premium (compulsion)	591	9	1.5	724	10	1.4	348	19	5.5
44 Automotive insurance premium (option)	2,853	33	1.2	3,495	29	0.8	1,683	80	4.8
45 Motorized vehicles other than automobiles	289	32	11.1	354	28	7.9	171	72	42.1
46 Automotive maintenance and repairs	3,027	46	1.5	3,691	47	1.3	1,814	103	5.7
47 Wedding ceremony and reception costs	504	55	10.9	699	78	11.2	152	64	42.1
48 Funeral service costs	2,540	154	6.1	2,328	107	4.6	2,927	374	12.8
49 Religion-related costs	1,316	73	5.5	1,293	66	5.1	1,356	176	13.0
50 Remittance	2,195	54	2.5	2,448	42	1.7	1,733	134	7.7

Monthly Expenditure per Household

Table Standard error and Standard error ratio (Goods and services ordered over the Internet)

(All Japan)

2021Average		Total Households			Two-or-more-person Households			One-person Households		
		Expenditure (In yen)	Standard error (In yen)	Standard error ratio (%)	Expenditure (In yen)	Standard error (In yen)	Standard error ratio (%)	Expenditure (In yen)	Standard error (In yen)	Standard error ratio (%)
	Number of persons per household (persons)	2.25	0.00	0.0	2.94	0.00	0.0	1.00	0.00	0.0
	Number of earners per household (persons)	1.19	0.00	0.0	1.51	0.00	0.0	0.59	0.00	0.0
	Age of household head (years old)	59.2	0.1	0.2	60.2	0.1	0.2	57.4	0.2	0.3
	Total expenditure on goods and services ordered over the Internet	16,034	162	1.0	18,727	137	0.7	11,129	287	2.6
51	Gift items	819	25	3.1	951	14	1.5	581	69	11.9
	Total expenditure for home	15,215	156	1.0	17,776	134	0.8	10,548	276	2.6
52	Foods	2,302	31	1.3	2,929	33	1.1	1,160	48	4.1
53	Beverages	644	10	1.6	767	8	1.0	421	21	5.0
54	Deliveries	497	11	2.2	526	7	1.3	444	27	6.1
55	Home electronics	1,209	41	3.4	1,413	27	1.9	836	92	11.0
56	Furniture	431	17	3.9	511	12	2.3	287	40	13.9
57	Men's clothing	491	17	3.5	541	10	1.8	400	44	11.0
58	Women's clothing	902	16	1.8	1,104	12	1.1	535	34	6.4
59	Footwear and other clothing	448	9	2.0	573	8	1.4	219	19	8.7
60	Medicines	197	5	2.5	234	4	1.7	131	11	8.4
61	Health foods	638	10	1.6	738	8	1.1	455	21	4.6
62	Cosmetics	616	8	1.3	768	7	0.9	339	16	4.7
63	Private transportation	372	15	4.0	456	12	2.6	219	35	16.0
64	Books and other reading materials	395	9	2.3	438	5	1.1	316	22	7.0
65	Software (music, video, personal computer, TV game)	473	14	3.0	439	7	1.6	533	37	6.9
66	Digital books	246	12	4.9	184	3	1.6	358	35	9.8
67	Download music, video, applications	331	20	6.0	239	4	1.7	499	56	11.2
68	Insurance	704	16	2.3	891	17	1.9	362	27	7.5
69	Accommodation services, fares, package tours(payment on the Internet)	853	27	3.2	1,040	24	2.3	512	64	12.5
70	Accommodation services, fares, package tours(payment on-site)	413	17	4.1	501	15	3.0	253	37	14.6
71	Tickets	401	12	3.0	455	9	2.0	305	29	9.5
72	Other goods and services	2,652	46	1.7	3,029	39	1.3	1,964	93	4.7

Note : Monthly Expenditure per Household

II Explanation of Terms

Total households

The sum of two-or-more-person households plus one-person households.

Districts

Hokkaido

Hokkaido

Tohoku

Aomori-ken, Iwate-ken, Miyagi-ken, Akita-ken, Yamagata-ken, Fukushima-ken

Kanto

Ibaraki-ken, Tochigi-ken, Gumma-ken, Saitama-ken, Chiba-ken, Tokyo-to, Kanagawa-ken, Yamanashi-ken, Nagano-ken

Hokuriku

Niigata-ken, Toyama-ken, Ishikawa-ken, Fukui-ken

Tokai

Gifu-ken, Shizuoka-ken, Aichi-ken, Mie-ken

Kinki

Shiga-ken, Kyoto-fu, Osaka-fu, Hyogo-ken, Nara-ken, Wakayama-ken

Chugoku

Tottori-ken, Shimane-ken, Okayama-ken, Hiroshima-ken, Yamaguchi-ken

Shikoku

Tokushima-ken, Kagawa-ken, Ehime-ken, Kochi-ken

Kyushu & Okinawa

Fukuoka-ken, Saga-ken, Nagasaki-ken, Kumamoto-ken, Oita-ken, Miyazaki-ken, Kagoshima-ken, Okinawa-ken

City Groups

Cities and Ku-area of Tokyo are classified into the following four groups by the size of population based on the result of 2015 Population Census

Major cities

Designated cities under article 252-19 of the Local Autonomy Law and Ku-areas (ward) of Tokyo

Middle cities

Cities with population of 150,000 or more (excluding Major cities)

Small cities A

Cities with population of 50,000 or more, but less than 150,000

Small cities B·Towns and villages

Cities with population of less than 50,000, towns and villages

(Items Related to Expenditure①)

Goods and services ordered over the internet

Total expenditure for goods and services ordered or reserved through the internet. Goods and services ordered or reserved at a store counter are excluded.

For gift

[Gift items]

Gifts for other households which do not share housing or living with gift givers.

For home

[Food]

Foods (excluding health food)

"Beverages" and "Deliveries" are excluded.

Beverages (including alcoholic beverages)

Drinks of all forms including powder, other than medicinal beverages.

Canned, bottled, packed, and plastic-bottled beverages are included as well.

Deliveries

(packed lunch, home-delivered pizzas, etc.)

What eating and drinking places provide, including cases of eating out reserved via the internet.

[Home electronics]

Home electronics

(including peripherals, parts, and non-durable goods)

Durable goods assisting housework including microwave ovens, heating and cooling appliances, recreational durable goods including personal computers, recreational goods including game consoles, and communication equipment including mobile telephones.

[Furniture]

Furniture

(general furniture, interior furnishings and decorations, bedding, etc.)

Dining tables and chairs, lighting appliances, beds, quilts, etc.

[Clothing, footwear]

Men's clothing

Men's clothes for seventh graders and upward, including Japanese clothing.

Women's clothing

Women's clothes for seventh graders and upward, including Japanese clothing.

Footwear and other clothing
(kids clothing, hats, neckties, socks, etc.)

Footwear such as shoes, and clothing other than men's or women's clothing (things to put on). Children's dresses refers to clothing for babies to elementary school students (including Japanese clothing).

[Medical care]
Medicines (including quasi-drugs)

Medicines and quasi-drugs of all forms, including pills and health drinks.

Health foods (supplements, etc.)

Food for maintenance and promotion of health by replenishing nutrition in forms similar to those of medicines, including pills, capsules, granules, powder, grains, liquid (extract), etc.

[Cosmetics]
Cosmetics

Skin cream, skin lotion, makeup foundation, lipsticks, perfume, hair color, etc.

[Private transportation]
Private transportation
(including automobiles, motorbikes, bicycles, etc. and their parts)

Vehicles such as automobiles, motorbikes, bicycles, etc. (including second hand goods). Expenditure related to goods and services necessary for maintenance and use of such vehicles is also included.

[Books and the other reading materials]
Books and the other reading materials
(including reading materials such as magazines, excluding digital books)

Reading materials and books such as newspapers, magazines, calendars, including used books.

[Software (music, video, personal computer, TV game)]
Software
(music, video, personal computer, TV game)

Various forms of storage media with sound and/or images, including rented goods.

[Digital contents]
Digital books
(including newspapers, magazines etc.)

Types of books read on personal computers, mobile telephones, tablet computers, etc.

Download music, video, applications

Downloaded music/ video, and software/ applications, including rented contents.

[Insurance]
Insurance
(life insurance, medical insurance, automotive insurance, fire insurance, etc.) *only non-saving type insurance

Various types of insurance purchased or applied for through the internet (including types for which payment is made at a convenience store).

[Accommodation services (hotels, inns, etc.), fares (railways, airplanes, etc.), package tours]
Payment on the Internet

Charges for accommodation services, fares, and package tour costs (in case of payment on the internet).

Payment on-site
(the internet used for reservation only)

Charges for accommodation services, fares, and package tour costs (in cases where payment is not made through the internet).

[Tickets]
Tickets
(including those for movies, plays, concerts, sports, etc., excluding shopping vouchers, etc.)

Fees for entrance and viewing.

[Others]
Other goods and services

Everything that does not fall under any category of the above from "Gift items" to "Tickets." Purchase, move, investment, and donation of assets are excluded.

(Items Related to Information and Communication Technology)

Electronic money

In this survey, the definition of electronic money is currency value stored in media, like the such as IC cards and pre-paid card, etc.

e.g.) Suica, ICOCA, PASMO, nanaco, WAON, Rakuten Edy, WebMoney, BitCash, QuoCard, etc.

Recharging only and using electronic money only as a season ticket for railways and bus are excluded.

[Average amount of money per household using electronic money by railways and bus]

Amount used to purchase a season ticket is excluded.

(Items Related to Expenditure②)

[Communication]

Smartphone (cell phone) charges

Basic fees, call charges, and optional service fees for smartphones, cell phones, PHS, car phones, etc. Packet charges are included.

Internet connection charges
(including combined contracts with cable TV services, etc.)

Internet connection charges (ADSL, ISDN, optical fiber, etc.) and provider fees (including entry fees, and line usage charge if provider contracts include it).

Mobile telephones unit prices (cell phone)

Prepaid cell phones, and charges related to switching phones are included as well. Rental or leased phones are excluded.

[Travel-related costs]

Airplane fares (including fuel surcharge)

Various fares for use of aircrafts, including coupon tickets. Charges paid for business trips are excluded.

Accommodation services

Various charges for overnight accommodation. Charges paid for business trips are excluded.

Package tour costs (domestic/ overseas)

Package fees covering transportation and hotel charges. Charges paid for business trips are excluded.

[Education, Culture and recreation]

Tuition (kindergarten-university) (public)
Tuition (kindergarten-university) (private)

Tuition and other fees payable for education at school. Such schools as kindergartens, nursery schools and centers for early childhood education (age 3 or over), elementary schools, junior high schools, high schools and universities (including junior colleges, technical colleges and graduate schools) and special schools (including vocational schools and technical schools).

Tutorial fees

Fees for cram school, correspondence study, home tutor to supplemental study of main scholastic curricula and mock examinations, etc.

Lesson fees, driving school

Fees for entrance and training camp at driving school.

Rental fees for sports facilities

Entry fees, membership fees, and dues for gyms, as well as charges for fitness centers.

[Clothing]

Men's suits
(excluding jacket only or trousers only)

Suits and formal wear for men from seventh grade of school and upward. Uniforms and single items (jacket only or trousers only) are excluded.

Women's one-piece dresses and suits
(excluding jacket only or skirt only)

Suits and one-piece dresses and formal dresses for women from seventh grade of school and upward. Uniforms and single items (jacket only, skirt only, or slacks only) are excluded.

Japanese clothing
(kimonos, obis, etc.)

Japanese clothes for men, women and children including festival wear, underwear for Japanese clothes, and obi materials.

Wrist watches

Including pocket watches, pendant watches, ring watches.

Accessories

Rings, necklaces, earrings, brooches, jewels,

164

precious metals, necktie-pins, corsages, etc.

[Medical care]
Delivery fees
All costs of hospitalization in connection with child delivery.

Hospital charges (excluding delivery)
All costs of hospitalization not connected to child delivery. Direct payment of hospital charges for family members those who are non-members of the household hospitalized for a long period (3 months or longer) are included as well. Hospitalization for a routine health checkup, such as a scheduled thorough physical checkup is excluded.

[Furniture, etc.]
Chests of drawers
Including chest of drawers, wardrobes, dressers.

Beds
Including water beds, pipe beds, beds for kids.

Quilts
Set of comforters, sleeved quilts, thinner comforters, etc.
Bedding for babies is excluded.

Desks and chairs (for work or study)
Desks and chairs for office or study use, etc.
Exclude tables for dining or use on *tatami* mats.

Sideboards
Sideboard, etc. (including those in dining room, living room, etc.)

Dining tables and chairs
Items mainly used for meal, including single items (such as dining tables only or dining chairs only).

Drawing room suites
Items mainly used for receiving guests, including single items (such as sofa only or table only).

Musical instruments
(including parts of instruments)
Upright pianos, organs, electronic instruments, violins, trumpets, harmonicas, drums, koto, shamisen, etc.

[Home electric appliances, etc.]
Refrigerators (including freezers)
Refrigerator/freezers, low-temperature storage containers (rice granaries and wine cellars), etc.

Vacuum cleaners
Rechargeable vacuum cleaners are included as well.

Washing machines
(including dryers and dehydrators)
Including washing machines with a dryer, gas dryers.

Air conditioners
Those with both cooling and heating functions as well as those only with a cooling function, excluding installation fees.

Personal computers
(including tablet devices, excluding peripherals and software)
Displays, keyboards, and batteries are included as well if they are purchased together with computers as part of a package. Other peripherals, computer software, and non-durable goods purchased separately from computers are excluded.

TV
Portable types are excluded.

Video recorders
(DVD or Blu-ray recorders, player, etc.)
Devices hooked up with a TV set for recording and playing back, excluding portable types. Types which make up part of an audio device or come with speakers are excluded.

Video games hardwares (excluding softwares)
Video game consoles, including portable types. In addition, those which are sold together with software and accessories (such as controllers) are included. Video game software is excluded.

Cameras (including lenses only, excluding disposable cameras)
Purchase of interchangeable lenses only is included as well. Peripheral items and repair cost are excluded.

Video cameras
Peripheral items and repair cost are excluded.

[Housing]
House-related equipping/construction/repair costs (including interior, exterior, and gates/ external walls/ fences, and excluding expansion and remodeling)
Costs of equipment and appliances for house interiors/exteriors, and of installation and repair of

same, excluding cost of material for repair.

Water supply and drainage construction costs

Costs of construction, repair, maintenance and inspection of water supply and drainage facilities for kitchen, bathroom and toilet.

Gardens, trees and plants tending costs

Costs of services necessary for maintenance and management of plants and garden.

[Motor cars - related costs]
Automobiles (new, second-hand)

Base price covering standard equipment at the time of purchase plus automobile acquisition tax (less trade-in price if any).

Automobile (second-hand) include deregistered new cars (shinkosya).

Automotive insurance premium (compulsion)

Premium for compulsory automobile liability insurance charged at the time of purchase or periodic official car inspection.

Automotive insurance premium (option)

Premiums for voluntary insurance, not compulsory automobile insurance.

Motorized vehicles (motorbikes, etc.) other than automobiles

Base price for motorized vehicles other than automobiles, covering standard equipment at the time of purchase plus automobile acquisition tax. Secondhand purchase is included.

Automotive maintenance and repairs
(repair charges and technical fees for official car inspection)

Cost of services necessary for maintenance and repair of automobiles, excluding fitting or repair fees for automobile-related articles and cost of automobile parts.

[Others]
Wedding ceremony and reception costs
(excluding costs of lodging, transportation, and congratulatory monetary gift)

Wedding costs, including those for ceremony, reception, etc., payable by the bridegroom or bride, including direct payment to party organizers on behalf of the bridegroom or bride who is not a member of the household.

Funeral service costs
(excluding costs of lodging, transportation, monetary gift of condolence borne by the host)

Cost borne by the host of a funeral service.

Religion-related costs
(donations to temples/ shrines, Buddhist and Shinto altars, gravestones, etc.)

All costs pertaining to religious services, including ritual implements, gravestones, etc.

Remittance

Money remitted to non-members of the household to pay for livelihood, house rent, tuition fee, etc. excluding cases where house rent or school fees are paid directly.

調査結果の利用について

家計消費状況調査については、次の方法により利用（閲覧・入手等）することができます。

・インターネット

　　家計消費状況調査の結果は、インターネットを通じても提供しています。

　　総務省統計局ホームページのＵＲＬは、https://www.stat.go.jp/data/joukyou/index.html です。

　　「政府統計の総合窓口（e-Stat）」（https://www.e-stat.go.jp/）でも、統計データ等の各種統計情報が御覧いただけます。

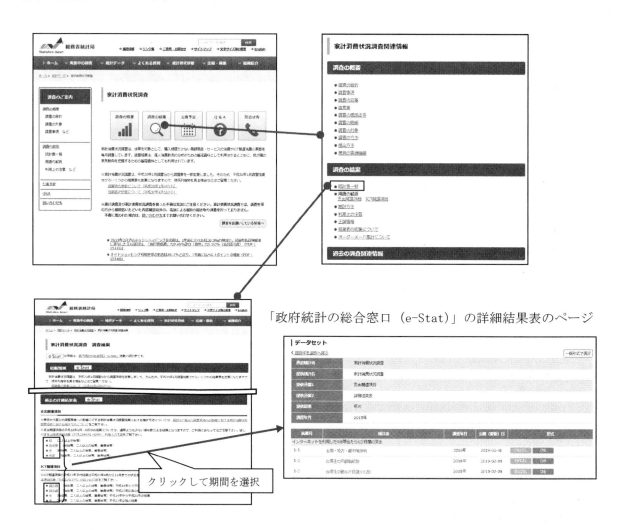

「政府統計の総合窓口（e-Stat）」の詳細結果表のページ

クリックして期間を選択

　　※　結果の概要については、統計メールニュースでも配信しています。

　　　　お申込みは、統計局ホームページ（https://www.stat.go.jp/）から。

Survey of Household Economy (in English)

　　https://www.stat.go.jp/english/data/joukyou/index.html

Portal Site of Official Statistics of Japan (in English)

　　https://www.e-stat.go.jp/en

総務省統計局編集等・（一財）日本統計協会発行の新刊案内

新版 日本長期統計総覧（全5巻） 我が国の統計を集大成した「日本長期統計総覧」を20年ぶりに抜本的に改訂。	A4判	586頁～746頁	CD-ROM付 第1巻～第4巻は定価22,000円、第5巻は定価23,100円		
第 71 回 日 本 統 計 年 鑑 令和4年	B5判	792 頁	CD-ROM付	定 価	16,500 円
統 計 で み る 日 本 2022	A5判	338 頁		定 価	2,750 円
日 本 の 統 計 2022	A5判	308 頁		定 価	2,200 円
世 界 の 統 計 2022	A5判	296 頁		定 価	2,200 円
STATISTICAL HANDBOOK OF JAPAN 2021	A5判	214 頁		定 価	3,300 円
社 会 生 活 統 計 指 標 2022	A4判	548 頁	CD-ROM付	定 価	9,680 円
統 計 で み る 都 道 府 県 の す が た 2022	A4判	180 頁	CD-ROM付	定 価	3,190 円
統 計 で み る 市 区 町 村 の す が た 2022	A4判	328 頁	CD-ROM付	定 価	5,500 円
デ ー タ 分 析 の た め の 統 計 学 入 門	A4判	428 頁		定 価	1,980 円
GDP 統計を知る－大きく変わった国民経済計算－	A5判	176 頁		定 価	2,200 円
日本を彩る47都道府県と統計のはなし	B5判	386 頁		定 価	2,970 円
国勢調査からみた市区町村人口 -大正9 (1920)年～令和2 (2020)年までの100年間の人口の推移-	A4版	424 頁	CD-ROM付	定 価	8,800 円
平 成 27 年 国 勢 調 査 報 告					
我が国人口・世帯の概観	A4判	192 頁		定 価	4,070 円
地図シリーズ 我が国の人口集中地区－人口集中地区別人口・境界図－	A4判	130 頁		定 価	36,300 円
ライフステージでみる日本の人口・世帯	A4判	60 頁		定 価	990 円
第1巻 人口・世帯総数	A4判	816 頁	CD-ROM付	定 価	9,680 円
第2巻 人口等基本集計結果 全国編、都道府県・市区町村編	A4判	296頁～782頁	CD-ROM付	定 価	7,590円～ 9,900円
第3巻 就業状態等基本集計結果 全国編、都道府県・市区町村編	A4判	326頁～522頁	CD-ROM付	定 価	7,480円～ 8,360円
第4巻 世帯構造等基本集計結果 全国編、都道府県・市区町村編	A4判	356頁～654頁	CD-ROM付	定 価	10,010円～10,670円
第5巻 抽出詳細集計結果 全国編、都道府県・市区町村編	A4判	424頁～888頁	CD-ROM付	定 価	10,010円～11,550円
第6巻 第1部 従業地・通学地による人口・就業状態等集計結果 全国編、都道府県・市区町村編	A4判	308頁～772頁	CD-ROM付	定 価	8,690円～11,220円
第6巻 第2部 従業地・通学地による抽出詳細集計結果	A4判	654 頁	CD-ROM付	定 価	11,000 円
第7巻 人口移動集計結果 全国編、都道府県・市区町村編	A4判	180頁～562頁	CD-ROM付	定 価	9,240円～10,230円
最終報告書 日本の人口・世帯	A4判	548 頁	CD-ROM付	定 価	10,120 円
平 成 28 年 経済センサス-活動調査報告					
第1巻 事業所数及び従業者数に関する集計	A4判	788 頁		定 価	10,120 円
第2巻 事業所の売上（収入）金額に関する集計	A4判	898 頁		定 価	11,110 円
第3巻 企業等数及び従業者数に関する集計	A4判	582 頁		定 価	9,900 円
第4巻 企業等の売上（収入）金額及び費用に関する集計	A4判	552 頁		定 価	9,460 円
第8巻 建設業、医療・福祉、学校教育及びサービス関連産業に関する集計	A4判	426 頁		定 価	8,360 円
平 成 28 年 社会生活基本調査報告					
第1巻 生活時間編	A4判	588 頁	CD-ROM付	定 価	10,010 円
第2巻 生活行動編	A4判	528 頁	CD-ROM付	定 価	9,680 円
第3巻 詳細行動分類による生活時間編	A4判	362 頁	CD-ROM付	定 価	9,240 円
平 成 29 年 就業構造基本調査報告					
第1巻 全国編	A4判	666 頁	CD-ROM付	定 価	10,120 円
第2巻 都道府県編	A4判	664 頁	CD-ROM付	定 価	10,230 円
平 成 30 年 住宅・土地統計調査報告					
全 国 編（平成の住宅事情 – 時系列）	A4判	412 頁	CD-ROM付	定 価	13,200 円
都道府県編（12分冊）	A4判	322頁～560頁	CD-ROM付	定 価	各10,450 円
令 和 元 年 全国家計構造調査報告（旧 全国消費実態調査）					
第1巻 家計収支編 その1 世帯属性に関する結果	A4判	800 頁	CD-ROM付	定 価	9,900 円
第1巻 家計収支編 その2 世帯類型、高齢者、就業者に関する結果	A4判	816 頁	CD-ROM付	定 価	9,900 円
第1巻 家計収支編 その3 購入形態等に関する結果	A4判	754 頁	CD-ROM付	定 価	9,350 円
第2巻 所得編	A4判	730 頁	CD-ROM付	定 価	9,350 円
第3巻 資産・負債編	A4判	574 頁	CD-ROM付	定 価	8,470 円
経済構造実態調査報告 2020年	A4判	238 頁		定 価	6,930 円
労 働 力 調 査 年 報 令和3年	A4判	348 頁	CD-ROM付	定 価	6,600 円
人口推計資料 №.95 人口推計 －令和3年10月1日現在－	A4判	122 頁		定 価	2,750 円
住 民 基 本 台 帳 人 口 移 動 報 告 年 報 令和3年	A4判	280 頁	CD-ROM付	定 価	4,180 円
家 計 消 費 状 況 調 査 年 報 令和3年	A4判	178 頁		定 価	3,080 円
家 計 調 査 年 報 < I 家 計 収 支 編 > 令和2年	A4判	434 頁	CD-ROM付	定 価	7,810 円
家 計 調 査 年 報 < II 貯 蓄・負 債 編 > 令和2年	A4判	246 頁	CD-ROM付	定 価	5,610 円
小 売 物 価 統 計 調 査 年 報 令和2年	A4判	320 頁	CD-ROM付	定 価	7,260 円
サ ー ビ ス 産 業 動 向 調 査 年 報 令和2年	A4判	126 頁		定 価	2,860 円
科 学 技 術 研 究 調 査 報 告 令和3年	A4判	324 頁	CD-ROM付	定 価	4,400 円
消 費 者 物 価 指 数 年 報 令和3年	A4判	296 頁	CD-ROM付	定 価	6,380 円
個 人 企 業 経 済 調 査 報 告 令和2年	A4判	300 頁		定 価	3,850 円
「 月 刊 統 計 」‥年間購読(割引あり)もできます。	B5判			定 価	990 円

（定価は、税込価格です）

家計消費状況調査年報 令和3年 Annual Report on The Survey of Household Economy 2021 令和4年7月発行　　　定価: 3,080円（本体価格 2,800円 + 税10%） Issued in July 2022　　Price: 3,080yen (2,800yen + tax10%) 編集：総務省統計局	発 行　財団法人 日 本 統 計 協 会 Published by Japan Statistical Association 東京都新宿区百人町2丁目4番6号メイト新宿ビル内 Meito Shinjuku Bldg, 2-4-6, Hyakunincho, Shinjuku-ku, Tokyo, 169-0073 T E L ：(03)5332-3151　F A X：(03)5389-0691 E-mail ：jsa@jstat.or.jp 振　替：00120-4-1944 印　刷：株式会社　ハップ

ISBN978-4-8223-4146-6　C0033　¥2800E